JN303849

Attachment Theory and Clinical Applications

アタッチメントと臨床領域

数井みゆき・遠藤利彦 [編著]

ミネルヴァ書房

はじめに

　Bowlbyが提示したアタッチメント理論が，親子関係および人の生涯にわたるパーソナリティについての考え方に，多くの影響を与えてきて，すでに，50年以上になった。Bowlby自身は児童精神科医として，子どもの臨床にかかわってきたが，当時のイギリスの精神分析学会において，Bowlbyが提案した環境との相互作用で乳児の心的世界が発達するというアプローチは取り入れられず，また，Bowlby自身もその学会と袂を分かつという，児童臨床にとって誠に残念な経緯があった。その後，Bowlbyの名誉は，1990年に入る頃に精神分析学会において回復されたが，これは，北米の発達心理学者であるAinsworthがアタッチメントの研究を実証的なベースに乗せ，その後多くの発達領域での研究が蓄積されたことにも支えられていた。

　数井・遠藤は，ミネルヴァ書房より，『アタッチメント：生涯にわたる絆』を2005年4月に刊行した。その目的の1つは，アタッチメント理論が日本においては，単に「母子関係理論」として流布してしまっていることと，アタッチメントが拡大解釈されている現状に対して，一度，正しくアタッチメント理論を提示することであった。今回は，もう1つのアタッチメント理論の本髄である，臨床領域に焦点を当てることを目的とした。最初に，臨床領域のアタッチメントにとって不可欠な理論的背景や諸外国を中心にすでに研究等が盛んに行われている分野のレビューを試みた。臨床領域において中核概念となる，無秩序・無方向型（disorganized/disoriented：以下，"Dタイプ"）アタッチメントについて，その成り立ち，発達，影響等を概説している（1章）。トピック別では現代の社会で注目を集める領域で整理を試みた。障害（2章），子ども虐待（3章），精神病理（4章），そして，アタッチメント理論を応用した治療や介入（5章）である。

i

さらに，日本においてもすでに，アタッチメント理論を取り入れた臨床活動を行っている臨床家にその内容を報告してもらった。特に，日本の研究者および実践的介入者も，かなりアタッチメント理論と通底する発想を密かに持ちながら，それを十分に意識化し，具体的にセラピーに結びつけていけないケースが潜在的には相当数，存在することが想定される。そのため，分野ごとにどのような理解で治療や介入を行っているのかを具体的に説明してもらっている。自閉症関連症状を持つ母子への治療（6章），虐待された子ども等に対する施設における治療（7章），不登校児に対する介入（8章），DV被害を受けた母子への治療（9章）などである。さらに，アタッチメント理論が臨床において，どのように役に立つのかを俯瞰する章（10章）もお願いした。

　アタッチメント理論はもともと，臨床領域からの多くのヒントを得て発達した理論であるにもかかわらず，実は臨床領域ではあまり，活用されてこなかった。1990年代から改めて，発達領域で蓄積された膨大な情報をもとに，臨床場面でどのようなことができるのかという，研究と臨床との間の橋がかけられるようになった。しかし，皮肉なことに，今度は，一部ではあるが，"アタッチメント療法"と呼ばれる治療が，肝心のクライエントの子どもに悪影響を及ぼすという問題を生み出してしまった。どうみても，アタッチメント理論とは無関係なやり方で治療をし，その結果，死亡事故まで起きているのである。さまざまな問題が噴出するようになって，アメリカ児童青年精神医学会は，アタッチメント療法について，重要な指針を発表するに至った。

　日本において怖いことは，そのような欧米の事情を知らず，そして，欧米の一部の臨床家の活動にしか接しない結果，あちらではすでにレッドカードになっているやり方を輸入して翻訳して使ってしまうということが起きることである。実は，われわれもその実例をすでに知っており，大変危惧している。例えば，アタッチメントから虐待を見る目と，虐待からアタッチメントを見る目は当然，異なるわけで，"Dタイプ"のアタッチメントが虐待研究の中心に位置づけられてしまうことは危険なのである。簡単に言えば，具体的な虐待行為といった凄惨なトラウマそのものというよりは，ネガティヴな情動に伴う覚醒状態が（養育者の情動的低調さに起因して）調整されないままになる累積的経験に

こそ，Dタイプのアタッチメントを定義する中核的特徴があるのだろうと思われる。

　現在，タビストック・クリニックでは，子どもの臨床を行う勉強の一環として，乳児観察，グループでの観察ケースについてのディスカッション，最新の乳幼児の神経発達や知覚発達，認知発達などの文献を学習すること等がコースに含まれている。子どもの精神内界は環境との相互作用によって発達するということをベースに，これらの学習を積み重ねることで臨床を行う基礎としている。実証を基礎とした臨床が行われており，その関連でアタッチメントについても学習している。本書も，そのような研究と臨床をつなぐ1つの通路となれば幸いである。

　今回も引き続き出版の機会を与えてくださった寺内一郎氏，実際に編集をしてくださった吉岡昌俊氏にはお世話になりっぱなしであった。企画よりも出版が遅れてしまったが，きっと「またか」と思って，半ばあきらめながら付き合ってくださったことだと想像する。ここに，心より感謝を申し上げる。

2007年8月
数井みゆき・遠藤利彦

もくじ

はじめに

第1章　アタッチメント理論とその実証研究を俯瞰する ････ 遠藤利彦 ･･･ 1
- 1-1　プロローグ——アタッチメント理論における時間の流れ ･････････ 1
- 1-2　アタッチメントとは何か？･･････････････････････････････････ 3
- 1-3　アタッチメントの生物学的基盤･･････････････････････････････ 6
- 1-4　アタッチメントのヒトにおける特異性････････････････････････ 8
- 1-5　アタッチメントと内的作業モデル･･･････････････････････････ 14
- 1-6　アタッチメントとトラウマ･････････････････････････････････ 17
- 1-7　アタッチメントの個人差と養育者の敏感性･･･････････････････ 21
- 1-8　無秩序・無方向型アタッチメントが予示するもの･････････････ 24
- 1-9　生涯にわたるアタッチメントの連続性と不連続性･････････････ 28
- **コラム**　青年期・成人期のアタッチメント研究における2つの流れ ････ 35
- 1-10　アタッチメントの世代間伝達･･････････････････････････････ 37
- 1-11　発達早期における関係性の剝奪とアタッチメント障害････････ 41
- 1-12　エピローグ･･･ 44

第2章　障害を持つ子どもにおけるアタッチメント ･･･ 別府　哲 ･･･ 59
——視覚障害，聴覚障害，肢体不自由，ダウン症，自閉症
- 2-1　障害を持つ子どもとアタッチメント
　　　　——視覚障害，聴覚障害，肢体不自由，ダウン症･･････････ 59
  - 2-1-1　障害を持つ子どものアタッチメントがなぜ問題とされるのか ･･ 59
  - 2-1-2　障害を持つ子どものアタッチメント形成･････････････････ 60
- 2-2　自閉症を持つ子どもとアタッチメント形成･･････････････････ 63
  - 2-2-1　自閉症児にアタッチメント形成は困難であるという暗黙の前提 ･････ 63
  - 2-2-2　自閉症児はアタッチメント形成が可能である ･･･････････････ 65
  - 2-2-3　自閉症児のアタッチメントの質と認知発達との独自な連関 ････ 65

v

2-2-4　アタッチメントの特異な形成プロセス……………………… 67
　　　2-2-5　アタッチメントの質の特異性………………………………… 69
　　　2-2-6　自閉症児において，複数のアタッチメント対象を持つことの意味… 71
　　　2-2-7　自閉症児のアタッチメント形成の支援と課題……………… 73

第3章　子ども虐待とアタッチメント………………数井みゆき… 79
　3-1　虐待が乳児にもたらす悪影響…………………………………………… 80
　3-2　虐待によるアタッチメントの未組織化………………………………… 82
　　　3-2-1　無秩序・無方向型のアタッチメント（disorganized/disoriented attachment）………………………………………………………… 83
　　　3-2-2　アタッチメント（愛着）障害（attachment disorder）……… 85
　3-3　未組織型のアタッチメントの発達……………………………………… 87
　　　3-3-1　0〜2歳台……………………………………………………… 89
　　　3-3-2　3〜5歳台……………………………………………………… 91
　　　3-3-3　学　童　期…………………………………………………… 94
　　　3-3-4　思　春　期…………………………………………………… 94
　3-4　ま と め…………………………………………………………………… 95

第4章　精神病理とアタッチメントとの関連…………北川　恵… 102
　4-1　アタッチメントをめぐる心の状態と精神病理
　　　　──AAIによる研究……………………………………………………… 103
　　　4-1-1　防衛的な情報処理方略……………………………………… 103
　　　4-1-2　臨床群と非臨床群の比較…………………………………… 105
　4-2　現在のアタッチメント対象との関係と精神病理
　　　　──質問紙による研究…………………………………………………… 106
　　　4-2-1　個人差の測定法……………………………………………… 106
　　　4-2-2　不安定さの次元と精神病理………………………………… 108
　4-3　うつとアタッチメント…………………………………………………… 109
　　　4-3-1　AAIとうつ…………………………………………………… 109
　　　4-3-2　成人アタッチメント質問紙とうつ………………………… 113
　　　4-3-3　うつについての考察………………………………………… 115

- 4-4 人格障害とアタッチメント……………………………………… 116
  - 4-4-1 AAIと人格障害……………………………………… 116
  - 4-4-2 成人アタッチメント質問紙と人格障害………………… 118
  - 4-4-3 人格障害についての考察………………………………… 120
- 4-5 家族機能不全とアタッチメント……………………………… 123
- 4-6 おわりに………………………………………………………… 125

第5章　アタッチメント理論を応用した治療・介入
　　　　　　　　　　　　　　　　　　　中尾達馬・工藤晋平…131

- 5-1 乳幼児-養育者へのアタッチメント理論を応用した治療・介入…… 132
  - 5-1-1 知見を整理・統合するための枠組み…………………… 132
  - 5-1-2 乳幼児-親心理療法（Infant-Parent Psychotherapy）…… 136
  - 5-1-3 乳幼児-親心理療法を応用したプログラム例………… 140
  - 5-1-4 治療・介入の効果に対する評価………………………… 142
- 5-2 成人へのアタッチメント理論を応用した治療・介入………… 146
  - 5-2-1 家族療法………………………………………………… 148
  - 5-2-2 虐待サバイバーの治療………………………………… 150
  - 5-2-3 精神分析的心理療法…………………………………… 152
  - 5-2-4 その他…………………………………………………… 155
  - 5-2-5 成人の心理療法におけるアタッチメント理論………… 156
- 5-3 治療・介入におけるアタッチメント理論…………………… 156

第6章　ストレンジ・シチュエーション法から見た幼児期自閉症の対人関係障碍と関係発達支援…… 小林隆児…166

- 6-1 事例呈示………………………………………………………… 168
  - 6-1-1 A男　1歳0か月………………………………………… 168
  - 6-1-2 Y子　1歳9か月………………………………………… 171
  - 6-1-3 K男　4歳0か月………………………………………… 174
- 6-2 SSPから見た対人関係障碍の諸相…………………………… 178
  - 6-2-1 関係欲求をめぐるアンビバレンス……………………… 178

- 6-2-2 強い警戒的な構えがさらに知覚過敏を増強させる……………… *180*
- 6-2-3 周囲の刺激によって注意や関心が引き寄せられる……………… *181*
- 6-2-4 快／不快の未分化な情動表出………………………………… *182*
- 6-3 自閉症に見られる障碍や症状をどのように理解するか…………… *182*
- 6-4 どのように彼らを支援するか──関係発達支援………………… *183*
- 6-5 おわりに………………………………………………………… *184*

第7章　児童福祉ケアの子どもが持つアタッチメントの問題に対する援助……………………………**森田展彰**… *186*

- 7-1 児童福祉ケアを受ける子どもの抱える心理社会的問題………… *186*
  - 7-1-1 施設ケアの児童…………………………………………… *186*
  - 7-1-2 里親・養子ケアを受ける児童…………………………… *187*
- 7-2 なぜ児童福祉ケアを受ける児童にアタッチメントの問題が多く生じるか？……………………………………………………… *188*
  - 7-2-1 遺伝的要因や出生前後の要因…………………………… *188*
  - 7-2-2 児童福祉ケア（特に施設ケア）がもたらす問題……… *189*
  - 7-2-3 児童福祉ケアを受ける前の虐待やネグレクトの問題… *189*
  - 7-2-4 処遇の過程がもたらす影響……………………………… *190*
- 7-3 アタッチメントとアタッチメント障害の評価と援助…………… *191*
  - 7-3-1 評　　価……………………………………………… *191*
  - 7-3-2 援　　助……………………………………………… *194*
- 7-4 事例提示………………………………………………………… *199*
- 7-5 まとめ…………………………………………………………… *203*

第8章　不登校の長期化と母親のアタッチメント……**林もも子**… *211*

- 8-1 長期化した不登校と母親のアタッチメント……………………… *211*
- 8-2 アタッチメント・スタイル面接………………………………… *215*
- 8-3 母親のアタッチメント・スタイルと臨床的介入………………… *219*
  - 8-3-1 怒り・拒否型アタッチメント・スタイルの母親……… *220*
  - 8-3-2 とらわれ型アタッチメント・スタイルの母親………… *222*

- 8-3-3　恐れ型アタッチメント・スタイルの母親……………………… 224
- 8-3-4　ひっこみ型アタッチメント・スタイルの母親…………………… 225
- 8-3-5　無秩序型アタッチメント・スタイル
  （恐れ型と怒り・拒否型の並存）の母親………………………… 226
- 8-3-6　無秩序型アタッチメント・スタイル
  （とらわれ型と恐れ型の並存）の母親…………………………… 227
- 8-4　不登校児の親のアタッチメントと臨床的介入の今後の課題…… 228

第9章　ドメスティック・バイオレンス被害者への
アタッチメント理論によるサポート……… 高畠克子 234

- 9-1　女性に対する DV 被害……………………………………………… 235
  - 9-1-1　DV 被害の実態…………………………………………… 235
  - 9-1-2　DV が被害女性の心身に及ぼす影響…………………… 235
- 9-2　DV 被害女性へのアタッチメント理論およびその適用………… 237
  - 9-2-1　DV 被害女性への理論的枠組みとしての内的作業モデル
    およびその仮説…………………………………………… 237
  - 9-2-2　DV 被害女性の事例提示……………………………… 239
  - 9-2-3　アタッチメント理論に基づく DV 被害女性への治療戦略…… 246
- 9-3　子どもに対する DV 被害………………………………………… 248
  - 9-3-1　両親間 DV の目撃者である子どもの実態…………… 248
  - 9-3-2　両親間 DV の目撃が子どもに及ぼす影響…………… 250
- 9-4　両親間 DV の目撃者である子どもへのアタッチメント理論
  およびその適用…………………………………………………… 252
  - 9-4-1　DV 目撃者である子どもへの理論的枠組みとしての
    アタッチメント理論……………………………………… 252
  - 9-4-2　アタッチメント理論に基づく子どもへの治療戦略…… 253
  - 9-4-3　両親間 DV の目撃者としての子どもの事例提示と対処方法…… 255
- 9-5　おわりに…………………………………………………………… 258

第10章　臨床心理学にとってのアタッチメント研究
　　　　　　　　　　　　　　　　　　　　　　　齋藤久美子…263
- 10-1　アタッチメント研究に含まれる「関係性」視点と「個」の視点……265
- 10-2　「分離」の理解と「アタッチメント」理解…………………………271
  - 10-2-1　さまざまな「分離」外傷とアタッチメント………………271
  - 10-2-2　アタッチメントと分離の相互関係──「分離」とみずから格闘する心…273
- 10-3　臨床心理学にとってのアタッチメント知見…………………………281
  - 10-3-1　セラピスト（Th）－クライエント（Cl）関係とアタッチメント 281
  - 10-3-2　臨床場面における心の仕事とアタッチメント・分離…………282
- 10-4　おわりに………………………………………………………………287

人名さくいん
事項さくいん

第1章　アタッチメント理論とその実証研究を俯瞰する

遠藤利彦

1-1　プロローグ——アタッチメント理論における時間の流れ

　人の心や行動上の問題は，決して，その"今"に突発的に始まるものではない。そこには，必ず，その個人の秘められた歴史が潜んでいる。Freud, S. の精神分析に代表される従来の臨床的アプローチは，クライエントが発する声やふるまいの中に，その個人の特異なる過去を読み，そして，そうした臨床事例の積み重ねの上に，ある1つの発達論を作り上げてきたのだと言える。多くのセラピストは，クライエントの心の病を診，また癒そうとする時に，多かれ少なかれ，そうした発達論に依拠しながら，その直接のきっかけとなった結実因子（クライエントはいかなる出来事に遭遇し，どれだけ深い心の傷を負ったのか）のみならず，準備因子（クライエントはそれまでいかなる成育過程を辿り，どのような人格構造を作り上げてきたのか）や持続因子（クライエントは今，そしてこれからいかなる生活環境の中に在り，それは心の病の今後の持続や快癒にいかに関与するのか）にも周到なる目を配り，心の病の前後に広がる，そのクライエントに固有の，発達という時間軸に真摯に向き合おうとしてきたのだと言える。

　しかし，従来の臨床的アプローチにおける発達とは，通常の時間の流れのように，過去から現在，そして未来へと，順向的に確実に進むものではない。基本的に，問題の顕在化およびクライエントの来談という現在から出発する臨床的営みにおいて，セラピストは，クライエントにおける過去から現在への流れを決してリアルタイムで追うことはできず，辛うじてそれを逆向的に遡ること

ができるのみなのである。すなわち，そうした臨床事例から構成される発達論は，多くの場合，自ずと，クライエントが現在というフィルターを通して語る主観的な過去物語にならざるを得なかったと言い得るのである。精神分析はもとより，その系譜を受け継ぐ自我心理学や対象関係論にしても，それらが重視する発達早期における心的経験やトラウマといったものは，かなりのところ，大人のクライエントの自己語りから「臨床的に仮構された乳児」（clinical infant）の声や言葉としてあったことを忘れてはならないだろう（Stern, 1985）。

　実のところ，アタッチメント理論の創始者であるBowlbyが既存のアプローチについて最も訝ったことの1つは，この点にあった。彼は，対象関係論やクライン（Klein）理論のトレーニングを受け，児童精神科医としてのキャリアを出発させた訳であるが，日々，様々な臨床的問題を抱える子どもたちの姿を現実的に目の当たりにする中で，「臨床的に仮構された乳児」の信憑性や妥当性に徐々に疑いを立てるようになっていったのである。そして，精緻な観察に主眼を置く比較行動学および厳密な方法論に従う認知科学（認知心理学）等との邂逅を通して，現に「観察された乳児」（observed infant）（Stern, 1985）に実証的な光を当て，そうした子どものその後の実態を，現実の時間軸に沿ってプロスペクティヴに追跡することによって，心の問題や病理の発生に絡むリスク因子や防御因子およびその全体的なメカニズムを解明する研究の方向性を明確に打ち出すに至ったのである（e.g. Fonagy, 2001）。

　アタッチメント理論は，当初，子どもの発達病理についてはまだしも，それを除けば，臨床の理論としての受け入れは相対的に希薄であったのかも知れない。しかしながら，Bowlby自身は端から，アタッチメント理論を，人の揺りかごから墓場までの，パーソナリティの生涯発達理論であると言明し，人の早期経験の重要性と発達経路の多様性について，さらにまた，それらと結びついた生涯の様々な発達期における心理行動上の問題について，殊の外，関心を寄せているのである（e.g. Egeland & Carlson, 2004 ; Holmes, 1993）。そして，こうしたBowlbyの基本的方向づけに従ったいくつかの長期縦断研究は，現に，生後1年目からその後のおよそ30年にも亘って，幼い子どもが実際に養育者との間で経験する関係性の特質や不遇な事象による衝撃が，それからの人生におい

ていかに連続し，また変化するのか，さらに人生途上の何が現在の心理社会的適応を予測し得るのかを精細に報告するに至っているのである（e.g. Grossmann et al., 2005; Sroufe et al., 2005）。

　本書は，こうした順向性の時間を精細に追う中から構築されてきたアタッチメント理論とそれに絡む各種の実証的知見が，いかなる臨床的あるいは実践的含意を有するかを，幅広く示すことを主目的としている。読者は，Bowlbyが，旧来の精神分析的な諸理論や技法と袂を分かち，逆向性の時間的枠組みから離れたことによって，種々の臨床的問題について，そしてまた，それらへの介入に関して，何をどう変え得，また新たに何を付加し得たのかを各章で垣間見ることになろう。もちろん，Bowlbyのアプローチと旧来の精神分析的アプローチを専ら対立的構図で把捉することは，必ずしも正鵠を射たものではない。それどころか，臨床的観点からのアタッチメント理論への熱い注視は，一部，Bowlbyおよびアタッチメント理論の中の"旧いところ"，すなわち精神分析的発想に由来するところもあると考えられるのである。殊に，本書全体を貫いて重要なキーワードの1つになっている"内的作業モデル"という考えなどは，その最たるものと言えるだろう。読者は，本書の各所で，Bowlbyのアプローチが既成理論の単なるアンチテーゼとしてのみ在る訳ではないことも知ることになるはずである。

　この第1章で，筆者は，こうしたアタッチメント理論と各種臨床との関わりを考究することにおいて必須となるであろう，アタッチメント理論の基本的骨子と，これまでの実証的知見の概要を俯瞰していくことにしたい。

1-2　アタッチメントとは何か？

　アタッチメント（attachment）を，人と人，特に親とその幼い子どもとの間の緊密な情愛的絆（affectional bond），時には，その愛情（affection）関係全般の特質を指し示すと考える向きも決して少なくはない。しかし，それは必ずしも過誤ではないが，Bowlby（1969/1982）が最初に示したその原義は，文字通り，生物個体が他の個体にくっつこうとする（アタッチしようとする）ことに

他ならない。彼は，個体がある危機的状況に接し，あるいはまた，そうした危機を予知し，恐れや不安の情動が強く喚起された時に，特定の他個体への近接を通して，主観的な安全の感覚（felt security）を回復・維持しようとする傾性をアタッチメントと呼んだのである（数井・遠藤，2005）。別の言い方をするならば，それは"一者の情動状態の崩れを二者の関係性によって制御するシステム"（dyadic regulation system：Schore, 2001）とも言い得るものなのである。Bowlbyによれば，このシステムは，個体の状態や環境条件の変化などに応じて，体温や血圧などを適正な一定範囲内に保持・調整する生理的システムと同じように，特定対象との近接関係をホメオスタティックにコントロールしているのだという。

ここで注意すべきことは，この行動制御システムは，元来，ネガティヴな情動の低減（マイナス方向に転じた情動状態をニュートラルなゼロの状態に戻す）に結びついたものであり，あやしあやされたり，ふれ合ったりじゃれ合ったりして，あるいはただともにいるだけで，それが一種の社会的報酬となり，心理的愉悦というポジティヴな情動の増進（ゼロからプラスの状態を生み出す）に通じるような関係の特質とは，基本的に異種であるということである（e.g. 遠藤，1999）（ちなみにMacDonald [1992] は後者をアタッチメントとは別個の進化論的起源を有する"温かさ" [warmth] という行動システムであるとしている）。さらに，もう1つ付言しておくべきことは，それが，決して親子，特に母子関係に限定されたものではないということである。Bowlbyの主著である *Attachment and loss*（1969, 1973, 1980）が「母子関係の理論」というタイトルで邦訳されたということも手伝ってか，日本においては殊に，アタッチメントを，母子の，とりわけ，幼い子どもとその母親との関係性の文脈で問題にすることが圧倒的に多いものと考えられる。確かに，それは現実的に発達早期の母子関係から始発することが多い訳であるが，Bowlbyは，基本的にアタッチメントを，その主要な対象を少しずつ変えつつも，揺りかごから墓場まで生涯，存続し，機能し続けるものであると把捉していた。そこには，アタッチメントが，単に（例えば子どものような）弱者の（大人という）強者に対する依存的な関係のみならず，個体が自律性を獲得した後の対等な関係においても十分成り立ち得るという認

識が潜んでいる。加齢に伴い，人は徐々に，他者に対して物理的には近接しなくなるものと言える。しかし，アタッチメントは，次第に，表象レベルの近接，すなわち危急の際には誰かに確実に保護してもらえるということに対する信頼感（confidence in protection）(Goldberg et al., 1999）へと形を変えて，生涯，重要な意味を担い続けるのである。

　上でもふれたように，アタッチメントの，その時々の至近的な機能は，心理社会的に言えば，（潜在的）危機によって生じたネガティヴな情動状態を低減させ，自らが安全であるという主観的意識を個体にもたらすことである。個体はこうした安全の感覚に支えられて，外界への探索活動や学習活動を安定して行い，また相対的に円滑な対人関係を構築することが可能になるのだと考えられる。別の言い方をすれば，個体にとって，主要なアタッチメント対象は，危機が生じた際に逃げ込み保護を求める"確実な避難所（safe haven）"であると同時に，ひとたび個体の情動が静穏化した際には，今度は，そこを拠点に外界に積極的に出ていくための"安全基地（secure base）"として機能することになる。

　また，こうした機能を神経生理学的に見れば，それは，様々な危機やストレッサーとの遭遇によって生じた身体の緊急反応あるいは一時的に崩れた神経生理学的ホメオスタシスを，再び定常的状態に引き戻すことだとも言えるだろう。それは，外界からもたらされるストレッサーと内界の各種神経生理学的メカニズムの間にあって，一種の"緩衝帯（buffer）"としての役割を果たし，身体の健全なる機能性を高度に保障し得るものと言える（Bowlby, 1973; Goldberg, 2000）。

　そして，こうしたその時々の，心理社会的および神経生理学的な働きの積み重ねによって，個体は，究極的に，生涯発達過程全般に亘る自らの生存可能性や繁殖可能性などを高め，その生物学的適応度（fitness）を向上させることができるようになるのだと考えられる。

1-3 アタッチメントの生物学的基盤

　Bowlby のアタッチメントに対する深い洞察は，1つには確実に，彼の児童精神科医としてのキャリアの中で培われたものと言える。種々の社会情緒的不適応児や施設児などに対する心理臨床的介入（e.g. Bowlby, 1944），さらには第二次世界大戦における戦災孤児についての調査研究（Bowlby, 1951）などを通して，彼は，子どもの健常な心身発達に及ぼす，発達早期における子どもと親密な他者（大人）との関係の絶対的不可欠性を，身をもって実感したと言われている（Holmes, 1993）。そして，それは，彼の初期の重要概念である"母性的養育の剥奪（maternal deprivation）"という考え（乳幼児期に，特定の母親的な存在による世話や養育が十分に施されないと，子どもの心身発達の様々な側面に深刻な遅滞や歪曲が生じ，なおかつ後々まで長期的な影響が及ぶという考え）の中に如実に反映されている（Bowlby, 1953）。

　もっとも，当時，Bolwby はまだ，発達早期の緊密な関係性が"なぜ""いかなるメカニズムで"子どもの発達に甚大な影響を及ぼすかを，十分に理論的に説明できないでいたらしい（Holmes, 1993）。そして，そうした理論的閉塞状況を打破したのが，Bowlby の比較行動学との邂逅であったということはよく知られるところである。Lorenz（1935）や Tinbergen（1951）などによって発展した比較行動学では，Bowlby がそれに着目した当時，いわゆる生得的解発機構や刷り込みの存在が，多くの生物種において確認されていた。それらは，特定の適応的行動に関わる生得的なプログラムが，外界のある特異な特徴パターンを備えた刺激によって解発され，さらには，その，一定期間内に最初に遭遇した刺激そのものが，他に代え難いものとして個体の神経システムに刷り込まれ，その後の適応的行動の発動や維持に不可欠の役割を果たすと仮定するものである。カモやガンなどの鳥の雛が，生後間もない時期に，最初に出会った対象の後追いを，その後一貫して行い続ける現象は広く知られているが，これはまさに後追いという近接行動に関わる生得的プログラムが自律的に動く他の対象によって解発され，さらに，その後，そのいったん刷り込まれた特定対象によってのみ，後追いが惹起・維持されるということの典型例と解し得る。

Bowlbyは，これと似たようなメカニズムが，生物種としてのヒトにも，生得的に備わっているのではないかと考えた。すなわち，ヒトの乳児も，本源的に他者との関係性を希求する存在としてこの世に誕生し，なおかつ早期の接触経験（必ずしも授乳などを前提としない接触そのもの）によって母親などの特定他者への選好が確立されると仮定したのである。Bowlby以前において，こうした関係性は，個体が，何よりも飢えや渇きなど，自らの基本的欲求の充足（一次的動因の低減）を求めて，繰り返し他者に依存するようになる結果，あくまでも"二次的に学習される"と理解されていた（二次的動因説）(e.g. Dallard & Miller, 1950) が，彼はきっぱりとこれを否定し，対象希求性を最も根源的な生得的欲求の1つとして位置づけたのである。そして，だからこそ，発達早期に，本来あって然るべき，この最も基本的欲求の充足を揺るがされてしまうと，その後の発達プロセスの進行に大きな問題（遅滞や歪曲）が生じ得ると考えたのである。

　こうしたBowlbyの仮説の典型的な証左として，よく引き合いに出されるのがHarlowによるアカゲザルの実験である (e.g. Harlow, 1958 ; Harlow & Harlow, 1965)。それは，実のところ二重の意味で，Bowlbyの考えに適うものとなっている。その1つの意味は，その実験が見事に，生物の特定の他個体への近接行動およびその近接関係の維持が，栄養摂取（生理的欲求の充足）とは基本的に独立に生じ得ることを示し得たということである。具体的に，それは，生後間もない頃に母ザルから引き離された子ザルが，特定の操作でミルクを与えてくれる仕組みになっている金網製の模型よりも，ミルクはくれなくとも柔らかい毛布でくるまれた模型に，栄養摂取以外の大半の時間，ずっとくっついて過ごす傾向を明らかにしたのである。これは，特定個体との近接関係の確立が，栄養摂取欲求の充足から徐々に二次的に派生してくるものではなく，それ自体が対象希求性という一次的欲求に基づくものである可能性を示唆している。

　このHarlowの試みが，Bowlbyの仮説との関連で，もう1つ重要な意味を有していると言い得るのは，この実験が，母性的養育の剥奪という状況そのものを子ザルに課しているということである。実のところ，それは，上述した模型の実験それ自体というよりは，その実験の主役となった子ザルのその後の様

子を追跡する中から明らかになったことであるが，このサルたちは，成長して集団に戻された時に，きわめて特異な不適応的行動をとったのである。すなわち，成体のサルなどの生きた対象との関わりを実験的に剥奪されて育ったサルたちは，大概，成長後，種々のストレスに対してきわめて脆弱で（例えば新奇なものに対しては非常に臆病で）社交性が低く，結果的に，集団の中で孤立し社会的に低位に止まる傾向が強くなり，時には，他個体に対して攻撃的にふるまったりもしたのである（Harlow et al., 1971）。さらに，似たような境遇のサルを扱った研究においては，そうしたサルたちが多く，他の異性個体と性的な関係を結ぶのに決定的な障害を示したという報告もある（e.g. Kraemer, 1992; Suomi, 1991, 1995）。こうした一連の知見は，まさにBowlbyが仮定したように，発達早期に，特定対象とのアタッチメント経験を剥奪されると，その生物個体が，その後，生き残り，成長し，さらに配偶，繁殖していくための基本的特質をうまく獲得し得なくなるという可能性を含意している（Kraemer, 1992）。

1-4　アタッチメントのヒトにおける特異性

　上述したような比較行動学の諸知見は，アタッチメントが，長い系統発生の歴史の中で漸次的に生み出されてきたものであり，元来，ヒトのみならず，広く様々な生物種に認められるものであることを物語っている。もっとも，ヒトにおけるアタッチメントのことごとくすべての側面が，他生物種と等質であるという訳では当然ない。そこには，いくつかの特異性が存在しているものと考えられる。そして，その最も大きなものの1つとして，ヒトの乳児が，本源的にアタッチメント欲求を備えて生まれてくるにしても，少なくとも出生後の一定期間は，自ら能動的にその欲求を充足できる存在ではないということが挙げられよう。すなわち，身体移動能力が圧倒的に乏しいがゆえに，強力に他個体にくっつくことを希求しながらも，独力では，その他個体にくっつくことができないということである。さらに言えば，ヒトの乳児は，身体移動能力のみならず，栄養摂取能力にしても，体温維持能力にしても，際立って，その自律性が低く，親をはじめとする他の（成熟した）個体からケアが施されなければ，

ほんの数時間という単位で，重篤な生命の危険にもさらされかねない脆弱な存在である。こうしたヒトの乳児の特質は，一般的に，ヒトに特異な直立二足歩行が，重力の関係で，また骨盤の変形による産道の狭小化によって，母体が支え得る胎児の身体サイズに制約を課し，結果的に，ヒトの子どもが，生物学的に試算される在胎期間の約半分で生まれてこざるを得なくなったという，いわゆる生理的早産という事情に由来すると言われているが，この早産であるがゆえの未熟さが，ヒトの親子関係をきわめて特殊なものにしていることは想像に難くない。つまり，ヒトの親子におけるアタッチメントは，子どもの側からすると基本的に受け身的なもの，すなわち，親の側からくっついてもらわなければ，また手厚くケアしてもらわなければ，いかなる意味でも成り立たないものであり，その意味で，親にかかる比重が，多くの他生物種に比して圧倒的に大きくなっているのである。

　これは，言い方を変えれば，ヒトにおいては，親の養育負担が際立って大きいということでもある。そして，これに輪をかけているのが，ヒトの乳児の重さである。ヒトの乳児は，上述したようにきわめて未熟でありながら，逆説的にも，その体重は，親たる成体のそれとの比で見ると非常に重いのである。例えば，ゴリラの成体メスはオスの体重の半分ほどしかないが，それでも大概の人間の成人女性よりは重いことが知られている。それでありながら，平均出生体重で比較すると，ゴリラの新生児は，ヒトの新生児の約2/3以下の重さに止まるのである。このことは，ゴリラでは，大きい親が，小さく軽くても相対的に機能的に成熟した子どもを育てることになるが，ヒトでは，小さい親が，重くてしかも圧倒的に未熟な子どもを育てなくてはならないということを意味している。さらに，ヒトは（私たちの祖先の野性的環境における狩猟や採集中心の生活を考えてみても）自律的に生活できるようになるまで，きわめて長い期間，親や家族などによって，ケアされる必要があるのみならず，教育的にトレーニングされなくてはならない種であるとも言われている。つまりは，ヒトの親にかかる養育負担は，子どもの発達早期に止まらず，少なくとも思春期くらいまでの長きに亘って，相当に重いままであり続けることを含意している。そして，それだけに，子どもの心身の発達は，アタッチメントの質も含め，基本的に，

その元来，生物学的に見てきわめて重い養育負担を，現に親が，どれだけ長期に亘って，またいかに安定して負ってくれるのかということに，かなりのところ，かかっていると言い得るのである。

　これに関連してよく議論されるのは，ヒトの養育行動がかなりのところ生物学的制約から解放されて在り，結果的にそこにきわめて広汎なバリエーションが生じやすくなっているのではないかということである。比較行動学の領域では，親の養育行動に関しても，刷り込みや生得的解発機構を，広く様々な生物種において認めている。例えば，ラットやヒツジなどのいくつかの種で，出産直後一定時間内における新生児との接触が刷り込みの役割を果たし，（子育てに深く関与する）オキシトシンやプロラクチンなどの神経化学物質の分泌を伴って，養育行動に関わるプログラムを解発・作動させるということが確認されているのである（Keverne, 2005）。こうした種においては，早期接触の機会が剥奪されれば，母親はその自らが産んだ子どもに養育行動を向けるどころか関心さえも払わないようになるが，逆にそうした例外的なことが生じない限りは，かなり無条件的に画一的な形で子育てが進行していくことになる（養育行動が生物学的に規定されるところが大きい）。もっとも，最近は，こうした種においても，食餌や配偶などの他の行動パターンに比して，養育行動の質については，発達早期における被養育経験に左右されるところが相対的に大きいということが確認されてきている（e.g. Fleming, 2005）のだが，それを差し引いても，ヒトの養育行動の"非"生物学的性質は際立っており，出産や親子の絆形成にまつわる親の行動に，種に普遍と言えるような固定的なパターンを見出すことは難しいらしい（Hrdy, 2005）。逆に言えば，ヒトの養育行動は多分に文化的学習に支えられているところが大きく（e.g. Krpan et al., 2005），それだからこそ，アタッチメント研究においては，後述するような発達早期における被養育経験の質と，アタッチメントおよび養育スタイルの世代間伝達の問題が，ある意味，必然的に注目を集めることになるのであろう。

　さらに，ヒトの養育行動およびアタッチメントの形成に広汎なバリエーションが生じるのは，それらが個体の発達過程の中での学習に多く負うものだからであると同時に，個体が子どもを妊娠・出産した後における養育環境の資源の

質と量に大きく依存するものだからでもあるという（e.g. Hennighausen & Lyons-Ruth, 2005）。つまり，個体が育ってきた過去の環境のみならず，個体とその子どもを取り巻く現在の環境的要素もきわめて重要な意味を持ち得るということである。先述したように，ヒトの親にかかる養育の負担やコストは生涯過程の中のかなり長期に亘ってきわめて大きいものであり続ける。それだけに，ヒトにおいては，例えばチンパンジーのように，母親であるメスだけが，単独で自活しながら，子育てを実践することが実質的に不可能になったのだと考える研究者は多い。ヒトの進化のプロセスの中で，まず子どもの父親であるオスが母子の扶助および時に養育そのものに参入する必要性が生じ，そこに，一雌一雄の緊密な関係性およびその間における子どもという基本的な家族形態が生まれてきたという可能性が想定されているようである（e.g. MacDonald, 1992）。

　また，ヒトの子どもの養育負担の大きさは，父親のオスを参入させるだけでは十分に賄いきれるものではなく，母親のメスと血縁関係にある姉妹，おば，祖母あるいは集団内の非血縁の他のメスを巻き込んでの共同子育てこそが，生物種としてのヒトに元来，備わって在る養育の形態ではないかと考える向きもある（e.g. Hrdy, 1999）。別の言い方をすれば，ヒトの子育ては，近しい他者から社会的サポートを付与されるということを前提に仕組まれている節があり，それだけに，現に，そうしたサポートをどれだけ受けることができるかということに，その質を大きく左右される可能性があるということである。Hrdy（2005）によれば，こうした特殊な事情によって，ヒトの母親が，養育環境の質によらず無条件的に，どの子どもに対しても一様に養育的投資を行うことは，必ずしも適応的ではなくなっている可能性が高いのだという。つまり，サポートがきわめて乏しい状況では，小さな子どもの養育に多大な投資をすることが，自身の，そしてその子どもの上に幾人かの（それまでに既に相当のコストを払ってきた）年長の子どもがいれば，その子どもたちの，生き残りや配偶・繁殖の可能性を著しく低めてしまうということも当然あり得るため，生涯に亘る包括適応度（個体自身とその血縁者を含めた繁殖成功度）を最大化するために，母親は，自らが置かれた環境資源との兼ね合いで，いつ，どの子どもに対して，どれだけのケアをするかについて，時に（ある子どもとの関係で見れば）ネガティ

ヴな決定を迫られることがあるということである。Hrdy（1999, 2005）によれば，貧困な状況や他者からのサポートのない孤立した養育環境で，ネグレクトや遺棄なども含めた不適切な養育が生じやすい背景には，一部，こうした事情が関与している可能性があるのではないかという。

　ここまで見てくると，ヒトの子どもは生物学的に際立って未熟である上に，それゆえの養育負担の大きさが生じさせた，親の養育行動の生物学的非決定性あるいは（過去の成育および現在の養育）環境依存性によって，本源的に，その発達を大きく翻弄される運命にある，ただきわめて脆弱な存在としてばかり在るように思われるかも知れない。しかし，それはヒトの子どもに関して必ずしも的を射た見方ではないと考えられる。彼らは，自らが置かれた環境にただ振り回される存在でなく，それどころか，時に，養育者を巧みに操作し，そこから適切な養育を能動的に引き出そうとする存在でもあるのである。先述したように，確かに身体移動能力の乏しい彼らには，発達早期，自ら養育者に近接する術がない。しかし，彼らは，親が親自身の適応度の向上のために，時に彼らへの養育に十分なエネルギーを投資しない可能性があることに対して，一種の対抗戦略として，親を情動的に自らに関わらせるための高度なコンピテンスやスキルをかなり豊富に有していると言えるのである（e.g. Hennighausen & Lyons-Ruth, 2005）。そこには，無論，他生物種の子どもにも広く認められるような，養育プログラムの生得的解発刺激としての"幼児図式（baby schema）"あるいは"赤ちゃんらしさ（babysheness）"のようなメカニズムの関与も当然あろうが，ヒトの子どもには，そればかりではなく，より精妙な行動機序が複数，備わっている可能性がある。

　例えば，発達のごく早期段階から認められる，彼らの人らしい刺激（人の顔やその表情あるいは身体の動きや発声など）に対する独特の感受性は，結果的に彼らが周囲の大人に対して頻繁に視線を送ることに通じる。こうした人に対する注視は，私たちの日常生活において非言語的なコミュニケーション・ツールとしてきわめて重要な役割を担っているものであり，そこにはしばしば情動的および社会的な意味が付与される（e.g. 遠藤, 2005）。つまり，ひとたび，大人が，乳児に視線を向けられ見つめられれば，それはほぼ確実に社会的シグナル

として働き，大人はつい，子どもを凝視し，声を発し，また近接したり，抱き上げたりもすることになるのだろう（社会的注視）。また，子どもが出生直後から，声や顔を通して発する様々な情動表出は，実のところ，発達早期においては必ずしもまだ十分な規則性を備えたものではなく（先行事象と発動される情動との間に大人におけるような明確な関連性が認められず），彼らの内的状態の正確な反映となっている保証はないのだが，それはポジティヴでもネガティヴでも，視線以上にダイレクトに，大人によって何ものかのシグナルとして受け取られる確率が高いものと言えるだろう（社会的発信）。さらに，ヒトの乳児は，"共鳴動作"や"新生児模倣"にしても，"エントレインメント"や"相互同期性"にしても，他者の身体や顔の動きあるいは声の調子などに随伴的に，またリズミカルに応じ，同調する存在でもある（社会的同調）。このような一連の子どもの行動は少なくとも発達早期においては多分に無意図的であり，半ば自動化されたメカニズムとも言い得るものなのだが，それに接した大人は，多くの場合，ほぼ確実に，子どもを様々に思い感じ伝えようとする"コミュニカティヴな存在"と見なし，結果的に彼らとの濃密な相互作用の中に引き込まれていくということになるのだろう（e.g. 遠藤, 1998; Meins, 1997）。

　もちろん，子どももまた，徐々に，ただ一方的に他者から様々な心の状態を帰属される存在ではなくなり，親をはじめとする，他者の心的状態を読み取り，それに敏感に反応する存在にもなっていく。より具体的には，生後1年目の後半あたりから，共同注意や社会的参照といった他者の視線や表情の読み取りに基づく行動を急速に発達させ，いわゆる"心の理論"を漸次的に準備・獲得していくことになる（Tomasello, 1999）。そして，養育者の意図や感情を推測した上で，自らのアタッチメント行動を適宜，調整し得るようにもなっていく（Bowlby, 1969/1982）。ヒトの乳児も他生物種の子どもと同様に，泣き，後追い，しがみつきといった典型的なアタッチメント行動を頻繁に起こす。しかし，ヒトのアタッチメントは，こうした純粋に行動的なものに止まらず，そこにいわゆる"相互主観性（intersubjectivity）"が不可避的に介在するようにもなっているのである（単なる行動制御システムだけではない相互主観的制御システムとしてのアタッチメント）（Hennighausen & Lyons-Ruth, 2005）。これは，ヒトにお

けるアタッチメントが，親の側から見ても子どもの側から見ても，他種のそれに比してより精妙なものに変じている可能性を示唆する。

しかし，見方を変えれば，それだけに，すなわち，安全の感覚が単に行動面での近接関係の回復・維持だけで語られるものでは必ずしもなくなっているがゆえに，親子の関係性に広汎なバリエーションがより生じやすくなってきているのだとも解し得る。人間の子どもの安定したアタッチメントの成り立ちにおいて，殊の外，後述するような養育者の"敏感性（sensitivity）"（Ainsworth et al., 1978）やそれの類似概念の質が問われるのは，こうした事情を反映してのことなのかも知れない。心的状態の読み取りややりとりは，必ずしも明確に表面には現れない，常に潜在的なものとして在り，そこには当然，様々な齟齬やエラーが生じやすいものと言える。そして，だからこそ，元来，本源的に相互主観性に支えられて在る人間の関係性には，歪曲や障害もまた多く生じ得る可能性があるのだということを私たちは認識しておいてよいのだろう。

1-5　アタッチメントと内的作業モデル

前節で述べたように，アタッチメントのヒトにおける特異性の1つは，それが，顕在的な行動レベルに止まらず，より潜在的な相互主観的レベルにも大きく関わるということである。それは言い換えれば，ヒトのアタッチメントが，物理的な近接以上に，主観的な意識における表象的な近接へと大きくウェイトを移行させているということでもある。私たちにとって，時に，より重要になるのは，単に危機的状況に遭遇した際に誰かへの物理的近接が現に可能だったかどうかということ以上に，その誰かがその行動を通して自らに対してどんな思いで何をしてくれようと意図したのかということなのだろう。その特定の他者が，現実には何らアクションを起こしてはいなくとも，自らに対して温かい思いやりの気持ちを持って助力してくれるだろうことを，あるいはこの先もきっとそうしてくれるだろうことを，私たちが自分の中で確信することができれば，多くの場合，私たちのアタッチメント欲求は潜在的に充足され，そこで安全の感覚を得ることもできるのである。

Bowlby（1969/1982, 1973, 1980）は，こうした自己や他者および関係性一般に対して個人が抱く主観的確信やイメージを，アタッチメントに関する"内的作業モデル（internal working model）"という術語をもって概念化し，人の生涯に亘るパーソナリティ発達やその適応性を考える上で，とりわけ重要であるという認識を有していた。先にも述べたように，発達早期，子どもは自らの安全の感覚を，現に外在する養育者への物理的近接を通して専ら得ようとする。しかし，子どもは，こうした経験の蓄積を通して，徐々に，一般化された養育者の心像を，そして相補的に自己の心像を内在化し，それらを，その後，様々な人間関係を持ち，社会生活を営む上での，一種の表象上のモデルとして用いるようになるのである。Bowlbyによれば，私たちが幼い頃からその後，長期に亘って，かなり一貫した対人関係のパターンやパーソナリティを維持し得るのは，こうしたモデルが相対的に変質しにくく，私たちがそれに基づいてほぼ一貫した形で，他者のふるまいの解釈や予測をし，そしてまた自らの行動のプランニングを行うからなのだという（遠藤，1992a；Mikulincer & Shaver, 2004）。

　こうしたBowlbyの発想の源泉は，Freud, S. 以来の精神分析の中に見出すことができる（Minsky, 1986）。特にFairbairn（1952）やWinnicott（1965）などの対象関係論者は内在化された養育者像，すなわち，いわゆる"内的対象"とそれにまつわる種々の記憶や情動が，個人の社会情緒的発達や対人関係全般に多大な影響を及ぼすことを論じている。こうした考えとBowlbyの内的作業モデルという概念とは一見，見紛うほどに，近似しているように思われるかも知れない。しかし，内的作業モデルという言葉は，ただ古いワインを新しいボトルに注ぎ換えただけのものではない。それは，元来，Craik（1943）に始まる認知科学の術語であり，Bowlbyの強調点が，関係性の記憶がいかに構成され，また後続の事象経験の情報処理プロセスにどのようなバイアスをもたらし得るのかというところにあったことを度外視してはならないだろう。現今の認知科学の文脈においては，それは内的作業モデルというよりも，むしろシミュレーション・モデルあるいはメンタル・モデルという呼称で問題にされることが多いのだが（Johnson-Laird, 1983），それが元来，意味しているのは，ある状況に接した時に，その状況がいかなるものであり，どのような行動を起こせば

どのような帰結に結びつくのかについてのシミュレーションを可能にする，個人がその表象空間内に作業用として構成する一時的な認知モデルのことである（遠藤，1992a）。Bowlby（1973）は，それを，対人的情報処理に特化して発展させ，少なくとも当初は，様々な人間関係に対して，それぞれに応じた適切なシミュレーション・モデルを適宜，構成・更新し得ることが，アタッチメントが安定している個人の特徴であると言明していたのである。

　実のところ，Bowlby自身は，内的作業モデルという術語を，長期記憶ベースの自己や他者に関する一般化された記憶表象と，現時現空間の対人状況に応じて一時的に構成される作業記憶ベースのシミュレーション・モデルの両方に対して，取り立てて区別なく充てているところがあり，それがしばし，理論上の混乱を引き起こしていた感があったことは否めない（遠藤，1992a）。こうしたことを受けてか，現在のアタッチメント研究の流れでは，内的作業モデルを，きわめて経験に近いレベル（例えば授乳場面や遊び場面などの個別の相互作用に関わるエピソード的な記憶およびそれらの一般化された表象など）から自己および他者一般に関わる抽象的なレベル（例えば「私は他者から愛される存在である」とか「他者は必要な時にいつも私を助けてくれる存在である」といった信念や確信など）に至る，多重の階層をなし，しかも相互に連関する認知的スキーマの集合体であると考えるようになってきている（Bretherton & Munholland, 1999）。

　そして，多くのアタッチメント研究者は，こうしたアタッチメントに関する記憶構造に矛盾や解離がなく適切に組織化されており，現在の対人的状況に合わせて防衛なく柔軟なシミュレーションが可能である場合に，その個人は適応的である確率が高いのに対し，逆に記憶構造の矛盾や解離に起因して現在の状況の中に潜む特定情報を選択的に排除したり，強引に自分の思い込みに合致するよう情報を歪めて認知したり，あるいは1つのことに相容れない複数の記憶を思い起こしてしまうような場合に，その個人は相対的に不適応に陥る可能性が高いと仮定するに至っているようである（e.g. Main, 1991）。現今のアタッチメント研究，殊に臨床的指向性を有する研究の中には，内的作業モデルを対象関係論などにおける"内的対象"とほぼ同義に用いているものが少なからず散見される。しかし，上述したように，内的作業モデルという術語が意味するも

のが決してこれに止まるものではなく，本来，その強調点が，個々人に固有の対人的情報処理プロセスにあるのだということを，私たちはここで銘記しておいて然るべきかも知れない。

1-6　アタッチメントとトラウマ

　内的作業モデルという術語は，いわゆる幼児性トラウマ（infantial trauma）との関連で問題にされることも少なくはない。確かに，発達早期に経験した関係性の特質が内的作業モデルとして心内化され，その後の様々な関係性の形成を導くという発想と，幼児期における特に親や家族との葛藤や軋轢がトラウマとして人格構造の一部に沈潜化し，それが生涯発達過程の折々に頭をもたげ，その個人の適応性を脅かすという発想には，多分に通底するところがあると言える。しかし，現今の発達心理学およびアタッチメント理論から見るトラウマには，古典的な精神分析理論とは幾分異なる観点がいくつか認められる。

　冒頭でも述べたように，古典的精神分析における幼児性トラウマとは，基本的に"臨床的に仮構された乳児"のそれであった。無論，それは，クライエントの現在における主観的真実を掬うという意味において，また，それを通して効果的な臨床的行為を実践するという意味において，高い臨床的価値を有するものと言える。しかし，種々の心の病理の発達的機序を厳密に特定するとなった時，そこにどれだけの妥当性や信憑性を見て取ることができるのか，多少とも疑わしさが拭えないところもある。それは，基本的に，少数の，ある精神病理を既に抱えているクライエントが発した，しかも回顧的な情報に基づくものであり（e.g. Brewin et al.,1993），また，経験事象の意味はそれを受け止める個人の枠組みによって大きく変じ得るものであるにもかかわらず，各発達ステージによって性質を異にする認知・情動的特質をあまり考慮するものにはなり得ていない（e.g. Osofsky, 2004）。そして，現に，例えば，授乳や離乳をめぐる葛藤など，Freud, S. らが仮定した種々の早期トラウマとその後のパーソナリティや心の病理との関連性については，実証研究の大半がそれを訝るところとなっているのである（e.g. Brewin et al., 1993 ; Schaffer, 1996）。

それに対して，近年，ある特定の発達ステージに在る子ども自身の視点から，子どもが遭遇した事象の意味を精緻に解き明かす作業が進行してきている。例えば，直接的に自らが見聞した情報と間接的に他者から伝聞した情報を比較した時に，大人は一般的にその信念の形成において圧倒的に前者に依拠する。しかし，3歳前後の幼い子どもにおいては情報源の理解に大人とは決定的に異なる部分があり，直接情報と間接情報の重み付けにはあまり差異がないことが知られている。Bowlby (1988) は，幼い時期に親の自殺を直接目撃しながら，その後，その死が病気によるものだと繰り返し周囲の大人から聞かされ続けた子どもの不適応事例を挙げているが，これについては，子どものそうした情報処理の特質によって，1事象について2つの相矛盾する記憶が止揚・統合されることなく，"複数の一貫性のないモデル (multiple inconsistent models)" が形成されてしまったことに起因するものである可能性が推察されている (Main, 1991)。また，いわゆる魔術的万能感にも関わる自己中心的な因果思考に由来して，5歳以下の幼児が，例えば，身近な他者の死を，それに先行して在った自らの情動や言動との絡みで，自分自身が引き起こしたように思い込み，罪の意識を抱え込んでしまうようなこともあるという (Osofsky, 2004)。

　これらは基本的に子どもの認知的制約が子ども特有のトラウマの形成にマイナスに作用する可能性を示唆するものであるが，逆に，そうした認知的制約が防御因子になる場合も想定できる。例えば，乳幼児期の記憶システムは，経験事象の取り込みに関して，各事象の個別性や特異性よりも，それらに通底する共通性や不変性を抽象するように機能することが知られている (Fogel, 2004)。より具体的には，一回性のエピソード記憶，その中でもとりわけ自伝的記憶が希薄な分，様々な災害や惨事など，大人からすれば際立って衝撃的な出来事が，子どもにはあまりインパクトを残さないようなこともあり得るということである。また，言語獲得前においては，そもそもの記憶の構成に言語による符号化が絡まないため，当然，言語によって浴びせられた侮辱や暴言など，言語に由来する困難事も相対的に生じにくいことになる (e.g. Howe, 2000 ; Stern, 1985)。

　このように，正負，いずれの意味にせよ，トラウマというのは，経験事象そのものの特質以上に，それがある発達ステージに在る個人の知情意，様々なフ

ィルターを通して，いかなる評価や意味を獲得してきているかによって大きくその様相を異にするものである。子どもは決して"小さな大人"はなく，経験事象に対して，独自の認識や反応の原理を持つ存在であるということを私たちは認識しておくべきなのだろう。

また，トラウマは，それそのものとともに，あるいはそれ以上に，その前後におけるアタッチメントとの関わりにおいて理解されなくてはならないものとも言える。例えば，地震や火事などの災害などは，その直後には，確かに多くの子どもにほぼ一様に大きな情緒的混乱をもたらすものの，それが長期に及ぶケースはその内のごく少数に過ぎないことが知られている（McFarlane, 1988; Saylor, 1993）。そうした一回性の出来事が，子どもにとってトラウマになるか否かは，その前後に，特にその後に一貫して，子どもが養育者等との間でいかに安定したアタッチメントを享受できるかということに大きく依存するらしい。別の言い方をすれば，惨事そのものやそれによって一時的に生じた情緒的混乱よりも，それに対する周囲の大人の持続的な関わりの失敗や情緒的利用可能性（emotional availability）の低さの方が，より外傷的な意味を持ち得るということである。一度の突発的な極度の恐れや不安よりも，それがその後ケアされず制御されないままに放置されること，すなわち最も必要な時にアタッチメント欲求が充足されないままになることの方が，子どもにとってははるかに破壊的に作用し得るのである。

このように，トラウマというのは，たとえ，元となる事象は一回性のものであったとしても，その後のケアやアタッチメント上の度重なる失敗との関わりにおいて形成されるという意味において，ほぼ常に"累積的性質"を有しているものと考えられる（e.g. Kahn, 1974; Masten & Coatsworth, 1995）。もちろん，こうした潜在的な累積性ではなく，文字通り，子どもを次から次へと過酷な事象が襲ったり，子どもに対して反復的に同様の不適切な扱いがなされたりするような事態は，より深刻なものと言える（Masten & Coatsworth, 1995; Osofsky, 2004）。子どもあるいは人が，繰り返されるトラウマに自然に耐性を獲得するようになることはきわめて少ないらしい。むしろ，先行するネガティヴな事象の経験は，次なる経験の基本的トーンを形成し，その経験の心理的インパクト

をより破壊的なものにする可能性が高い（e.g. Rutter, 1989; Schaffer, 1996）。また，そうした影響は，自らが直接，犠牲にならないような場合にも生じ得るようである。例えば，怒りの表出や罵詈雑言あるいは暴力といった親同士のコンフリクトに頻繁にさらされている子どもは，そうした状況に慣れるどころか，徐々に過敏性と反応性を増し，情動制御に大きな問題を抱え込む確率が高いという（Cummings, 1994）。この場合，子どもは，反復的，累積的に心理的な安全感を脅かされると同時に，その悪しき情動状態をケアされないままになるという，ある種，二重のトラウマにさらされていることになる。

　そして，こうしたことに関連して，もう一点，付言しておくべきことは，度重なる恐れや不安およびそれらが適切に制御されないままになるという，特に発達早期における経験は，必ずしも，専ら，心の傷というかたちで，心理システムのみに負の影響を及ぼす（"高次の制御機構 [higher-order regulator]" と呼ばれる各種心理行動的方略をもってストレス対処や情動制御を司るメカニズムだけにダメージを与える）訳ではないということである。それは，同時に，"隠れた制御機構（hidden regulator）"，すなわち純粋に生理学的なストレス・センサーやホメオスタシスの維持・調整メカニズムの発達にもかなり永続的な阻害効果を及ぼすようなのである（Goldberg, 2000; Hofer, 1995）。そこでは，自律神経，免疫，神経内分泌などの活動に深く関与する，HPA（視床下部-下垂体-副腎皮質）システムを始めとする身体の仕組みが十全な発達を遂げず，ひいては，それがその子ども固有の脆弱性の素地となって，様々な心理行動上の問題を，生涯発達過程全般に亘って，際立って生じやすくさせるのだという（e.g. Gunner, 2005）。一部のアタッチメント研究者（e.g. Schuder & Lyons-Ruth, 2004）は，子どもが受けるこうしたダメージを，従来の心理的なトラウマとは独立に，"隠れたトラウマ（hidden trauma）" と呼び，その破壊的意味合いの大きさに注意を促している。ちなみに，先に，実験的に親との隔絶を余儀なくされた子ザルが成長後，ある特異な行動上の問題を示すことに言及したが，こうした子ザルにおいては，それに加えて，生理学的ホメオスタシスの維持・制御に深く関与するノルエピネフリンの分泌量が，成体の雌ザルとともに育った子ザルのそれに比して，際立って少なくなるという報告がなされている（Kraemer, 1992）。

これも，隠れたトラウマの1つの傍証と言えるのかも知れない。

1-7　アタッチメントの個人差と養育者の敏感性

　先述したように，ヒトには，他の多くの生物種と同様に，特定個体との近接を求め，これを維持しようとする欲求が本源的に備わっており，その充足を通して自らが安全であるという感覚（felt security）を得ることが，標準的な（normative）意味での，1つの適応上の目標であると言える。しかし，こうしたアタッチメント欲求は，どのような親子関係においても一様に適切に満たされる訳ではない。したがって，子どもはその関係性の特質に応じて，適宜，近接のための方略を変えることを余儀なくされる。つまり，どのような形であれ，近接による安心感を最低限，得るために，自らのアタッチメント行動を調整し，結果的に特定のアタッチメント・スタイルを身につけざるを得ないことになる。そして，そこに個別的な（individual）意味での，もう1つのアタッチメントの姿が立ち現れることになる。

　より具体的に言えば，Bowlby（1988）は，養育者の敏感性（sensitivity：子どもの心身の状態を敏感に察知し，子どものニーズに対して適切に応じ得る特性）の差異が，子どもと養育者の日常の情動的関わりの質を規定し，そして，その累積の中で，子どもはその関係性の特質を内的作業モデルとして徐々に内在化し，またそれに応じた独特のアタッチメント行動のパターンを固定化するようになるのだと仮定した。そして，それが個々人のパーソナリティの原基にもなるのだと考えたのである。こうしたアタッチメントの個人差とその形成メカニズムに初めて実証的なメスを入れたのはAinsworth et al.（1978）である。彼女らは，アタッチメントの個人差を把捉する理論的枠組みを整理・構築し，それを実験的に測定する手法である"ストレンジ・シチュエーション法（Strange Situation Procedure：以下，SSP）"を案出したことで知られている。このSSPとは，その名の通り，乳児を，（彼らにとっては）新奇な実験室に導き入れ，見知らぬ人に対面させたり，養育者と分離させたりすることによってマイルドなストレス下に置き，そこでの乳児の反応を組織的に観察しようとする実験的方

表 1-1 各アタッチメント・タイプの行動特徴と養育者の関わり方

	ストレンジ・シチュエーションにおける子どもの行動特徴	養育者の日常の関わり方
Aタイプ（回避型）	養育者との分離に際し，泣いたり混乱を示すということがほとんどない。再会時には，養育者から目をそらしたり，明らかに養育者を避けようとしたりする行動が見られる。養育者が抱っこしようとしても子どもの方から抱きつくことはなく，養育者が抱っこするのをやめても，それに対して抵抗を示したりはしない。養育者を安全基地として（養育者と玩具などの間を行きつ戻りつしながら）実験室内の探索を行うことがあまり見られない（養育者とは関わりなく行動することが相対的に多い）。	全般的に子どもの働きかけに拒否的にふるまうことが多く，他のタイプの養育者と比較して，子どもと対面しても微笑むことや身体接触することが少ない。子どもが苦痛を示していたりすると，かえってそれを嫌がり，子どもを遠ざけてしまうような場合もある。また，子どもの行動を強く統制しようとする働きかけが多く見られる。
Bタイプ（安定型）	分離時に多少の泣きや混乱を示すが，養育者との再会時には積極的に身体接触を求め，容易に静穏化する。実験全般にわたって養育者や実験者に肯定的感情や態度を見せることが多く，養育者との分離時にも実験者からの慰めを受け入れることができる。また，養育者を安全基地として，積極的に探索活動を行うことができる。	子どもの欲求や状態の変化などに相対的に敏感であり，子どもに対して過剰あるいは無理な働きかけをすることが少ない。また，子どもとの相互交渉は，全般的に調和的かつ円滑であり，遊びや身体接触を楽しんでいる様子が随所にうかがえる。
Cタイプ（アンビヴァレント型）	分離時に非常に強い不安や混乱を示す。再会時には養育者に身体接触を求めていくが，その一方で怒りながら養育者を激しくたたいたりする（近接と怒りに満ちた抵抗という両面的な側面が認められる）。全般的に行動が不安定で随所に用心深い態度が見られ，養育者を安全基地として，安心して探索活動を行うことがあまりできない（養育者に執拗にくっついていようとすることが相対的に多い）。	子どもが送出してくる各種アタッチメントのシグナルに対する敏感さが相対的に低く，子どもの行動や感情状態を適切に調整することがやや不得手である。子どもとの間で肯定的な相互交渉を持つことも少なくはないが，それは子どもの欲求に応じたものというよりも養育者の気分や都合に合わせたものであることが相対的に多い。結果的に，子どもが同じことをしても，それに対する反応が一貫性を欠くとか，応答のタイミングが微妙にずれるといったことが多くなる。
Dタイプ（無秩序・無方向型）	近接と回避という本来ならば両立しない行動が同時的に（例えば顔をそむけながら養育者に近づこうとする）あるいは継時的に（例えば養育者にしがみついたかと思うとすぐに床に倒れ込んだりする）見られる。また，不自然でぎこちない動きを示したり，タイミングのずれた場違いな行動や表情を見せたりする。さらに，突然すくんでしまったりうつろな表情を浮かべつつじっと固まって動かなくなってしまったりすることがある。総じてどこへ行きたいのか，何をしたいのかが読みとりづらい。時折，養育者の存在におびえているような素振りを見せることがあり，むしろ初めて出会う実験者等により自然で親しげな態度を取るようなことも少なくない。	Dタイプの子どもの養育者の特質に関する証左はまだ必ずしも多くはないが，Dタイプが被虐待児や抑うつや感情障害の親を持つ子どもに多く認められることから以下のような養育者像が推察されている。（多くはトラウマ体験など心理的に未解決の問題を抱え）精神的に不安定なところがあり，突発的に表情や声あるいは言動一般に変調を来し，パニックに陥るようなことがある。言い換えれば子どもをひどくおびえさせるような行動を示すことが相対的に多く，時に，通常一般では考えられないような（虐待行為を含めた）不適切な養育を施すこともある。その一方で，通常はおとなしく，子どもに粗暴なふるまいを示すこともほとんどないが，ストレスに対してきわめて脆弱で無力感に浸りやすく，情緒的に引きこもりやすい養育者像も想定されている。

法のことである。

　そこでは，特に養育者との分離および再会場面に現れる子どもの行動上の差異をもって，A回避型（avoidant），B安定型（secure），Cアンビヴァレント型（ambivalent）の3つ（現在では後述するD無秩序・無方向型を含めた4つ）の内のいずれかのタイプに振り分けられることになる（表1-1参照）。Aタイプは，養育者との分離に際しさほど混乱を示さず，常時，相対的に養育者との間に距離を置きがちな子どもとされる。Bタイプは，分離に際し混乱を示すが，養育者との再会に際しては容易に静穏化し，ポジティヴな情動をもって養育者を迎え入れることができる子どものことである。Cタイプは分離に際し激しく苦痛を示し，なおかつ再会以後でもそのネガティヴな情動状態を長く引きずり，時に養育者に強い怒りや抵抗の構えを見せる子どもと定義される。ちなみに，AタイプとCタイプは時に1つに括られ，Bタイプ（安定型［secure］）に対して，不安定型（insecure）と総称されることもある。

　Ainsworth et al. (1978) は，SSPと家庭での母子相互作用の観察を併せて実施し，各タイプの子どもにおける養育者の敏感性や典型的な関わり方を検討している（表1-1参照）。それによれば，Aタイプの子の養育者は相対的に拒絶的で，特に子どもがネガティヴな情動を表出したり，身体接触を求めたりすると，それを嫌ってかえって子どもから離れて行こうとするようなところがあるという。Bタイプの子の養育者は相対的に敏感性が高く，また行動に一貫性が認められるらしい。また，Cタイプの子の養育者は，やや気まぐれで相対的に行動の一貫性が低く，子どもの側からすれば非常にその行動が予測しにくいのだという。

　内的作業モデルという観点から見れば，Aタイプの子どもは「自分は拒絶される存在である」「自分が近づこうとすれば他者は離れていこうとする」といった主観的確信からなるモデルを形成し，結果的に養育者との最低限の近接関係および安全の感覚を得るために，あえてアタッチメントのシグナルを最小限に抑え込む，すなわち回避的なふるまいを見せることになるのだろう。また，Bタイプの子どもは「自分は受容される存在である」「他者は自分が困った時には助けてくれる」といった内容のモデルを形成するため，養育者のふるまい

に確かな見通しを持つことができ、結果的にアタッチメント行動が全般的に安定し、たとえ一時的に分離があっても再会時には容易に立ち直り安堵感に浸ることができるのだと考えられる。一方、Cタイプの子どもは「自分はいつ見捨てられるかわからない」「他者はいつ自分の前からいなくなるかわからない」といった内容のモデルを形成しやすく、結果的に養育者の所在やその動きにいつも過剰なまでに用心深くなり、できる限り自分の方から最大限にアタッチメント・シグナルを送出することで養育者の関心を絶えず自分の方に引きつけておこうとするようになるのだと解し得る。このタイプの子どもが、再会場面で養育者に怒りをもって接するのは、またいつふらりといなくなるかもわからない養育者に安心しきれず、怒りの抗議を示すことで何とか自分がまた1人置いて行かれることを未然に防ごうとする対処行動の現れと見なすことができる。

　Ainsworth自身の研究においては、Aタイプが21％、Bタイプが67％、Cタイプが12％であったが、こうした比率構成は、文化やサンプルによって多少のばらつきはあるものの、その後の多くの研究のそれとそう大差ないことが明らかにされている（van IJzendoorn & Kroonenberg, 1988; van IJzendoorn & Sagi, 1999）。なお、このように2/3程度が安定型であり、不安定型の2倍以上を占めることから、こうしたカテゴリカルに個人差を表現するアプローチの有効性を訝り、むしろアタッチメントQセット法（Waters & Deane, 1985; Waters et al., 1995）のように、アタッチメントの個人差を安定性という一次元上の量的差異として表現する方法の方がより妥当なのではないかと見る向きが一部にあることをここで付言しておくことにしたい（Fraley & Spieker, 2003）。

1-8　無秩序・無方向型アタッチメントが予示するもの

　前節で見たように、従来のアタッチメント研究においては、子ども期およびその後のアタッチメントを安定型（secure）であるBタイプと不安定型（insecure）であるAタイプとCタイプに振り分けることが一般的であったと言える。ただし、ここで一つ注意しておくべきことは、安定か不安定かに分けられるにせよ（また、どれだけ容易に安心感を得られるかに差があるにせよ）、

ABCいずれについても"特定の養育環境に対する特異的な適応方略"（Sroufe, 1988）と見ることができ，少なくとも近接関係の確立・維持という究極のゴールからすれば，それぞれが明確に"組織化され（organized）"，それなりに有効に機能している可能性が高いということである（e.g. Main, 1991）。しかし，1990年代に入って，こうしたABC 3分類には収まりきれない第四のタイプ，すなわちD無秩序・無方向型（disorganized/disoriented）（Main & Solomon, 1990）の存在が見出され，特に臨床的観点から，生涯に亘る様々な心の病理を予示するものとして，多大な関心を集めるに至っている。

　比較的早くから，特にハイリスク・サンプルを扱った研究においては，SSPのABCいずれのタイプにも分類不可能な子どもがかなりの確率で存在している可能性が指摘されていた（e.g. Crittenden, 1985）。そこで，Main & Solomon（1990）は，SSPでのタイプ分けに疑問が残る子ども200人のビデオテープを詳細に再検討したところ，そこにある一定のパターンが存在することを見出し，そうした子どもを新たにDタイプ，すなわち"無秩序・無方向型"に組み入れ直すことを提唱したのである。彼女らによれば，このDタイプとされる子どもは，一般的に，SSPのような状況において，近接と回避という本来ならば両立しない行動を同時的に（例えば顔をそむけながら養育者に近づこうとする）あるいは継時的に（例えば養育者にしがみついたかと思うとすぐに床に倒れ込んだりする）見せる。また，不自然でぎこちない動きを示したり，タイミングのずれた場違いな行動や表情を見せたりする。さらに，突然すくんでしまったり，うつろな表情を浮かべつつじっと固まって動かなくなってしまったりするようなこともある。総じてどこへ行きたいのか，何をしたいのかが読みとりづらい。時折，養育者の存在におびえているような素振りを見せることがあり，むしろ初めて出会う実験者等により自然で親しげな態度を取るようなことも少なくはないという（表1-1）。こうした行動パターンは，近接関係の確立・維持および主観的安全の確保というゴールに適わないという意味で，まさに組織化されておらず（disorganized），明確な方向性を持たない（disoriented）アタッチメントということになる。

　Dタイプの子どもの養育者については，これまでに，抑うつ傾向が高かった

り精神的に極度に不安定だったり、また日頃から子どもを虐待したりするなどの危険な兆候が多く認められることが報告されている (Lyons-Ruth & Jacobvitz, 1999; Solomon & George, 1999) (表1-1)。特に被虐待児を対象にしたある研究では、その内の82％がこのDタイプによって占められていたという (Carlson et al., 1989)。また、養育者による極端なネグレクトとの関連が強く疑われる"発育不全 (failure to thrive)"児において、このDタイプの比率がかなり高かったという報告もある (Ward et al., 2000)。

　Main & Hesse (1990) は、こうした特徴を有する養育者が日常の子どもとの相互作用において典型的に示す行動パターンを、"おびえ／おびえさせる (frightened/frightening)"ふるまいの中に見ている。これらの研究知見によれば、このタイプの養育者は、日常生活場面において突発的に過去のトラウマティックな記憶などにとりつかれ、自ら（多くは微妙な形で）おびえまた混乱することがあるのだという。そして、そのおびえ混乱した様子、具体的には、うつろに立ちつくしたり、急に声の調子を変えたり、顔をゆがめたり、子どものシグナルに突然無反応になったりするなどのふるまいが、結果的に子どもを強くおびえさせ、それが乳児の不可解なDタイプの行動パターンを生み出すというのである。何か危機が生じた時に本来逃げ込むべき安全基地であるはずの養育者自身が、子どもに危機や恐怖を与える張本人でもあるという、ある意味、きわめてパラドクシカルな状況において、子どもは、養育者に近づくこともまた養育者から遠退くこともできず、さらには自らネガティヴな情動を制御する有効な対処方略を学習することもできずに、結果的に、呆然とうつろにその場をやり過ごすしかないということになってしまうのだろう。

　近年、多くの研究者が、上述したようなことを踏まえ、精神病理や問題行動の発生という視点からして本質的に重要なのは、アタッチメントが安定している否か (secure/insecure) ではなく、むしろ組織化されているか否か (organized/disorganized) であるという認識を固めつつある (Green & Goldwyn, 2002)。そして現に、発達早期にアタッチメントが組織化されていないという特徴が、その後の様々な認知・行動上の問題や精神病理をかなり長期的に予測するという知見が得られているようである (e.g. Carlson, 1998; Lyons-Ruth, 1996; Moss et al., 1999)。殊に，元来，Dタイプ的な特徴を有する個人が，その後の人生において何らかの不遇な状況にさらされた時に際立って脆弱であり（Liotti, 1999），特にそれは解離性の障害となって現れやすいという指摘もある（Carlson, 1998; Ogawa et al., 1997）。

最近は，さらに進んで，Dタイプの特徴が，ここまで述べてきたようないわゆるハイリスク・サンプルの子どもだけでなく，ごく一般的なサンプルの子どもにも一定程度（約15％）認められる（van IJzendoorn et al., 1999）ことなどから，Dタイプの子どもおよびその養育者には大きく異なった様相を呈する2種の亜型が存在するのではないかと考えられ始めている。特にLyons-Ruth et al.（1999, 2004）は，Dタイプの子どもには，一部AあるいはCタイプ的な行動特徴を見せるD不安定型と，通常，落ち着いている時にはBタイプ的行動が優位となるD安定型とが，ほぼ同じくらいの割合で存在する可能性を指摘している。そして前者の子どもが，これまで見てきたような相対的にハイリスクの養育者，すなわち身勝手で敵対的・攻撃的な行動を子どもに直接向けることによって子どもをひどくおびえさせる親（"敵対・自己中心型の親"）の下で成育していることが一般的であるのに対し，後者の子どもは多くの場合，中流階級のどちらかというと非常におとなしく，そして時に子どもにもとても優しく接し得る親の下で成育している確率が高いとしている。ただし，後者の子どもの養育者はきわめて無力感（helplessness）が強く，少しのストレスで動揺し，おびえ，情緒的に引きこもってしまう傾向が高いらしい（"おびえ・無力型の親"）。子どもの側からすれば，そうした養育者のうつろで無反応な状態は不安や恐れの源泉となり，また自らの混乱を養育者を利用して解決することもできないため，そのアタッチメント行動は組織化されないままになってしまうのだろう（e.g. Goldberg et al., 2003; Lyons-Ruth et al., 1999）。

もっとも，いずれのDタイプにしても，それらはあくまでも乳児期に限定した行動特徴であることに注意しておかなくてはならない。Dタイプの子どもは乳児期に独力ではどうしようもない"解決不可能なパラドクス"（避難すべき唯一の場所が恐怖の源でもある）にさらされる訳であるが，3歳前後くらいからは，その認知能力の高まりとともに，そうした予測不可能で混沌とした状況に自ら対

処しようとし始めるらしい(Howe, 2005 ; NICHD Early Child Care Research Network, 2002 ; Wartner et al., 1994)。いつ突発的に養育者の精神状態が崩れるかわからず，その結果として自らが犠牲にならざるを得ないのであれば，養育者との役割の逆転を図り，自身が環境を統制する(control)側にまわろうとするのである。

　さらに，こうした統制的な行動は，5～6歳頃までには多様化し，例えば，養育者のことを過度に気遣い様々な世話をしようとしたり（"世話型"），あるいは養育者に対してひどく懲罰的・高圧的あるいは侮辱的にふるまおうとしたり（"懲罰型"）する形で，子どもは，養育の主導権を極力，自らが掌握しようと試みるようになるのだという。現在のところ，D安定／不安定あるいはおびえ・無力型養育／敵対・自己中心型養育といった下位タイプと，懲罰型か世話型かという，こうした統制（controlling）のタイプとの間には必ずしも一貫した関連性が認められていないようである（Lyons-Ruth et al., 1999）が，いずれの統制的行動方略もそれらに先行するDタイプ的特徴と同様，児童期以降の様々な心の病理や問題の顕在化を相対的に強く予測するものであることに変わりはないらしい（e.g. van IJzendoorn et al., 1999）。また，殊に懲罰型の特徴を示す子どもの中には，時に反抗的行為障害（opositional defiant disorder）と診断されるケースがあるという指摘もあり（Lyons-Ruth & Jacobvitz, 1999），Dタイプおよびこの統制的行動に関する今後の研究動向には，益々，目が離せないところとなっている。[1]

1-9　生涯にわたるアタッチメントの連続性と不連続性

　ここまでは，主に乳幼児期におけるアタッチメントについて概説してきたが，先にも述べたようにアタッチメント理論は，パーソナリティの生涯発達理論と

---

(1) 無秩序・無方向型アタッチメントについては，その発生因を，不適切な養育環境の中に見出そうとする向きが一般的であるが，一部に，神経化学物質であるドーパミンの受容に絡む特異な遺伝的特質（DRD4）の関与を仮定する研究者も存在する（Lakatos et al., 2000, 2002）。

して提唱されている。従って，そこでは，当然のことながら，幼い頃のアタッチメントの質が，個々人の生涯発達過程において，現に，どれだけ，あるいはいかに連続するのかということが，実証的な意味での重要な関心事ということになる。実のところ，これについては既に相当数の研究が行われているのだが，それらは総じて，乳児期の個人差が，幼児期，児童期，思春期など，その後の各発達ステージにおけるアタッチメントおよび種々の社会情緒的行動の質やパーソナリティ特性を，ある程度，予測するという結果を得ているようである（Colin, 1996；Goldberg, 2000；数井・遠藤，2005）。もっとも，乳児期から成人期に至るまで，あるいはそれを超えて，20年以上にも亘って，同じ集団を一貫して追跡し続けている長期縦断研究ということになると，世界を見渡しても，その数はごくわずかということになる（e.g. Bielefeld & Regensburg [Grossmann et al.,2005]；Minnesota [Sroufe et al.,2005]；Berkeley [Main et al., 2005]）。そして，こうした研究のいくつかは，乳児期におけるアタッチメント・タイプと成人期におけるそれとの一致について実に興味深い報告を行っているのである。

おそらく，ここで，1つ問題になるのは，成人期におけるアタッチメントの個人差をいかに測定し得るのかということになろうが，こうした研究においては，"アダルト・アタッチメント・インタビュー（Adult Attachment Interview：以下，AAI）"（George et al., 1984：Main & Goldwyn, 1984）という面接手法を用いて，成人期のアタッチメントの個人差を表現することが一般的となっている。この開発者のMainらは，乳児のSSPでのアタッチメント分類とその養育者のアタッチメントをめぐる語りの特質との間に特異的な関連があることを見出し，その語りの特徴をより具体的に捉え得る面接方法としてAAIを案出したと言われている（Hesse, 1999）。この方法は，両親（やそれに代わる主要な養育者）との関係について子ども時代のことを想起し語ってもらう中で，個人のアタッチメント・システムの活性化を促すよう工夫されており，「無意識を驚かす」（George et al., 1996）ことで，被面接者自身も通常，意識化し得ないアタッチメントに関する情報処理プロセスの個人的特性を抽出するのだという。

AAIの最も大きな特徴は，被面接者の語りの"what（内容）"以上に"how（語り方や語りの構造）"に重きを置くという点である。それは，基本的に，通

表 1-2　AAIによって分類される各アタッチメント・タイプの特徴

アタッチメント軽視（拒絶）型（dismissing/detached type）：
自分の人生におけるアタッチメント関係の重要性や影響力を低く評価するタイプ。表面的には自分の親のことを理想化し，肯定的に評価したりもするが，親との具体的な相互作用やエピソードについてはほとんど語ることがなく，潜在的に，親あるいは他者との親密な関係を避けようとしていることがうかがえる。理論的に，乳児期におけるAタイプ（回避型）に相当するものとされる。
安定自律型（secure autonomous type）：
過去のアタッチメント関係が自分の人生や現在のパーソナリティに対して持つ意味を深く理解しているタイプ。自分のそれまでのアタッチメント関係の歴史を肯定的な面，否定的な面併せて，整合一貫した形で語ることができる。他者および自分を深く信頼しており，対人関係は全般的に安定している。理論的に，乳児期におけるBタイプ（安定型）に相当するものとされる。
とらわれ（纏綿<small>てんめん</small>）型（preoccupied/enmeshed type）：
自分のアタッチメント関係の歴史を首尾一貫した形で語ることができず（語る内容に矛盾が認められ），自分の過去，特に親が自分に対してとった態度等にいまだに強いこだわりを持っている（深くとらわれている）タイプ。自分の親について語る際に時に激しい怒りを示すことがある。他者との親密な関係を強く切望する一方で，自分が嫌われるのではないか，見捨てられるのではないかという不安を抱いており，対人関係は全般的に不安定なものになりがちである。理論的に，乳児期におけるCタイプ（アンビヴァレント型）に相当するものとされる。
未解決型（unresolved type）：
過去にアタッチメント対象の喪失や被虐待などのトラウマ体験を有し，それに対していまだに葛藤した感情を抱いている（心理的に解決できていない），あるいは"喪（mourning）"の過程から完全に抜け出ていないタイプ。時に発話の中に非現実的な内容が入り交じる（例えば，死んでしまった人がまだ生きているかのように話すなど）ことがある。理論的に，乳児期におけるDタイプ（無秩序・無方向型）に相当するものとされる。

Main & Goldwyn (1984), Main & Hesse (1990), Hesse (1999) を基に作表。

常，アタッチメントが安定している個人に典型的とされる，例えば「親は優しい」「親は私にとってとても頼りになる」といった意味記憶的な命題（Bowlby, 1973）を，被面接者が現に語ったとしても，決してそのことのみをもってその個人のアタッチメントが安定しているとは判断しない。むしろ，そうした命題にどれだけリアルで信憑性の高いエピソード記憶の陳述が伴っているのか，あるいはまた，ポジティヴな事柄ばかりではなく，ネガティヴな事柄も含めて，それらをどれだけ一貫した形で語り得るのかといったことを重視するのである。つまり，AAIは，養育者と自らにまつわる正負様々な記憶表象にどれだけ容易にアクセスし，また，それらを基に，どれだけ不安や防衛なく整合的な語りを構成し得るのかを，主に測るものなのである。乳児におけるSSPが現にそ

こにいる養育者に対する物理的近接の仕方を問題にするものであるとすれば，このAAIは，頭の中に想起された養育者に対する表象的近接のあり方を問題にする手法であると言えるだろう。また，先に内的作業モデルについて概説したが，AAIは，一連の質問に対する今ここでの即興的な語りの特徴を吟味するという意味において，原義として内的作業モデル，すなわち，あるアタッチメントに関わる問題状況に対して一時的に構成された作業用のモデルの（構成プロセスの）質を問うているとも言い得るのかも知れない（遠藤，2006）。

AAIでは，上述したような観点に基づき，最終的に被面接者を，それぞれ表1-2に示したような語りの特徴を有する安定自律型（secure autonomous），アタッチメント軽視型（dismissing），とらわれ型（preoccupied），未解決型（unresolved）のいずれかの類型に振り分けることになる。ちなみに，これらは，順に乳児期のSSPにおける安定型，回避型，アンビヴァレント型，無秩序・無方向型に理論的に対応すると仮定されるものであり，アタッチメントの連続性は，基本的に，同一個人における乳児期のSSPの結果と成人期のAAIの結果とが，現にこうした理論的に仮定される通りの一致を見せるかどうかを問うという形で検討される。

例えば，Waters et al.（2000）は，60人の白人ミドルクラスのサンプルについて，乳児期のSSPにおけるアタッチメント・タイプとAAIによって測定した21歳時のアタッチメント・タイプとの間に，ABC 3分類で64％，安定／不安定2分類で72％の理論通りの一致が認められたことを報告している。つまり，乳児期にBタイプだった個人は養育者に関して防衛なく容易に整合一貫した語りを構成することができたのに対し，Aタイプだった個人は養育者に対して表面的なこと以外はほとんど話そうとせず，またCタイプだった個人は話が冗長で一貫性がなく，過去のことを語りながら，それがまるで今のことであるかのように怒ったり取り乱したりする傾向があったのである。Hamilton（2000）も，家族ライフスタイルに関する研究プロジェクトに参加した30人の子どもを対象に同様の検討を行い，安定／不安定2分類で乳児期と成人期の間に77％の一致が認められたことを報告している。この研究で興味深いのは，研究協力者には，父母が安定した形で存在しているいわゆる伝統的家族と片親家

庭などの非伝統的家族の出身者がいたのだが，後者において，たとえ低収入で家族成員の入れ替わりが相対的に多くあっても，基本的に前者とあまり変わらない連続性が認められたということである。

しかし，こうした証左が得られている一方で，ドイツでデータを収集したGrossmann et al.（2002, 2005）は，21，22歳まで追跡可能だった38人について，6歳時の分離不安テストに現れたアタッチメントの特徴が成人期のAAI分類を予測するも，乳児期のSSPはそれを有意に予測することはなかったと報告している。また，ハイリスクの貧困家庭で生まれ育った57人を対象にしたWeinfield et al.（2000）の研究も，乳児期と成人期の間に有意な連続性を見出しておらず，虐待，家庭内不和，親の抑うつなど，ネガティヴな事態にさらされる確率の高い，こうしたサンプルでは，アタッチメントの質がその時々の環境の特質に起因して変動しやすくなるのではないかと推察している。

このように20年以上に亘るアタッチメントの連続性については研究間に食い違いが認められる訳であるが，これについて私たちは現段階で，どのように理解しておくべきなのだろうか。ここで1つ参考にすべきは，Fraley（2002）による5つの縦断研究，総計218ケースに対するメタ分析の結果と言えるかも知れない。それによれば，乳児期のSSPと16～21歳におけるAAIとの重みづけ相関は0.27（単純相関0.30）であり，総じて，そこには緩やかな連続性があると仮定してよいのではないかという。もっとも，先のWeinfield et al.（2000）のように，発達過程において養育環境の変化を相対的に多く経験しやすいハイリスク・サンプルほど，こうした連続性は低くなる傾向があるということである。

また，考えてみれば，そもそも，比較的高い連続性が認められたWaters et al.（2000）のABC 3分類の64％という一致率でさえも，実のところ，3人に1人は成人になるまでに何らかの形でアタッチメントのタイプを変質させたことを物語っており，Bowlbyが仮定したほどに，内在化された関係性が個人の中で不変のものとは言えないのかも知れない。特に，AAIで安定自律型に分類される個人の中には，過去に不遇な親子関係の体験を有しながら，それを防衛なく冷静かつ整合的に語ることができ，なおかつ現在，日常生活において適

応的なふるまいを見せる,いわゆる"獲得安定型(earned secure)"(Pearson et al., 1994)の者が相当数おり,こうした悪しき連続性の分断が何に起因して生じるのか,そのメカニズムの解明に現在,多くの研究者の関心が注がれている(Goldberg, 2000)。

　こうした変化あるいは不連続性を考える上で示唆に富む研究として,Crowell et al. (2002)の研究を挙げることができる。この研究は,基本的に157組のカップルを対象にして,結婚3か月前と結婚18か月後に個人のAAI上の分類の連続性がどれくらい認められるかを探ったものである。その連続性の数値は78％という比較的高いものだったのであるが,ここにおいて,それ以上に興味深いのは,1つには,カップル男女のAAI分類の一致が42％と相対的に低かったということである。このことが意味するのは,結婚による男女の結びつきが,必ずしも同類選択ということではなく,内的作業モデルという点からして,それまでとは異質な関係性を個人に経験させる重要な契機になり得る可能性があるということである。加えて,この研究でもう1つ興味深いのは,結婚後に変化が認められたケースの多くが,不安定型から安定型への移行だったということである。これらのことが含意しているのは,結婚などを通して,人が,それまでの人生経験からして異質な他者との間に,新たに,緊密で持続的な関係性を構築するということが,時に,その人の内なるアタッチメントの質を大きく変貌させ得るということなのだろう。ちなみに,前段落で言及した獲得安定型に関してRoisman et al. (2002)によって行われた23年に及ぶ縦断研究も,これと部分的に整合する興味深い知見を得ている。この研究は,獲得安定型を,現に発達早期にSSPにおいて不安定型に分類されながらも成人期においてAAIで安定自律型の特徴を示した個人と定め,その特異的な点を吟味しているのだが,それによれば,こうした獲得安定型の個人は,20, 21歳段階において特定パートナーとの恋愛関係の質が,"一貫不安定型(continuous insecure)"の個人に比して際立って良好であり,また"一貫安定型(continuous secure)"の個人と比べても,それと同等かそれ以上だったということである。やはり,アタッチメントの質の大きな転換には,こうした新たな関係性の経験が重要な意味を有するのだろう。

ただし，こうした変化の機会は，一般的に，生涯発達過程において，そう多くは生じないということ，特に加齢が進めば進むほど相対的に訪れなくなるという可能性があるということにも着目すべきかも知れない。Bowlby（1973）は，内的作業モデルが，乳幼児期，児童期といった未成熟な時期に漸次的に形成され，加齢とともにその構造的安定性・固定性を増していくと考えていたが，これは裏を返せば，早期段階の内的作業モデルにはまだ十分な可塑性が残されているということを意味する。発達早期においてはこうしたモデルが確固としていない分，子どもには，環境の変化に敏感に反応して相対的に大きく変化する可能性があると言えるだろう。また，これに加えて，年齢が低ければ低いほど，私たちの人間関係の中核は，親子関係や家族関係など，個人が自由に選択できない"強制された関係性"によって占められる割合が高いと考えられる。つまり，良くも悪くも，親との別離や家族の崩壊あるいは養子縁組や施設入所などによる人間関係の変化の影響を，それらに自ら抗することができない分，より直に被りやすく，またその結果としてアタッチメントの質も変化しやすいと言い得るのである。しかし，私たちの人間関係は，加齢とともに徐々に，友人との関係など，私たちが自律的に"選択した関係性"によって占められることが多くなる。一見，このことは専らポジティヴな意味を有するようにも考えられるが，実のところ，個々人が，それぞれに固有の内的作業モデルに沿った人間関係および社会的環境の選択・構築を行いやすくなることを意味している。つまり，人は，自分の成育過程からして，よりなじみやすく予測可能な対人世界を作り上げ，そこに安住しがちになるということである（Bowlby, 1988; Swann, 1983）。そして，そうなれば，当然，自らに変化の機会を与え得る，異質な対人関係に遭遇する確率も低くなり，結果的に，良かれ悪しかれ，私たちのアタッチメントの質やパーソナリティも，その連続性を益々，増大させていくことになるのだろう（遠藤，2001）。

　実はだからこそ，相対的に人間関係の変化が乏しくなりがちな成人期以降においては，恋愛や結婚のような，アタッチメント以外の原理が大きく絡み得る機会の意味が増すのかも知れない。こうした関係性の成立には，セクシャリティや経済的要因，さらには時に個人の自律的意志を超えた様々な理由が介在す

る可能性が高い分 (e.g. Kirkpatrick, 1998, 1999 ; Simpson, 1999), 先の Crowell et al. (2002) の研究が物語っているように, 比較的, アタッチメントの上では異質な他者との邂逅や関係性の構築が多く生じやすいのだろう。

―― コラム ――

青年期・成人期のアタッチメント研究における2つの流れ

　現今の青年期・成人期に関するアタッチメント研究には, 大きく2つの流れがあると言える (Simpson & Rholes, 1998)。1つは, 父母子を基本ユニットとする家族内の不可避的関係性を問題にする正統的アタッチメント研究の流れであり, あくまでも早期段階における親子の関係性の質が子どもの種々の人間関係の構築も含めた生涯発達過程全般に相対的に強い影響を及ぼすことを前提視するものである。そのため, 青年期・成人期のアタッチメントの個人的特質を問題にする場合でも, 友人あるいは恋人や配偶者などの現在の主要なアタッチメント対象との関係性の実態とともに, あるいはそれ以上に, 過去における自己と養育者との関係性に関する記憶表象を重視することになる。その主たる測定方法が, AAI であり, 本文中にも記したように, そこでは, 個人の過去の養育者との関わりに関する語りの構造に, 無意識的に, その個人のアタッチメントに関する情報処理の特異性, すなわち, 内的作業モデルの質が反映されると仮定され (遠藤, 1992a, 2006 ; Hesse, 1999), 乳幼児期の SSP における分類と明確な理論的対応性を有する類型化が試みられる。

　もう1つの流れは, アタッチメント研究の本流というよりは, 恋愛, 対人魅力, 親和性, 対人葛藤といった, 様々な社会人格心理学的研究の延長線上に位置づけられるものであり, Hazan & Shaver (1987) の先駆的研究以来, 一貫して, 親友や恋人あるいは配偶者など, 基本的に個人が選択的に構築し得る現在の関係性の実態を問題にしてきている。そこでは, アタッチメントおよび内的作業モデルの概念が, 種々の対人関係領域に通底する, 共通の基本枠として応用されることになるが, そこに親子関係の視点は相対的に希薄であり, 個人の

アタッチメントの類型化は，もっぱら，個人と現在の主要なアタッチメント対象との関係についてなされることになる。その主立った測定方法は自己報告的な強制選択あるいは多項目の質問紙法であり，個人の無意識的過程に焦点を当てる AAI に対して，どちらかと言えば，個人が意識的に想起し得る関係性の側面を把捉しようとするところに大きな特徴があると言える。

1つの大きな理論的関心事は，当然，こうした2つの流れおよびそれぞれの測定法によって取り出されるアタッチメントの個人的類型にどれだけの一致が認められるかということになるが，現時点においては，そもそも両者が異なる関係性に焦点化し，なおかつ活性化を試みる表象（意識）のレベルにおいても違いがあることから，それを訝る声が大きい（Hesse, 1999）。また，現実に両者の間に有意な連関を認めた研究も相対的に稀少であるようである（Crowell et al., 1996）。その統合を図ろうとする論者ももちろんない訳ではないが（e.g. Bartholomew & Shaver, 1998），現段階では両者をある程度峻別して考えておくのが妥当かも知れない。ちなみに Kirkpatrick（1999）は，いかなるものであれ，青年・成人のアタッチメントとして測定されるものが，発達早期に問題になる原義のアタッチメントそのものというよりも，繁殖（reproduction）のストラテジーにより深く関わるとした上で，さらに，その繁殖の中でも，AAI が養育（caregiving）に関係する要素を多く取り出し得るのに対して，Hazan & Shaver（1987）以来の質問紙法が配偶（mating）に関係する要素により敏感である可能性を論じている。

なお，本書では，こうしたことを勘案して，アタッチメントのタイプについて記すような場合，その都度，可能な限り，その類型化がどのような理論や方法に基づいてなされたものであるかが，読者に正確に伝わるよう配慮した。特に，質問紙を用いての類型化の場合には，例えば「Q安定型」「Qとらわれ型」のように，タイプ名に Questionnaire の頭文字Qを冠し，それが質問紙に由来するものであることがわかるよう努めた。

1-10 アタッチメントの世代間伝達

　前節ではアタッチメントの生涯に亘る連続性と変化について概観したが，こうした関心の延長線上に，アタッチメントの質が親から子へと世代を超えて繰り返されるのかどうか，すなわちアタッチメントの世代間伝達に関わる問いがある。元来，幼児期における被養育経験やそこにおけるトラウマが，自らが子をなし親となった時に，その子どもとの関係において再演されるという発想は，精神分析の論者によって繰り返し問われてきた (e.g. Chodorow, 1978) し，また，虐待やネグレクトの研究領域においても当初から，虐待された子どもが虐待する親になるという世代間伝達に関わる見方が，かなり中核的な仮定として信奉されてきたと言える (e.g. Buchanan, 1998; Kaufman & Zigler, 1987)。しかし，こうした研究領域では，相対的に実証的データが乏しく，また，なぜそうした世代間伝達が生じるのかということの解明が十分になされてこなかったことは否めない（遠藤，1992b）。それに対して，アタッチメント研究は，これに関して，既に相当数の実証的データを積み上げ，世代間伝達のメカニズムについて様々な示唆を提示するに至っている。

　Bowlby (1969/1982, 1988) は，被養育経験を基に作り上げた内的作業モデルが，個人が親になった際，自分の子どもとの関係にも適用され，現実の養育実践や敏感性を方向付けることを通して，子どもの中に，親と同様のアタッチメントの基盤を準備させることになると仮定していた。実証研究の多くは，この仮定を部分的に確かめるべく，親のアタッチメントあるいは内的作業モデルの質をAAIによって測り，またその子どものアタッチメントの質をSSPによって測定した上で，両者に理論的に想定される通りの関連性（AAI-SSPの一致として，安定自律型-安定型，アタッチメント軽視型-回避型，とらわれ型-アンビヴァレント型，未解決型-無秩序・無方向型）がいかに認められるかを検討している。その結果，例えば，18サンプル，854組の親子を対象にした van IJzendoorn (1995) によるメタ分析では，安定／不安定2分類で74％，ABC3分類で70％，ABCD 4分類比較でも63％の一致が確認されている。また，こうした研究の中には祖母-母親-子どもという3世代におけるアタッチメント

分類の一致を問うているものもあり，3分類で約2/3の一致が認められたことが報告されている（Benoit & Parker, 1994）。なお，世代間伝達に関する知見は，日本人サンプルにおいても得られており，それは，子どもに関してSSPではなく，アタッチメントQセット法によって一次元性のアタッチメント安定性得点を算出したものであるが，安定自律型の親の子どもが，他のタイプの親の子ども，とりわけ未解決型の親の子どももよりも，はるかに安定性得点が高くなるということを報告している（数井他，2000）。

　このように親自身のアタッチメントの影響下で，相対的に，同様のアタッチメントの特質が子どもに伝達されやすいことが明らかにされている訳であるが，それはどのようなメカニズムを介して生じるのだろうか。その詳細については他の論考（遠藤，1992b；数井・遠藤，2005）に譲るが，確かにBowlbyが想定した通り，親のアタッチメントの質は，親の敏感性の高低に影響することを通じて，子どものアタッチメントに作用するということが現に確かめられているようである（Pederson et al., 1998; van IJzendoorn, 1995）。もっとも，そうした影響経路は，親子間のアタッチメントに認められる連関のごく一部を説明するものでしかないらしい。統計数理学的に見た時に，親のAAIの結果が敏感性の程度を規定する説明力にしても（van IJzendoorn, 1995），また，親の敏感性の程度が子どものSSPの結果を予測する説明力にしても（De Wolff & van IJzendoorn, 1997），それらの値はごく限られたものであり，また敏感性を介した影響経路が，親子間のアタッチメントの連関を説明する比率も，van IJzendoorn（1995）によれば23％，Pederson et al.（1998）によれば17％と概して低いものとなっている。従って，そこには，別種の影響プロセスの介在も想定されなければならないところとなる。

　ここで当然，考慮すべきことは，親子間における遺伝的連関が，アタッチメントの世代間伝達に関わっているという可能性であろう。元来，これまでのアタッチメント研究においても，アタッチメントの個人差を規定する要因の1つとして，遺伝的基盤とのつながりが相対的に強いとされる子どもの気質（temperament）の関与が部分的に認められ，それと養育者の関わり方や敏感性との交絡的影響が様々に考察されてきたという経緯がある（数井・遠藤，

2005)。従って，アタッチメントの世代間伝達に関しても，遺伝的影響のプロセスが介在するという可能性は十分に検討に値するものと言える。そして，これに，よりダイレクトに応え得るものとして，近年，進展の著しい行動遺伝学的な研究があり（行動遺伝学に関する概説は安藤 [2005]，遠藤 [2005] などを参照されたい），既に少数ながら，一卵性双生児および二卵性双生児における，きょうだい間でのアタッチメントの質の近似性に着目した研究が行われている。しかしながら，それらは，どちらかと言うと，遺伝的影響プロセスの介在を訝るものとなっているようである。その知見は総じて，分離場面での苦痛の表出や養育者への近接など，個々のアタッチメント行動に関しては遺伝的要因の関与が否定できないまでも (e.g. Ricciuti, 1992)，全般的なアタッチメントの安定性／不安定性および個々の分類の個人差に関しては，遺伝的規定性がきわめて低く，むしろ環境的な要因，すなわち養育者の特性や個々の子どもが特異的に経験する家庭内外の要因などによって説明されるところが大きいということを示しているのである (Bokhorst et al., 2003; O'Connor & Croft, 2001)。Bowlby (1973) は，精神的な健康や病理は遺伝子を介してよりも家族のマイクロカルチャーを通して伝達されると言明しているが，まさに，アタッチメントの質そのものに関して，こうした仮定の妥当性がある程度，確かめられたと言えるのかも知れない。

　それでは，子どもを取り巻く養育環境において，養育者の敏感性以外の，いかなる要因がアタッチメントの世代間伝達を媒介していると言い得るのだろうか。現在のところ実証的証左はまだまだ乏しいが，様々な代案が多くの研究者によって提示されている。例えば，養育者自身の特性としては，養育者の情動的特性 (Dix, 1991) や，敏感性のみならず子どもの行動に対する非侵害性をも加味した子どもにとっての養育者の"情緒的利用可能性 (emotional availability)" (Biringen, 2000; Biringen & Robinson, 1991)，また，子どもを1人の心ある人間と見なし子どもの視点から物事を見る能力を指す"子どもの心を気遣う傾向 (mind-mindedness)" (Meins, 1997) や，さらには養育者の"内省機能 (reflective function)"およびそれに基礎づけられた感情的コミュニケーションのパターン (Slade et al., 2005) などの関与が想定されている。なお，最

近，Cassidy et al.（2005）は，敏感性の低い養育者で不安定なアタッチメントを示す子どものペアと，敏感性の低い養育者ながら安定したアタッチメントを示す子どものペアとを比較した上で，後者の養育者においては，確かに客観的な測定指標上の敏感性は低いものの，日常，何はともあれ最後の最後には子どものアタッチメント欲求および行動に応じる確率が高いことを見出し，要は，それぞれの子どもの主観的な次元で養育者が安全の感覚を確実にもたらし得るかどうかということではないかと示唆している（子どもは，養育者が安全の感覚を与えてくれる限りにおいて，養育者の少々の失敗については，それを"大目に見てくれる"のだという）。

　このように養育者自身の特性を問題にする向きがある一方で，子どもと養育者を取り巻く種々の社会文脈的要因に注視する動きもある。1-4節で言及したように生物種としてのヒトの養育は元来，周囲からのサポートを前提に成り立っているところがあり（Hrdy, 1999），そうした意味でも，社会文脈的要因の関与は無視できないものと言えるかも知れない。とりわけ，夫婦関係・結婚生活の質（e.g. Lundy, 2002）や家族全体の"情緒的雰囲気（emotional climate）"（e.g. Davies & Cummings, 1994）などはきわめて重要な意味を有している可能性が高いと言えるだろう。おそらく，世代間伝達のプロセスとしてはマルチパスを想定すべきであり，第一世代（親）のアタッチメントの安定性は，養育環境における様々な社会文脈的要因と交絡しながら，あるいはその質を部分的に規定しながら，養育行動における敏感性やその他の特質に影響を及ぼし，その全体的な影響下において，第二世代（子ども）のアタッチメントの安定性が方向付けられると見なしておくべきなのだろう（Belsky, 2005；van IJzendoorn & Bakermans-Kranenburg, 1997）。

　ちなみに，先に述べたような長期縦断研究は，研究始発時点において乳児だった個人が結婚し，子をなし，その子どもとの関係性を構築するに至るまで進行しつつある。現段階の世代間伝達研究は，親になる前後にAAI等で測定した養育者のアタッチメントの質が，その測定時点とそうは離れていない時点での子どものSSP等によるアタッチメントの質にいかに関連するかを問うものでしかないが，今後の研究の進展は，乳児期にアタッチメントの質を測定され

た個人が，現にどのような親となり，またその子どもとの間にいかなる関係性を築くのかを，よりダイレクトに示す可能性がある。そうなれば，アタッチメント形成に関わる発達早期の被養育経験が真に世代を超えて繰り返されるのか，また，そうした世代間の連鎖を断つものがあるとすれば，それは何なのかといったことが，より具体的かつ精細に明らかにされることになろう。

1-11 発達早期における関係性の剥奪とアタッチメント障害

　ここまでの記述は，基本的に，子どもにとって適切か否かは別にしても，特定の養育者が存在するということを前提にしたアタッチメント研究の概要であった。元来，Bowlby（1969/1982, 1973）は，アタッチメントの標準的な発達ラインとして，それが1人あるいはごく少数の特定他者との緊密な関係の構築から出発し（モノトロピーの仮定），その関係性の特質を内的作業モデルとして取り込みながら，それを1つの絶対的基盤として，他の次なる関係性を階層的に作り上げるようになるのだと仮定していた（階層的組織化の仮定）訳であるが，従来のアタッチメント研究の大半は，こうした仮定を暗黙の前提として行われてきたと言えるのである。

　しかし，この世の中には今なお，Bowlby（1953）が母性的養育の剥奪として世に問うたような，そもそも，そうした特定他者との関係性を構築する機会を持てないまま，人生を出発せざるを得ない子どもが相当数，存在するという事実があることも否めない。そして，こうした子どもの理解に際しては，特定養育者の存在を前提として成り立ってきた，敏感性の乏しい養育による影響あるいはその結果としての不安定なアタッチメントという枠組みをそのまま持ち込むことはできないのではないかという認識がより一般的になってきている（e.g. Carlson & Sroufe, 1995 ; Greenberg, 1999 ; Sroufe et al., 2000）。不適切な養育（maltreatment）がもたらす発達上の帰結と一貫した養育者の不在による悪しき影響とは，多くのところ，質的に異なるものと見なすべきだというのである（O'Connor, 2005）。無論，発達早期に関係性の剥奪を経験し，施設等での生活を余儀なくされた子どもの中には，心身に様々な発達遅滞を抱える者の比率が

相対的に高くなることは事実である（e.g. Sroufe, 1997）。しかし，ここで注視すべきは，このような発達遅滞から二次的に派生したものではない，アタッチメントに固有の障害が，こうした子どもには広く認められ，しかも，それが種々の精神障害や親になった際の低い養育能力など，生涯発達過程全般に暗い影を落とすケースが少なからず存在するということである（e.g. Quinton & Rutter, 1988）。

　Zeanah らに依拠するならば，通常，ある特定養育者との関係性を有している（あるいは有していた）子どもにおけるアタッチメント上の障害としては，そうした対象を突然，喪失した場合の極端な情動および行動的な乱れを指す"混乱性アタッチメント障害（disrupted attachment disorder）"と，養育者の安全基地としての機能に常態的な問題があり，アタッチメントと探索行動のバランスに歪んだ特異性が認められる"安全基地の歪曲（secure base distortions）"とが仮定されている。後者については，さらにその下位類型として，安全基地たる養育者をほとんど顧みることなく動き回り，自らあえて危険な行動を冒そうとするタイプ（disordered attachment with self-endangerment），不安で探索活動が極端に抑制され，養育者にほぼ常時しがみついているタイプ（disordered attachment with inhibition），養育者の機嫌を過剰に気にかけ異常なまでに応諾的行動をとろうとするタイプ（disordered attachment with vigilance/hypercompliance），情動および行動面で親子の役割が部分的に逆転しているようなタイプ（disordered attachment with role reversal）の存在が想定されるという（Zeanah & Boris, 2000；Zeanah et al., 2000）。

　しかし，元来，それまでほとんど，特定の安全基地を持ち得ないできた剥奪児におけるアタッチメントの特徴は，上述したようなものとは明らかに異質と言える。それは，ある特定の誰かとの関係のみに特に顕著であるということはなく，基本的に，そうした子どもが持ち得るほぼすべての関係に汎化して認められる"非抑制的で無差別友好的なアタッチメントの障害（disinhibited/indiscriminate attachment disorder）"である。そうした子どもは，たとえ初めて出会う他者に対しても警戒や抑制なくオープンに近づこうとする。それは一見，高度な社交性を思わせるが，実は真に互恵的な関係にはほど遠い，その場限り

の自己利益中心のものであり，全体として，温かみに欠け，きわめて表面的な近接傾向を示すものでしかないという（O'Connor, 2002, 2005）。ちなみに，上述した Zeanah らも，こうした剥奪児特有の無差別的な行動特徴を，より重篤性の高い"情動的に引きこもり誰にもアタッチメントを示さないタイプ（non-attachment with emotional withdrawal）"とともに，"アタッチメント未成立障害（disorders of nonattachment）"と総称し，その危険性に警鐘を鳴らしている（Zeanah & Boris, 2000; Zeanah et al., 2000）。

こうした子どもたちの発達上のリスクについては，特に"ルーマニアの孤児"のデータの中に，それを顕著に見て取ることができる。1989年にルーマニアのチャウシェスク独裁政権が打倒された訳であるが，その後，相次いで，この政権下のきわめて劣悪な施設環境に収容されていた多くの幼い孤児たちが発見されることになる。この子どもたちの多くは，経済的貧困と無理な人口増加政策によって生じた遺棄児であったが，施設入所後も，生きるのに最低限の栄養しか与えられず，また何十人かの子どもにたった1人の保育者という過酷な環境下での生活を強いられていた。発見後，こうした子どもたちのかなりの者が英国やカナダをはじめ，世界各地に里子に出され保護されるとともに，そこで早期剥奪に関する"自然の実験（natural experiment）"として体系的な調査研究が複数，開始されたのである（e.g. Chisholm, 1998; O'Connor & Rutter, 2000）。この子どもたちの多くが，心ある里親の下で，身体面および認知面に関しては，きわめて急速な発達の伸びを示したということが今や1つの事実として確かめられている（e.g. MacLean, 2003）。しかし，環境がいくら好転しても，社会情緒的側面に関しては，こうしたポジティヴな変化は，相対的にそう多くは生じなかったのである。11歳にまで成長した子どもを対象としたある縦断研究は，感受性豊かで健康度の高い里親の仮家庭に少なくとも7.5年以上，住んでいてもなお，特に2歳以後に里子に出された子どもの約1/4に，非抑制的で無差別友好的なアタッチメントの特徴が認められたこと，また施設の生活が長ければ長いほど，その悪しき影響も大きかったことを報告している（O'Connor, 2005）。また，Rutter et al. (2004) も，同じくルーマニアの孤児について，里子に出された後の4歳および6歳時に測定された発達上の個人差が，

里親やその家庭環境の違いによって説明されるところはあまりなく，実質的に（里子として引き取られた直後の，すなわち施設収容時あるいはそれ以前に形成された）乳幼児期の個人差とかなりのところ連続するものであったことを示している。

　こうした一連の知見は，こうした子どもたちが発達早期に受けたハンディキャップが，テープレコーダーの重ね撮りのように，新たな環境入力によって必ずしも完全に消し去られるものではなく，その後の人生においても一定程度，根深く残存する可能性があることを示唆するものと言える。先に発達早期においてはまだ内的作業モデルの固定性が低く，環境の変化に反応してアタッチメントの質が大きく変じ得るケースもあると記したが，殊に，こうした剥奪的環境で人生を出発させた個人においては，相対的に早くから，その内的作業モデルの固定性がとりわけ強く，なおかつ持続的であるのかも知れない。実のところ，こうした子どもが示す特異性を含め，アタッチメント障害に関しては，DSM-ⅣにしてもICD-10にしても十分に定まった見方が未だ出来ておらず，また，それにも関連して，有効な臨床的介入の手だてについてもまだまだ研究が立ち後れているというのが現状である（e.g. Prior & Glaser, 2006; Zeanah et al., 2002）。しかし，このような障害が現に存在することは紛れもない事実であり（O'Connor, 2005），そのための適切なケアをいかに確立していけるかということが，現今のアタッチメント研究の最も緊急性の高い課題の1つであるということを私たちはここで強く認識しておいてよいのだろう。

1-12　エピローグ

　本章では，アタッチメント理論の基本的骨子と，それに関わる重要な実証研究の展開を一通り，俯瞰してきた。冒頭で述べたように，アタッチメント理論の創始者であるBowlbyは元来，臨床的関心から出発して，アタッチメントの重要性を深く認識した訳であるが，その後の実証研究の展開は，そうしたBowlbyの当初の思いとは裏腹に，アタッチメントの標準的（normative）な発達と，健常範囲内における個別的（individual）な特徴の解明を，主たるテー

マとするものであった。しかし，ここに来て，アタッチメント理論は，とみに種々の臨床領域との接点を深めてきている（Atkinson & Goldberg, 2004）。そこには，アタッチメント研究者が，アタッチメントの基本原理をさらにつまびらかにするために，逸脱した臨床事例への注視を先鋭化させてきているという側面と，臨床の研究者や実践者が，関係性やパーソナリティの原基とその歪曲機序を知るために，アタッチメント理論に大きな期待を寄せ始めているという，両方の側面がある（e.g. Fonagy, 2001）。本書の構成は，基本的にこうした両側面を意識したものであり，読者は，本書を通して，アタッチメント理論と臨床実践との有機的な架橋および連携について，そのあり得べき1つの形を垣間見ることができるだろう。

第1章 引用文献

Ainsworth, M.D.S., Blehar, M.C., Waters, E., & Wall, S. (1978) *Patterns of attachment: A psychological study of the strange situation*. Hillsdale, NJ: Erlbaum.

安藤寿康（2005）遺伝環境問題の新しいかたち　遠藤利彦（編著）発達心理学の新しいかたち（pp. 55-83）誠信書房

Atkinson, L., & Goldberg, S. (2004) Applications of attachment: The integration of developmental and clinical traditions. In L. Atkinson & S. Goldberg (Eds.), *Attachment issues in psychopathology and intervention* (pp. 3-25). Mahwah, NJ: Lawrence Erlbaum.

Bartholomew, K., & Shaver, P.R. (1998) Methods of assessing adult attachment: Do they converge? In J.A. Simpson & W.S. Rholes (Eds.), *Attachment theory and close relationships* (pp. 22-45). New York: Guilford Press.

Belsky, J. (2005) The developmental and evolutionary psychology of intergenerational attachment. In C.S. Carter, L. Ahnert, K.E. Grossmann, S.B. Hrdy, M.E. Lamb, S.W. Porges & N. Sachser (Eds.), *Attachment and bonding: A new synthesis* (pp. 169-198). London: The MIT Press.

Benoit, D., & Parker, K.C.H. (1994) Stability and transmission of attachment across three generations. *Child Development*, **65**, 1444-1456.

Biringen, Z. (2000) Emotional availability: Conceptualization and research findings. *American Journal of Orthopsychiatry*, **70**, 104-114.

Biringen, Z., & Robinson, J. (1991) Emotional availability in mother-child interactions: A reconceptualization for research. *American Journal of Orthopsychiatry*, **61**, 258-271.

Bokhorst, C.L., Bakermans-Kranenburg, M. J., Fearon, R.M.P., van IJzendoorn, M.H., Fonagy, P., & Schuengel, C. (2003) The importance of shared environment in mother-infant attachment security: A behavioral genetic study. *Child Development*, **74**, 1769-1782.

Bowlby, J. (1944) Forty-four juvenile thieves: Their characters and home lives. *International Journal of Psychoanalysis*, **25**, 19-52.

Bowlby, J. (1951) *Maternal care and mental health*. Geneva: World Health Organization.

Bowlby, J. (1953) *Child care and the growth of maternal love*. Harmondsworth: Penguin Books.

Bowlby, J. (1969/1982) *Attachment and loss, Vol. 1: Attachment*. New York: Basic

第1章 アタッチメント理論とその実証研究を俯瞰する

Books. [黒田実郎・大羽 蓁・岡田洋子・黒田聖一（訳）（1991）新版 母子関係の理論 Ⅰ：愛着行動 岩崎学術出版社]

Bowlby, J. (1973) *Attachment and loss, Vol. 2: Separation.* New York: Basic Books. [黒田実郎・岡田洋子・吉田恒子（訳）（1991）新版 母子関係の理論 Ⅱ：分離不安 岩崎学術出版社]

Bowlby, J. (1980) *Attachment and loss, Vol. 3: Loss.* New York: Basic Books. [黒田実郎・吉田恒子・横浜恵三子（訳）（1991）新版 母子関係の理論 Ⅲ：愛情喪失 岩崎学術出版社]

Bowlby, J. (1988) *A secure base: Parent-child attachment and healthy human development.* New York: Basic Books.

Bretherton, I., & Munholland, K.A. (1999) Internal working models in attachment relationships: A construct revisited. In J. Cassidy & P.R. Shaver (Eds.), *Handbook of attachment: Theory, research, and clinical applications* (pp. 89-111). New York: Guilford Press.

Brewin, C.R., Andrews, B., & Gotlib, I. H. (1993) Psychopathology and early experience: A reappraisal of retrospective reports. *Psychological Bulletin*, **113**, 82-98.

Buchanan, A. (1998) Intergenerational child maltreatment. In Y. Danieli (Ed.), *International handbook of multigenerational legacies of trauma* (pp. 535-552). New York: Plenum Press.

Carlson, E.A. (1998) A prospective longitudinal study of attachment disorganization/disorientation. *Child Development*, **69**, 1107-1128.

Carlson, E.A., & Sroufe, L.A. (1995) Contribution of attachment theory to developmental psychopathology. In D. Cicchetti & D.J. Cohen (Eds.), *Developmental psychopathology, Vol. 1: Theory and methods* (pp. 581-617). Oxford: John Wiley & Sons.

Carlson, E.A., Cicchetti, D., Barnett, D., & Braunwald, K. (1989) Disorganized/disoriented attachment relationships in maltreated infants. *Developmental Psychology*, **25**, 525-531.

Cassidy, J., Woodhouse, S.S., Cooper, G., Hoffman, K., Powell, B., & Rodenberg, M. (2005) Examination of the precursors of infant attachment security: Implications for early intervention and intervention research. In L. J. Berlin, Y. Ziv, L. Amaya-Jackson & M.T. Greenberg (Eds.), *Enhancing early attachments: Theory, research, intervention, and policy* (pp. 34-60). New York: Guilford Press.

Chisholm, K. (1998) A three year follow-up of attachment and indiscriminate friendliness in children adopted from Romanian orphanages. *Child Development,* **69**, 1092-1106.

Chodorow, N. (1978) *The reproduction of mothering: Psychoanalysis and the sociology of gender.* Carlifornia: University of Carnifornia Press.

Colin, V.L. (1996) *Human attachment.* Philadelphia: Temple University Press.

Craik, K. (1943) *The nature of explanation.* Cambridge: Cambridge University Press.

Crittenden, P.M. (1985) Social networks, quality of parenting, and child development. *Child Development,* **56**, 1299-1313.

Crowell, J.A., Treboux, D., Gao, Y., Fyffe, C., Pan, H., & Waters, E. (2002) Assessing secure base behavior in adulthood: Development of a measure, links to adult attachment representations and relations to couples' communication and reports of relationships. *Developmental Psychology,* **38**, 679-693.

Crowell, J.A., Waters, E., Treboux, D., O'Connor, E. et al. (1996) Discriminant validity of the Adult Attachment Interview. *Child Development,* **67**, 2584-2599.

Cummings, E.M. (1994) Marital conflict and children's functioning. *Social Development,* **3**, 16-36.

Dallard, J., & Miller, N.E. (1950) *Personality and psychotherapy:An analysis of thinking, learning, and culture.* New York: McGraw-Hill.

Davies, P.T., & Cummings, E.M. (1994) Marital conflict and child adjustment: An emotional security hypothesis. *Psychological Bulletin.* **116**, 387-411.

De Wolff, M.S., & van IJzendoorn, M.H. (1997) Sensitivity and attachment: A meta-analysis on parental antecedents of infant attachment. *Child Development,* **68**, 571-591.

Dix, T. (1991) The affective organization of parenting: Adaptive and maladaptive processes. *Psychological Bulletin,* **110**, 3-25.

Egeland, B., & Carlson, B. (2004) Attachment and psychopathology. In L. Atkinson & S. Goldberg (Eds.), *Attachment issues in psychopathology and intervention* (pp. 27-48). London: Lawrence Erlbaum Associates.

遠藤利彦（1992a）愛着と表象―愛着研究の最近の動向：内的作業モデル概念とそれをめぐる実証研究の概観　心理学評論, **35**, 201-233.

遠藤利彦（1992b）内的作業モデルと愛着の世代間伝達　東京大学教育学部紀要, **32**, 203-220.

遠藤利彦（1998）乳幼児期における親子の心のつながり：心の発達を支える関係性

丸野俊一・子安増生（編）子どもが「こころ」に気づくとき（pp. 1-31）ミネルヴァ書房

遠藤利彦（1999）アタッチメント研究の方法論に関する一私論：Strange Situation Procedure と Attachment Q-sort は何を測り得るか？　九州大学教育学部紀要, **43**, 1-21.

遠藤利彦（2001）関係性とパーソナリティ発達の理論：愛着理論の現在　中島義明（編）現代心理学理論事典（pp. 488-521）朝倉書店

遠藤利彦（2005）発達心理学の新しいかたちを探る　遠藤利彦（編著）発達心理学の新しいかたち（pp. 3-52）誠信書房

遠藤利彦（2006）語りにおける自己と他者，そして時間：アダルト・アタッチメント・インタビューから逆照射して見る心理学における語りの特質　心理学評論, **49**, 470-491.

Fairbairn, W.R.D. (1952) *Psychoanalytic studies of personality*. London: Tavistock.

Fleming, A.S. (2005) Plasticity of innate behavior: Experiencing throughout life affect maternal behavior and its neurobiology. In C.S. Carter, L. Ahnert, K.E. Grossmann, S. B. Hrdy, M.E. Lamb, S.W. Porges & N. Sachser (Eds.), *Attachment and bonding: A new synthesis* (pp. 137-168). London: The MIT Press.

Fogel, A. (2004) Remenbering infancy : Accessing our earliest experiences. In G. Bremner & A. Slater (Eds.), *Theories of infant development* (pp. 204-230). Oxford: Blackwell.

Fonagy, P. (2001) *Attachment theory and psychoanalysis*. New York: Other Press.

Fraley, R.C. (2002) Attachment stability from infancy to adulthood: Meta-analysis and dynamic modeling of developmental mechanisms. *Personality and Social Psychology Review*, **6**, 123-151.

Fraley, R.C., & Spieker, S.J. (2003) Are infant attachment patterns continuously or categorically distributed?: A taxometric analysis of strange situation behavior. *Developmental Psychology*, **39**, 387-404.

George, C., Kaplan, N., & Main, M. (1984) *Adult Attachment Interview protocol*. Unpublished manuscript, Department of Psychology, University of California, Berkley, CA.

George, C., Kaplan, N., & Main, M. (1996) *Adult Attachment Interview protocol* (*3rd ed.*). Unpublished manuscript, Department of Psychology, University of California, Berkley, CA.

Goldberg, S. (2000) *Attachment and development*. London: Arnold.

Goldberg, S., Grusec, J., & Jenkins, J. (1999) Confidence in protection: Arguments for a narrow definition of attachment. *Journal of Family Psychology*, **13**, 475-483.

Goldberg, S., Benoit, D., Blokland, K., & Madigan, S. (2003) Atypical maternal behavior, maternal representations, and infant disorganized attachment. *Development and Psychopathology*, **15**, 239-257.

Green, J., & Goldwyn, R. (2002) Annotation — Attachment disorganisation and psychopathology: New findings in attachment research and their potential implications for developmental psychopathology in childhood. *Journal of Child Psychology and Psychiatry*, **43**, 835-846.

Greenberg, M. (1999) Attachment and psychopathology in childhood. In J. Cassidy & P. R. Shaver (Eds.), *Handbook of attachment: Theory, research, and clinical applications* (pp. 469-496). New York: Guilford Press.

Grossmann, K., Grossmann, K.E., & Kindler, H. (2005) Early care and the roots of attachment and partnership representations: The Bielefeld and Regensburg longitudinal studies. In K.E. Grossmann, K. Grossmann & E. Waters (Eds.), *Attachment from infancy to adulthood: The major longitudinal studies* (pp. 98-136). New York: Guilford Press.

Grossmann, K.E., Grossmann, K., Winter, M., & Zimmermann, P. (2002) Attachment relationships and appraisal of partnership: From early experience of sensitive support to later relationship representation. In L. Pulkkinen & A. Caspi (Eds.), *Paths to successful development: Personality in the life course* (pp. 73-105). New York: Cambridge University Press.

Gunner, M.R. (2005) Attachment and stress in early development: Does attachment add to the potency of social regulators of infant stress? In C.S. Carter, L. Ahnert, K.E. Grossmann, S.B. Hrdy, M.E. Lamb, S.W. Porges & N. Sachser (Eds.), *Attachment and bonding: A new synthesis* (pp. 245-255). London: The MIT Press.

Hamilton, C.E. (2000) Continuity and discontinuity of attachment from infancy through adolescence. *Child Development*, **71**, 690-694.

Harlow, H.F. (1958) The nature of love. *American Psychologist*, **13**, 673-685.

Harlow, H.F., & Harlow, M.K. (1965) The affectional systems. In Schrier, A.M., Harlow, H.F. & Stollnitz, F. (Eds.), *Behavior of nonhuman primates* (pp. 287-334). New York: Academic Press.

Harlow, H.F., Harlow, M.K., & Suomi, S.J. (1971) From thought to therapy: lessons from a primate laboratory. *American Scientist*, **59**, 538-549.

Hazan, C., & Shaver, P.R. (1987) Romantic love conceptualized and an attachment process. *Journal of Personality and Social Psychology*, **52**, 511-524.

Hennighausen, K.H., & Lyons-Ruth, K. (2005) Disorganization of behavioral process and attentional strategies toward primary attachment figures: From biologic to dialogic processes. In C.S. Carter, L. Ahnert, K.E. Grossmann, S. B. Hrdy, M.E. Lamb, S.W. Porges & N. Sachser (Eds.), *Attachment and bonding: A new synthesis* (pp. 269-299). London: The MIT Press.

Hesse, E. (1999) The Adult Attachment Interview: Historical and current perspectives. In J. Cassidy & P.R. Shaver (Eds.), *Handbook of attachment: Theory, research, and clinical applications* (pp. 395-433). New York: Guilford Press.

Hofer, M.A. (1995) Hidden regulators in attachment and loss. In S. Goldberg, R. Muir & J. Kerr (Eds.), *Attachment theory: Social, developmental, and clinical perspectives* (pp. 203-230). Hillsdale, NJ: Analytic Press.

Holmes, J. (1993) *John Bowlby and attachment theory*. London: Routledge.

Howe, D. (2005) *Child abuse and neglect: Attachment, development and intervention*. New York: Palgrave Macmillan.

Howe, M.L. (2000) *The fate of early memories: Developmental science and the reention of childhood experiences*. Washington, DC: American psychological association.

Hrdy, S.B. (1999) *Mother nature: A history of mothers, infants, and natural selection*. New York: Pantheon.

Hrdy, S.B. (2005) Evolutionary context of human development: The cooperative breeding model. In C.S. Carter, L. Ahnert, K.E. Grossmann, S.B. Hrdy, M.E. Lamb, S.W. Porges & N. Sachser (Eds.), *Attachment and bonding: A new synthesis* (pp. 9-32). London: The MIT Press.

Johnson-Laird, P.N. (1983) *Mental models: Towards a cognitive science of language, inference, and consciousness*. Cambridge, MA: Harvard University Press.

Kahn, M.M.R. (1974) *The privacy of the self*. New York: International Universities Press.

Kaufman, J., & Zigler, E. (1987) Do abused children become abusive parents? *American Journal of Orthopsychiatry*, **57**, 186-192.

数井みゆき・遠藤利彦（編著）（2005）アタッチメント：生涯にわたる絆　ミネルヴァ書房

数井みゆき・遠藤利彦・田中亜希子・坂上裕子・菅沼真樹（2000）日本人母子における愛着の世代間伝達　教育心理学研究, **8**, 323-332.

Keverne, E.B. (2005) Neurobiological and molecular approaches to attachment and bonding. In C.S. Carter, L. Ahnert, K.E. Grossmann, S.B. Hrdy, M.E. Lamb, S.W. Porges & N. Sachser (Eds.), *Attachment and bonding: A new synthesis* (pp. 101-117). London: The MIT Press.

Kirkpatrick, L.A. (1998) Evolution, pair-bonding, and reproductive strategies: A reconceptualization of adult attachment. In J.A. Simpson & W.S. Rholes (Eds.), *Attachment theory and close relationships* (pp. 353-393). New York: Guilford Press.

Kirkpatrick, L.A. (1999) Individual differences in attachment and reproductive strategies: Comentary on Buss & Greiling. *Journal of Personality*, **67**, 245-258.

Kraemer, G.W. (1992). A psychological theory of attachment. *Behavioral and Brain Sciences*, **15**, 493-541.

Krpan, K.M., Coombs, R., Zinga, D., Steiner, M., & Fleming, A.S. (2005) Experiential and hormonal correlates of maternal behavior in teen and adult mothers. *Hormones and Behavior*, **47**, 112-122.

Lakatos, K., Toth, I., Nemoda, Z., Ney, K., Sasvari-Szekely, M., & Gervai, J. (2000) Dopamine D4 receptor (DRD4) polymorphism is associated with attachment disorganization in infants. *Molecular Psychiatry*, **5**, 633-637.

Lakatos, K., Nemoda, Z., Toth, I., Ronai, Z., Ney, K., Sasvari-Szekely, M., & Gervai, J. (2002) Further evidence for the role of the dopamine D4 receptor (DRD4) gene in attachment disorganization: Interaction of the exon III 48-bp repeat and the -521 C/T promoter polymorphisms. *Molecular Psychiatry*, **7**, 27-31.

Liotti, G. (1999) Disorganization of attachment as a model for understanding dissociative psychopathology. In J. Solomon & C. George (Eds.), *Attachment disorganization* (pp. 291-317). New York: Guilford Press.

Lorenz, K.Z. (1935) Der Kumpan in der Umwelt des Vogels: die Aartgenosse als ausloseudes Moment sozialer Verhaltungwiesen. *Journal of Orintuology*, **83**, 137-213, 289-413.

Lundy, B. (2002) Paternal socio-psychological factors and infant attachment: The mediating role of synchrony in father-infant interactions. *Infant Behavior and Development*, **25**, 221-236.

Lyons-Ruth, K. (1996) Attachment relationships among children with aggressive behavior problems:The role of disorganized early attachment patterns. *Journal of Consulting and Clinical Psychology*, **64**, 64-73.

Lyons-Ruth, K., & Jacobvitz, D. (1999) Attachment disorganization: Unresolved

第 1 章 アタッチメント理論とその実証研究を俯瞰する

loss, relational violence, and lapses in behavioral and attentional strategies. In J.Cassidy & P.R. Shaver (Eds.), *Handbook of attachment: Theory, research, and clinical applications* (pp. 520-554). New York: Guilford Press.

Lyons-Ruth, K., Bronfman, E., & Atwood, G. (1999) A relational diathesis model of hostile-helpless states of mind: Expressions in mother-infant interaction. In J. Solomon & C. George(Eds.), *Attachment disorganization* (pp. 33-70). New York: Guilford Press.

Lyons-Ruth, K., Melnick, S., Bronfman, E., Sherry, S., & Llanas, L. (2004) Hostile-helpless relational models and disorganized attachment patterns between parents and their young children: Review of research and implications for clinical work. In L. Atkinson & S. Goldberg (Eds.), *Attachment issues in psychopathology and intervention* (pp. 65-94). Mahwah, NJ: Lawrence Erlbaum Associates.

MacDonald, K. (1992) Warmth as a developmental construct: An evolutionary analysis. *Child Development*, **63**, 753-773.

MacLean, K. (2003) The impact of institutionalization on child development. *Development and Psychopathology*, **15**, 853-884.

Main, M. (1991) Metacognitive knowledge, metacognitive monitoring, and singular (coherent) vs. multiple (incoherent) models of attachment: Findings and directions for future research. In C.M. Parkes, J. Stevenson-Hinde & P. Marris (Eds.), *Attachment across the life cycle* (pp. 127-159). New York: Routledge.

Main, M., & Goldwyn, R. (1984) *Adult attachment scoring and classification system*. Unpublished manuscript, University of California, Berkeley.

Main, M., & Hesse, E. (1990) Parents' unresolved traumatic experiences are related to infant disorganized attachment status: Is frightened and/or frightening parental behavior the linking mechanism? In M.T. Greenberg, D. Cicchetti & E.M. Cummings (Eds.), *Attachment in the preschool years* (pp. 161-182). Chicago: University of Chicago Press.

Main, M., & Solomon, J. (1990) Procedures for identifying infants as disorganized /disoriented during the Ainsworth strange situation. In M.T. Greenberg, D. Cicchetti & E.M. Cummings (Eds.), *Attachment in the preschool years* (pp. 121-160). Chicago: University of Chicago Press.

Main, M., Hesse, E., & Kaplan, N. (2005) Predictability of attachment behavior and representational processes at 1, 6, and 19 years of age: The Berkeley longitudinal study. In K. E. Grossmann, K. Grossmann & E. Waters (Eds.), *Attachment from infancy to adulthood: The major longitudinal studies* (pp. 245-304). New York: Guilford Press.

Masten, A.S., & Coatsworth, J.D. (1995) Competence, resilience, and psychopathology. In D. Cicchetti & D.J. Cohen (Eds.), *Developmental psychopathology, Vol. 2: Risk, disorder, and adaptation* (pp. 715-752). Oxford: John Wiley & Sons.

McFarlane, A.C. (1988) Recent life events and psychiatric disorder in children: The interaction with preceding extreme adversity. *Journal of Child Psychology and Psychiatry*, **29**, 677-690.

Meins, E. (1997) *Security of attachment and the social development of cognition.* Hove, England: Psychology Press/Erlbaum.

Mikulincer, M., & Shaver, P.R. (2004) Security-based self-representations in adulthood: Contents and processes. In W.S. Rholes & J.A. Simpson (Eds.), *Adult attachment: Theory, research, and clinical implications* (pp. 159-195). New York: Guilford Press.

Minsky, M. (1986) *The society of mind.* New York: Simons & Shuster.

Moss, E., St-Laurent, D., & Parent, S. (1999) Disorganized attachment and developmental risk at school age. In J. Solomon & C. George (Eds.), *Attachment disorganization* (pp. 160-186). New York: Guilford Press.

NICHD Early Child Care Research Network (2002) Child-care structure → process → outcome: Direct and indirect effects of child-care quality on young children's development. *Psychological Science*, **13**, 199-206.

O'Connor, T.G. (2002) Attachment disorders in infancy and childhood. In M. Rutter & E. Taylor (Eds.), *Child and adolesent psychiatry: Modern approaches, 4th ed* (pp. 776-792). Oxford: Blackwell.

O'Connor, T.G. (2005) Attachment disturbances associated with early severe deprivation. In C.S. Carter, L. Ahnert, K.E. Grossmann, S.B. Hrdy, M.E. Lamb, S.W. Porges & N. Sachser (Eds.), *Attachment and bonding: A new synthesis* (pp. 258-267). London: The MIT Press.

O'Connor, T.G., & Croft, C.M. (2001) A twin study of attachment in preschool children. *Child Development*, **72**, 1501-1511.

O'Connor, T.G., & Rutter, M. (2000) Attachment disorder behavior following early severe deprivation: Extension and longitudinal follow-up. *Journal of the American Academy of Child and Adolescent Psychiatry*, **39**, 703-712.

Ogawa, J.R., Sroufe, L.A., Weinfield, N. S., Carlson, E.A., & Egeland, B. (1997)

Development and the fragmented self: Longitudinal study of dissociative symptomatology in a nonclinical sample. *Development and Psychopathology*, **9**, 855-879.

Osofsky, J. D. (2004) Introduction: Different ways of understanding young children and trauma. In J. D. Osofsky (Ed.), *Young children and trauma: Intervention and treatment* (pp. 3-9). New York: Guilford Press.

Pearson, J.L., Cohn, D.A., Cowan, P.A., & Cowan, C.P. (1994) Earned- and continuous-security in adult attachment: Relation to depressive symptomatology and parenting style. *Development and Psychopathology*, **6**, 359-373.

Pederson, D.R., Gleason, K.E., Moran, G., & Bento, S. (1998) Maternal attachment representations, maternal sensitivity, and the infant-mother attachment relationship. *Developmental Psychology*, **34**, 925-933.

Prior, V., & Glaser, D. (2006) *Understanding attachment and attachment disorders: Theory, evidence and practice*. London: Jessica Kingsley Publishers.

Quinton, D., & Rutter, M. (1988) *Parental breakdown: The making and breaking of intergenerational links*. Aldershot: Avebury.

Ricciuti, A.E. (1992) *Child-mother attachment: a twin study*. Unpublished doctoral dissertation. Virginia, VA: University of Virginia.

Roisman, G.I., Padrón, E., Sroufe, L.A., & Egeland, B. (2002) Earned-secure attachment status in retrospect and prospect. *Child Development*, **73**, 1204-1219.

Rutter, M. (1989) Pathways from childhood to adult life. *Journal of Child Psychology and Psychiatry*, **30**, 23-51.

Rutter, M., O'Connor, T.G., & the English and Romanian Adoptees (ERA) Study Team. (2004) Are there biological programming effects for psychological development? Findings from a study of Romanian Adoptees. *Developmental Psychology*, **40**, 81-94.

Saylor, C.F. (Ed.), (1993) *Children and disasters*. New York: Plenum.

Schaffer, H.R. (1996) *Social development*. Cambridge: Blackwell.

Schore, A.N. (2001) Effects of a secure attachment relationship on right brain development, affect regulation, and infant mental health. *Infant Mental Health Journal*, **22**, 7-66.

Schuder, M.R., & Lyons-Ruth, K. (2004) "Hidden trauma" in infancy: Attachment, fearful arousal, and early dysfunction of the stress response system. In J.D. Osofsky (Ed.), *Young children and trauma: Intervention and treatment* (pp. 69-104).

New York: Guilford Press.

Simpson, J.A. (1999) Attachment theory in modern evolutionary perspective. In J. Cassidy & P.R. Shaver (Eds.), *Handbook of attachment: Theory, research, and clinical applications* (pp. 115-140). New York: Guilford Press.

Simpson, J.A., & Rholes, W.S. (Eds.), (1998) *Attachment theory and close relationships*. New York: Guilford Press.

Slade, A., Grienenberger, J., Bernbach, E., Levy, D., & Locker, A. (2005) Maternal reflective functioning, attachment, and the transmission gap: A preliminary study. *Attachment and Human Development*, **7**, 283-298.

Solomon, J., & George, C. (Eds.), (1999) *Attachment disorganization*. New York: Guilford Press.

Sroufe, L.A. (1988) The role of infant-caregiver attachment in development. In J. Belsky & T. Nezworsky (Eds.), *Clinical implications of attachment* (pp. 18-38). Hillsdale, NJ: Erlbaum.

Sroufe, L.A. (1997) Psychopathology as an outcome of development. *Development and Psychopathology*, **9**, 251-268.

Sroufe, L.A., Duggal, S., Weinfield, N., & Carlson, E. (2000) Relationships, development, and psychopathology. In A.J. Sameroff, M. Lewis & S.M. Miller (Eds.), *Handbook of developmental psychopathology, 2nd ed.* (pp. 75-91). Dordrecht, Netherlands: Kluwer Academic Publishers.

Sroufe, L.A., Egeland, B., Carlson, E. A., & Collins, W. A. (2005) *The development of the person: The Minnesota study of risk and adaptation from birth to adulthood*. New York: Guilford Press.

Stern, D. (1985) *The interpersonal world of the infant*. New York: Basic Books.

Suomi, S.J. (1991) Early stress and emotional reactivity in the rhesus monkey. In D. Barker (Ed.), *The childhood environment and adult disease* (pp. 171-188). Chichester: John Wiley.

Suomi, S.J. (1995) Attachment theory and non-human primates. In S. Goldberg, R. Muir & J. Kerr (Eds.), *Attachment theory: Social, developmental, and clinical perspectives* (pp. 185-201). Hillsdale, NJ: Analytic Press.

Swann, W.B. (1983) Self-verification: Bringing social reality into harmony with the self. In J. Suls & A.G. Greenwald (Eds.), *Psychological perspective on the self, Vol.2* (pp. 33-66). Hillsdale, NJ: Erlbaum.

Tinbergen, J. (1951) *The study of instinct*. Oxford, England: Oxford University Press.

Tomasello, M. (1999) *The cultural origins of human cognition.* Cambridge, MA, US: Harvard University Press.

van IJzendoorn, M.H. (1995). Adult attachment representations, parental responsiveness and infant attachment: A meta-analysis on the predictive validity of the Adult Attachment interview. *Psychological Bulletin,* **117**, 387-403.

van IJzendoorn, M. H., & Bakermans-Kranenburg, M. J. (1997) Intergenerational transmission of attachment: A move to the contextual level. In L. Atkinson & K. J. Zucker (Eds.), *Attachment and psychopathology* (pp. 135-170). New York: Guilford Press.

van IJzendoorn, M.H., & Kroonenberg, P.M. (1988) Cross-cultural patterns of attachment: A meta-analysis of the strange situation. *Child Development,* **58**, 147-156.

van IJzendoorn, M.H., & Sagi, A. (1999) Cross-cultural patterns of attachment: universal and contextual dimensions. In J. Cassidy & P.R. Shaver (Eds.), *Handbook of attachment: Theory, research, and clinical applications* (pp. 713-734). New York: Guilford Press.

van IJzendoorn, M. H., Schuengel, C., & Bakermans-Kranenburg, M. J. (1999) Disorganized attachment in early childhood: Meta-analysis of precursors, concomitants, and sequelae. *Development and Psychopathology,* **11**, 225-249.

Ward, M.J., Lee, S.S., & Lipper, E.G. (2000) Failure-to-thrive is associated with disorganized infant-mother attachment and unresolved maternal attachment. *Infant Mental Health Journal,* **21**, 428-442.

Wartner, U.G., Grossmann, K., Fremmer-Bombik, E., & Suess, G. (1994) Attachment patterns at age six in south Germany: Predictability from infancy and implications for preschool behavior. *Child Development,* **65**, 1014-1027.

Waters, E., & Deane, K.E. (1985) Defining and assessing individual differences in attachment relationships: Q-methodology and the organization of behavior in infancy and early childhood. *Monographs of the Society for Research in Child Development,* **50** (1-2), 41-65.

Waters, E., Vaughn, B.E., Posada, G., & Kondo-Ikemura, K. (Eds.), (1995) Caregiving, cultural, and cognitive perspectives on secure-base behavior and working models: New growing points of attachment theory and research. *Monographs of the Society for Research in Child Development,* **60** (2-3).

Waters, E., Merrick, S.K., Treboux, D., Crowell, J., & Albersheim, L. (2000) Attachment security in infancy and adulthood: A twenty-year longitudinal study. *Child*

Development, **71**, 684-689.

Weinfield, N.S., Sroufe, L.A., & Egeland, B. (2000) Attachment from infancy to early adulthood in a high-risk sample: Continuity, discontinuity, and their correlates. *Child Development,* **71**, 695-702.

Winnicott, D.W. (1965) *The family and individual development.* London: Tavistock.

Zeanah, C.H., & Boris, N.W. (2000) Disturbances and disorders of attachment in early childhood. In C.H. Zeanah (Ed.), *Handbook of infant mental health, 2nd ed* (pp. 353-368). New York: Guilford Press.

Zeanah, C.H., Boris, N.W., & Lieberman, A.F. (2000) Attachment disorders of infancy. In A.J. Sameroff, M. Lewis & S.M. Miller (Eds.), *Handbook of developmental psychopathology, 2nd ed.* (pp. 293-307). New York: Kluwer Academic/ Plenum Publishers.

Zeanah, C. H., Smyke, A.T., & Dumitrescu, A. (2002) Attachment disturbances in young children. II: Indiscriminate behavior and institutional care. *Journal of the American Academy of Child and Adolescent Psychiatry,* **41**, 983-989.

第2章　障害を持つ子どもにおけるアタッチメント
―視覚障害，聴覚障害，肢体不自由，ダウン症，自閉症

別府　哲

2-1　障害を持つ子どもとアタッチメント
　　　――視覚障害，聴覚障害，肢体不自由，ダウン症

2-1-1　障害を持つ子どものアタッチメントがなぜ問題とされるのか

　ここでは，障害を持つ子どもが，養育者とのアタッチメントにどのような障害を示すのか，あるいはどのようにアタッチメントを形成するのかということについて先行研究をレヴューすることで検討する。まず，なぜこういった課題（障害を持つ子どもとアタッチメント）が設定されるのかを考えてみたい。それは特に臨床的な関心にしぼれば，以下の2つの側面を指摘することができる。1つめは，アタッチメントが対人関係の基礎を築くとした場合，障害を持つ子どもの社会的な不適応行動を引き起こす要因の1つに，アタッチメント形成不全が予想されたということである。2つめは，健常児の場合，アタッチメントの成立を支えると考えられる以下の3つの要因に，障害がネガティブな影響を与えることが予想されたことが挙げられる。3つの要因とは，1つが子どもの側の要因で，生後すぐからみられる，人の顔や声などの社会的刺激へ選択的に反応する傾性（propensity）であり，2つがそういった子どもの反応に対する大人の要因で，それを見聞きして適切に子どもに応じようとする生得的傾性（例えば，養護性），そして3つはその両者の相互作用である（遠藤，2005）。例えば，視覚障害（visual impairment）でいえば，以下の影響が考えられる。子

どもの側でいえば，視覚障害により，生後早い時期において最も大きな意味を持つ社会的刺激である，人の顔刺激を知覚できない。これによって社会的刺激に反応する傾性レパートリーの1つを持つことができない。そして大人の側でいえば，視覚障害の乳幼児期にしばしばみられる，指で目を強く押したり，その場でぐるぐる回るなどの行動（ブラインディズム：blindism）に対し，その意味や対応の仕方がうまくわからないと，養護性の発達がさまたげられることが予想される。子どもと大人，双方の側に障害が影響することで，アタッチメントがうまく形成されない可能性が考えられるということである。

くわえて，以下の方法論上の問題も，障害を持つ子どものアタッチメント形成に関心を向ける要因となってきた。それはアタッチメントの客観的測定法としてしばしば用いられるストレンジ・シチュエーション法（Strange Situation Procedure：以下，SSP）（Ainsworth et al., 1978）が，対象者の認知，情動の発達が生活年齢相応であることを前提に成立していることである。障害を持つ子どもの場合，知的障害（mental retardation）のように，認知発達に遅れを持つものも含まれる。知的障害児も，認知発達が健常児と同じレベルになればアタッチメントも同じように形成されるのか（つまり，単なる遅れ delay なのか），あるいは認知発達の遅れがアタッチメントの形成や内容に影響を与えるのか（逸脱 deviant なのか）が，解明されるべき課題として提示されたのである。

2-1-2 障害を持つ子どものアタッチメント形成

しかし，実際，SSP やそれを改変したもの，あるいは養育者と子どもが関わる場面の観察によって，養育者との分離・再会場面での子どもの行動を指標にアタッチメントを測定した研究では，障害の種別にかかわらず，アタッチメントの形成は可能であることが明らかにされてきた。以下ではこのことを，3つの視点にわけて論じる。1つは，子どもの側の要因である，社会的刺激の入力が障害される（例えば視覚障害の場合）こととアタッチメント形成の関連であり，2つは，大人の側の要因である子どもへの働きかけ方やその内容が，子どもの障害によって変化することとアタッチメント形成の関連，3つは認知発達とアタッチメントの関連，である。

①**社会的刺激の入力の障害とアタッチメント形成**　生後すぐから，子どもにとって社会的刺激の入力として重要なものに，人の顔などの視覚刺激と声などの聴覚刺激が挙げられる。視覚障害や聴覚障害（hearing impairment）を持つ子どもは，こういった社会的刺激を知覚することができない。しかし，このことがアタッチメント形成を阻害するものではないことが明らかにされてきた。

視覚障害を持つ子どもでいえば，母子相互作用場面の観察より，生後1年目には，視覚障害を持たない子どもと同じように母親を弁別し，分化した微笑みや発声を行うこと，生後2年目には母親からの分離で不安を示し再会で落ち着くこと，そして母親を安全基地（secure base）とすることが示された（e.g. Fraiberg, 1975）。聴覚障害の子どもについては，その両親も聴覚障害の場合，SSPにおいて健常児とほぼ同じ反応を示すことが明らかにされた（Meadow et al., 1983）。また，3歳以後の子どもを対象に，アタッチメントの発達の第四段階である目標修正的なパートナーシップについての検討を行ったGreenberg & Marvin（1979）は，聴覚障害を持つ子どものコミュニケーション能力の高さと目標修正的なパートナーシップの段階が関連していることを明らかにした。これは，聴覚障害そのものがアタッチメントの発達を阻害しているのではなく，コミュニケーション能力の発達がうながされれば，聴覚障害児においてもアタッチメントの発達が可能であることを示唆している。

養育者が発する社会的刺激は，顔や声だけでなく，抱いたりする身体的接触，匂いなどの嗅覚刺激を含め複合的なものであろう。また実際の働きかけは，時系列の流れでなされることにより，独特のリズムや抑揚を伴うひとまとまりのものとして知覚されると考えられる。そのため，障害によって視覚などのある特定の感覚における社会的刺激を知覚できなくても，他の感覚，そして働きかけが持つ時系列的特徴を含んだまとまりのある刺激によって，社会的刺激を補償し，アタッチメントを形成することは可能であることを示唆している。

②**子どもの障害による大人の働きかけ方の違いと，アタッチメント形成**

Wasserman et al.（1987）は，未熟児や身体障害，てんかん発作を持つ子どもの養育者が，健常児の養育者より，子どもに対して活動的で統制的でありより励ますが，一方，応答的ではないという特徴に注目した。しかしそういった

養育者の関わり方の差異がありつつ，先に述べたように，障害を持つ子どもにおいても，アタッチメントは健常児と同様に形成できることが明らかにされている。養育者の敏感性（sensitivity）と応答性（responsibility）がアタッチメント形成に必要であるとすれば，この従来の研究の知見は矛盾したものとなる。Wasserman et al.（1987）は，顔面や肢体の先天的奇形はあるが知的な遅れは無い子どもとその養育者を対象に，9か月と12か月での養育者の子どもに対する働きかけと12か月時点での子どものアタッチメントの関連を検討した。統制群として健常児とその養育者も同様にデータ収集を行った。その結果，先天的奇形の子どもの養育者は健常児の養育者と比べて，9か月，12か月時点ともに子どもの反応に対する応答性は低かったが，他方12か月時点では，より子どもに注意を向けておりより多くポジティブな感情を子どもに示していた。また，12か月時点での子どものアタッチメント分類の割合は，先天的奇形の子どもと健常児で違いは無かった。

　つまり，子どもが障害を持つ場合，養育者の子どもに対する働きかけは健常児といくぶん異なったパターンを持ちやすいことは事実であるが，それが，子どものアタッチメント形成を阻害するわけではないことが明らかにされたのである。

　一方，心の理論（theory of mind）の研究で，聴覚障害の子どもで，親も聴覚障害の場合は，障害を持たない子どもと同じ4歳後半で誤った信念（false belief）を獲得するのに，親が健聴者の場合，その獲得が9〜10歳と遅れることが明らかにされている（e.g. Peterson et al., 2005）。この違いを引き起こす要因として，生後早くから，聴覚障害の子どもと聴覚障害の親の間では，手話や身振りによるコミュニケーションが豊かに行えるのに対し，健聴者の親との間ではそれが成立しにくいことが考えられている。Greenberg & Marvin（1979）は，手話を含めたトータル・コミュニケーションによって教育された子どもと，口話法による教育を受けた子どもを比較し，その両者ではアタッチメントに違いがないことを論じた。しかし，聴覚障害児とその主たる養育者との間のコミュニケーションを要因にいれて，アタッチメントを検討したものは見当たらない。子どもが障害を持つ場合，アタッチメント形成における養育者の役割とし

第2章 障害を持つ子どもにおけるアタッチメント

ての敏感性と応答性は，多様な影響を受ける。養育者側の敏感性や応答性だけを問題にするのでなく，養育者と子どもの間でなされるコミュニケーションの質がどのようなものであるのか，そしてそのコミュニケーションの質（特にコミュニケーション不全）が子どものアタッチメント形成にどのような影響を与えるのかといった視点での検討が必要となると考えられる。

③**子どもの認知発達とアタッチメント形成**　ここでは，知的障害を持つ障害としてダウン症を取り上げる。SSPを用いた研究（Serafica & Cicchetti, 1976）や母子相互作用の観察研究（Emde & Brown, 1978）などをレヴューしたBlacher & Meyers (1983) は，ダウン症の子どものアタッチメント形成について，次のように述べた。それは，アタッチメント形成のペースが健常児と比べ遅く，養育者との分離にあまり苦痛を示さないという特徴はあるが，知的発達に応じてアタッチメントは形成されること，そしてそのアタッチメントが形成される段階の進み方は健常児と同じであるということである。つまり，アタッチメント形成には知的発達が重要な要因ではあるが，健常児と同じ知的発達のレベルにある場合，同じ質と段階のアタッチメントが形成可能であることを示唆している。これは，先の問いに答えるとすれば，知的障害を持つ子どもは，アタッチメントを遅れて形成するが，その質が逸脱しているわけではないということを明らかにしていると考えられる。

2-2　自閉症を持つ子どもとアタッチメント形成

2-2-1　自閉症児にアタッチメント形成は困難であるという暗黙の前提

　前節では，視覚障害，聴覚障害，肢体不自由，知的障害を持つ子どものアタッチメントを取りあげた。アタッチメントと障害の関係を考える際に，もう1つ忘れてはいけない障害に自閉症（autism）がある。なぜなら，自閉症はその中核的障害が社会性（sociability）の障害だと考えられているからである。

　自閉症はWingの三つ組といわれる3つの行動特徴，すなわち，対人的相互作用の質的障害（視線を合わせない，年齢相応の友達関係を作らない，など），コ

ミュニケーションの質的障害（身振りなどのノンバーバルコミュニケーションをうまく使えない，エコラリア（echolalia）などの言語使用の異常，など），想像的活動の欠如とこだわり（くるくる回り続けるといった同じ動作を繰り返す常同行動，いつも同じ道順やスケジュールにこだわる，など）によって診断される障害である。くわえて，Wing & Gould (1979) は自閉症の対人関係を以下の3タイプにわけ，その社会性の特徴を記述した。それは，視線を回避し自分のこだわりの世界に入っているようにみえる孤立型（aloof type）と，他者の指示に対し受動的に行動できるが能動的に他者に働きかけたりすることがあまりできない受動型（passive type），自分の好きな話題を相手の意向お構いなしに話し続けるなど，積極的に周りに関わろうとするがそのやり方が奇異である積極奇異型（active but odd type）である。以上の診断基準も対人関係の3タイプも，自閉症の中核的特徴が，他者と相互作用を持つこと，すなわち社会性における独特な障害であることを示している。

　自閉症を最初に報告した Kanner (1943) は，自閉症を持つ子どもを，「人々との情緒的接触を通常の形で形成していく生得的な能力を持ち合わせないでこの世に生まれてきた」と論じた。こういった臨床的印象より，自閉症においては，社会性の基礎をなすアタッチメント形成が困難であるという暗黙の共通理解があったと考えられる。そしてこのことは，前節でみた他の障害とは全く異なるものであった。実際，自閉症以外の障害を持つ子どものアタッチメントに関する研究は，その多くが1970年代から1980年代前半までに行われている。SSP が1970年前後に作られたことを考え合わせると，アタッチメントの測定法が確立されたと同時に，自閉症以外の障害におけるアタッチメントが検討されたといえる。それに対し，自閉症のアタッチメントが SSP などを用いて検討された最初の研究は Sigman & Ungerer (1984) であり，本格的に検討されるようになったのは1990年前後以降である。この研究が盛んに行われた年代の10年以上のずれも，自閉症にアタッチメント形成が困難であるという多くの研究者，臨床家のイメージが存在していたことの証左と考えられる。

2-2-2 自閉症児はアタッチメント形成が可能である

　しかし，1990年前後から行われた自閉症のアタッチメント研究は，先に述べた臨床的印象をくつがえす結果をもたらした。ここで紹介する研究のほとんどは，臨床的記述ではなく，SSPなどを用いて，養育者との分離あるいは再会時に子どもが養育者に接近－維持行動をどのように行うかという定量的指標を，アタッチメントの指標としていた。その結果，接近－維持行動の量という定量的指標において，自閉症児も健常児や他の障害児と同様，他の大人と養育者を区別した上で養育者に有意に多いアタッチメント行動を示すことが明らかになったのである（Capps et al., 1994；Dissanayake & Crossley, 1989, 1996；Rogers et al., 1991, 1993；Shapiro et al., 1987；Sigman & Mundy, 1989；Sigman & Ungerer, 1984）。これは，それ以前に多くの研究者や臨床家が抱いていた，自閉症児は安定したアタッチメントを示さないというイメージと異なっていたため，大きな注目を集めることとなったのである。

2-2-3 自閉症児のアタッチメントの質と認知発達との独自な連関

　しかし，この結果によって，自閉症児が形成するアタッチメントは健常児のそれと同じであることを示しているとすることは，ここまで述べてきた自閉症の臨床的印象と大きく乖離する。その乖離を埋めるべく，アタッチメントの質やその形成プロセスに，健常児や他の障害児と異なる自閉症独自のものがあるのではないか，という問題意識でいくつかの研究がすすめられてきている。

　その中で注目したいのは，SSPにおいて，安定した（secure）アタッチメントか（アタッチメント分類でいえば，安定型のBタイプ），不安定なアタッチメントか（アタッチメント分類でいえば，回避型であるAタイプとアンビヴァレント型であるCタイプ）というアタッチメントの質的指標を用いた場合の研究結果である。接近－維持行動の量という定量的指標ではなく，アタッチメントの質的指標を用いた場合，自閉症児においては，安定したアタッチメントが認知発達と連関するという知見が出されたのである。そして，この安定したアタッチメントと認知発達の連関は，健常児や知的障害児ではみられない（e.g. Rogers et al., 1991) ことより，自閉症特有の質を示すものであることが示唆されたのである。

安定したアタッチメントとは，子どもが養育者との分離の際に泣く，後追いするなどの不快を示すが，再会すると快の状態に戻り，次第に養育者を安全基地として周囲を探索できる行動で示される。逆に不安定なアタッチメントは，養育者との分離に無関心であったり，あるいは不快を示した後，再会しても不快をずっとひきずっているような場合を指す（詳しくは，1章1-7参照）。

このSSPという測定法は，生後12か月ころの健常児を対象としていることからもわかるように，認知や情動における通常12か月ころの発達能力の存在を前提にしている。しかしSSPを用いて明らかにする健常児のアタッチメントは，その時点でのアタッチメントの発達というより，むしろ，個人差の問題（Aタイプである回避型，Bタイプである安定型，Cタイプであるアンビヴァレント型）を扱ったものである。つまり，SSPで想定されているアタッチメントの個人差である安定したアタッチメント（Bタイプの安定型）か不安定なアタッチメント（Aタイプの回避型，Cタイプのアンビヴァレント型）かは，本来，認知などの発達能力とは独立した次元で成立していると仮定されている。そのため，健常児や自閉症以外の障害児においては，安定したアタッチメントと認知発達には直接的な関連はみられていない。一方，上述したように，自閉症児において安定したアタッチメントと認知発達に関連があるとすれば，自閉症児の場合は，安定したアタッチメントが個人差の問題ではなく，認知発達の中で形成されるものであることを示唆すると考えられるのである。

具体的な研究として，Capps et al. (1994) は，平均CA（生活年齢）48か月，平均MA（精神年齢）23か月の自閉症児19名を被験者とし，安定したアタッチメントの子どもは不安定なアタッチメントの子どもよりも，ジョイント・アテンション（共同注意）の要請（例えば，指さしの理解）にはより反応的であり，より頻繁に相手に要求を出し，より大きな言語理解能力を持つことを示した。Rogers et al. (1991) は，平均CA47か月，平均MA39か月の自閉症児において，アタッチメントの安定性の有無と認知・言語・粗大運動・微細運動能力のそれぞれとの間に，連関がみられたことを指摘した。あわせてこの連関は，健

常児や知的障害児ではみられないことも明らかにした。同様の結果は，より大きなサンプルにおいても得られた（Rogers et al., 1993）。つまり，上記のいずれの研究も，安定したアタッチメントを示す自閉症児はそうでない自閉症児より，言語などの認知能力が発達していることを示すものとなっている。また，Rutgers et al.（2004）は，それまでの SSP を用いた10の自閉症のアタッチメント研究を対象にメタ分析を行った。その結果，知的に低い（ここでは，MA/CA の比率が.70未満）自閉症児では，安定したアタッチメントが健常児や知的障害児などの統制群より有意に少ないのに対し，知的に高い（MA/CA の比率が.70以上）自閉症児においては，統制群と有意な差がみられなかったことを明らかにした。

　以上の研究はすべて，横断的研究によって得られたものである。しかし，自閉症児も個人差はありつつ認知発達を遂げていく事実（若林，1983；萩原・高橋，2003）を考慮するならば，上記の知見は，自閉症児が認知発達にともない安定したアタッチメントを獲得するという，縦断的なアタッチメントの形成プロセスの可能性を示唆するものといえよう。実際，SSP を用いて，自閉症児のアタッチメントを縦断的に検討した伊藤（2002）は，他の障害児と比べて遅れはするが，自閉症児も安定したアタッチメントを形成していくことができることを明らかにしている。

　そして，この安定したアタッチメントと認知発達の関連は，健常児や知的障害児でみられないことより，自閉症のみが持つ特異なものであることが推察される。Dissanayake & Sigman（2001）はこれを，補償的な認知方略（compensatory cognitive strategy）によるアタッチメント形成と仮説した。

2-2-4　アタッチメントの特異な形成プロセス

　それでは，なぜ自閉症児は，認知発達と機能連関するという特異な形成プロセスでアタッチメントを形成するのだろうか。Rogers et al.（1991, 1993）や Dissanayake & Sigman（2001）はこれを，自閉症児が内的作業モデル（internal working model）の形成に困難を抱えていること，そしてその内的作業モデルを形成する上で認知能力が大きな役割を果たすためであると考えた。これを

考える際には，内的作業モデル形成の前提となる，発達早期における自閉症児と周りの他者との関係のあり方にみられる特異性を検討することも重要となろう。以下に自閉症児の関係の特異性を，健常児のそれと比較しながら素描する。

健常児の場合，生後早い時期から，人が示す顔，声などのさまざまな社会的刺激に選択的に反応するためのさまざまな知覚的バイアスを持っているといわれる（e.g. 遠藤，2005）。そしてそれが周りの大人の養護性を刺激し，大人から自分への社会的刺激をさらに引き出す。これによって，他者と笑い合うといった情動共有を含む，相互主観的な（intersubjective）経験を生み出す基盤が形成される。そしてその相互主観的な経験によって，養育者やその関係の中での自分に関するさまざまな経験と情報を積み上げた上で，安定した行動レベルのアタッチメントを形成し，表象レベルでの内的作業モデルを作り上げていくのである。

一方，自閉症児の場合，情動知覚の障害（e.g. Hobson, 1993）や，人の発する声や顔など，社会的刺激そのものに反応する知覚的バイアスの障害（e.g. Leekam & Moore, 2001；Senju et al, 2003）によって，情動共有を含む相互主観的な経験をうまく作ることができないことが推測される。さらに近年，高機能自閉症児の自伝や回想によって明らかになったように，彼・彼女らの乳幼児期の周りの世界は，感覚の過敏さや場面の意味の理解しにくさなどにより，「混沌と恐怖」（Bemporad, 1979）でしかなかったといわれる。そして，予測のつきにくい動きをする，人という存在は，「混沌と恐怖」を引き起こす最たるものであったとされる。視覚障害を持つ子どもが顔といった社会的刺激としての視覚刺激を入力できないことと異なり，自閉症児は，社会的刺激そのものに注意を向ける傾性がみられず，しかもそれが場合によっては社会的刺激を拒絶することとなっている点が特徴なのである。

このように，自閉症児は，健常児であればその養育者との間で半ば自動的に形成される，相互主観的な経験を作ることに困難を持っている。健常児の場合，内的作業モデルは，半ば自動的に行われる相互主観的経験の蓄積を土台に形成されると考えられる。その土台の上で，表象レベルで，自分が困ったら養育者が何とかしてくれるといった内的作業モデルを形成する。ところが自閉症の場

合,相互主観的経験そのものが形成しにくいとすれば,子ども自身の行動とそれに随伴して生起する養育者の応答行動を,子どもの側が1つ1つ記憶し処理することによってしか,養育者や自分に関する経験や情報を取り出せないと考えられる。これを行うためには,健常児と比較してもより高い認知能力が必要となるのではないだろうか。こういった相互主観的経験の作りにくさが,自閉症のアタッチメント形成の独自なプロセスを必要としたと推測されるのである。

2-2-5 アタッチメントの質の特異性

ここまで,自閉症のアタッチメント形成プロセスが,健常児や他の障害児と異なる独自性を持つことを示した。もう1つ自閉症児のアタッチメントで検討すべきなのは,形成されたアタッチメントの質が健常児と同じなのかという点である。この点についても,いくつかの研究によって,障害による特異性が指摘されてきている。

それは特に,子どもがアタッチメント行動を何のために起こすのか,という点に示される。健常児がSSPで示すアタッチメントは,養育者に接近-維持行動を行うことによって,不安や不快な場面で安心感(feeling of security)を求めてのものと推察される。そのため,例えばSSPで養育者と再会する際に,健常児は養育者に抱きついたり微笑みかけたりしながら,そうすることで安心感を得る。それは,養育者が何か褒美をくれるとか具体的な行動をしてくれなくても,とにかくそこにいてくれるだけで得られる安心感と考えられる。しかし,自閉症児が初期に示すアタッチメント行動は,場面の意味を理解する,不快な対象を取り除く,不快な場面で自分に快の情動を引き起こす行動をやってもらう,などの具体的な要求を実現するために行われるといった特徴がみられるのである (e.g. 別府, 1997; 別府他, 2004; 伊藤, 2002)。伊藤 (2002) はこの違いを,健常児はアタッチメント対象を心理的安全基地(psychological secure base)として求めるが,自閉症児は,要求を充足してくれる道具的安全基地 (instrumental secure base) として把捉すると記述した。

例えば,場面の意味を理解するためのアタッチメント行動として別府ら (2004) は,5歳の自閉症男児が,「いつもと違うグラウンドで運動会の練習

をすると場面の見通しがもてないため不安になり担当の保育士に接近し続ける」場面を挙げている。これは，いつもと場所が違うことにより，今何をするべきかが分からなくなった際に，それを知るために保育士に接近－維持行動をとったと考えられるエピソードである。また，それが心理的安全基地と違い道具的安全基地であることは，先ほどのエピソードの続きに「しかし練習が終わって保育園へ帰る時になると，途端にすっと保育士から離れていってしまう」行動にもあらわれている。今何をするべきかという場面理解の道具として保育士に接近－維持行動を行ったが，その必要性が無くなると，すぐに保育士から離れていったと考えられるからである。不安な場面で，養育者に近づきブランコのところまで連れて行き，自分が乗ったブランコを押させ自分に快の情動を引き起こそうとする行動（別府，1997）も，ここでいう道具的安全基地の例である。アタッチメント対象を心理的安全基地と把捉していれば，不安な場面でアタッチメント対象にしがみついたり接近－維持を求めるだけで安心感を感じ，不安な場面を乗り越えることができる。ここで挙げた例はそうではなく，アタッチメント対象に，自分に快の情動を喚起する具体的行動（ここでいえばブランコを押す）を求めている。これは，自閉症児が，アタッチメント対象がいるだけでは安心感を感じることになっていないこと，すなわち心理的安全基地とは把捉していないことを示している。そうではなくあくまで，自分に快の情動を喚起する行動を行ってくれる1つの道具としての把捉なのである。

　自閉症児が発達的にその後で，心理的安全基地としてアタッチメント対象をとらえることは可能であるという指摘（Beppu, 2005）もある。この点については，上記の指摘が事例報告であることを考えると，さらに事例を増やして検討する必要があろう。しかしそうであるとしても，心理的安全基地に至るまでに道具的安全基地の時期を介在することは，自閉症によるアタッチメント形成の特異性として指摘できる点である。

　伊藤（2002）はほかにも，生後26か月と33か月時点でのSSPの縦断的分析により，自閉症児が家と実験室でアタッチメント行動を示すかどうかに違いがみられること（多くは家ではアタッチメント行動を示すのに実験室では示さない），親にアタッチメント行動を示すようになると第三者（ここでは実験者）の働き

かけに応答しなくなるなどの特徴を明らかにした。特に後者の点は、健常児であれば、養育者に安定したアタッチメントを示すようになればそれが内的作業モデルを形成する基礎となることによって、第三者への関わりもより応答的になるはずである。それが逆に応答しなくなるという自閉症児の特徴は、自閉症児が養育者を道具的安全基地としてとらえていることを推測させる。つまり、要求を充足する道具として養育者を把捉するため、いつも要求充足してくれる人（ここでいえば養育者）と、要求充足してくれた経験を持たない第三者を弁別し、もっぱら前者に接近－維持を求めるのではないだろうか。Buitelaar (1995) が指摘するように、自閉症児のアタッチメントを検討する際には、他者と関わる社会的行動場面を広く取りあげ、どんな文脈で、何のためにアタッチメント行動を行うのかの質を今後も広く検討することが求められる。

2-2-6　自閉症児において、複数のアタッチメント対象を持つことの意味

別府 (1997) は、就学前の話し言葉を持たない自閉症児・A児の縦断的観察により、A児がアタッチメントを形成する際に、単一のアタッチメント対象との関係の深化ではなく、複数のアタッチメント対象との間で関係を形成することがその発達の契機となることを示した。具体的にいえば、アタッチメント対象に何を求めるかというアタッチメントの質を分析した場合、A児は、以下の3つのレベルを示した。それは、ブランコを押してもらうなどの自分に快の情動を与える具体的活動を求める密着的接近のレベル（レベル1とする）、不安になったときにもブランコを押してもらうといった行動を求めることによって、自らの不快・不安を快に転換するためにアタッチメント対象を求めるレベル（レベル2）、不安・不快に立ち向かう安全基地としてアタッチメント対象に心的支えを求めるレベル（レベル3）である。そしてこれは、レベル1からレベル2、レベル3という順番で発達するものと考えられた。その中で、例えば、この自らの不快・不安を快に転換するためにアタッチメント対象を求めるレベル2は、それ以前に、密着的接近を行うレベル1のアタッチメント対象が単一の大人から複数の大人に拡大する（場面や求める活動で大人を使い分ける）ことを発達の契機としていたことが指摘されたのである。

これは自閉症児が内的作業モデルを形成するプロセスの独自性を反映していると考えられる。つまり，相互主観的経験そのものが形成しにくい自閉症児は，子ども自身の行動とそれに随伴して生起する養育者の応答行動を，子どもの側が1つ1つ記憶し処理することによってのみ，養育者や自分に関する経験や情報を取り出せる。しかし，自分を快にする行動を求める密着的接近を単一の大人に行うことでは，特定の場面（例えばブランコ）と快（あるいは不快）の情動の随伴性は成立するが，それを引き起こすアタッチメント対象は場面に埋め込まれてしまう。これは先に述べたように，自閉症児が人の発する社会的刺激に注意を向けにくい傾性を持っていること，またそれを拒絶する傾向もあることを考えると，なおさら予想されることである。そういった状況だからこそ，人の存在を場面から浮かび上がらせるためには，以下のことが必要となったと考えられる。それは，自らに快の情動を引き起こす行動や場面を，単一のアタッチメント対象とではなく，多くのアタッチメント対象と多くの行動・場面で持つことである。それができることによって初めて，自分の情動と場面の随伴性だけでなく，いつも自分に快の情動を喚起する行動や場面の中に，同一人物ではないが人という存在がその状況を作ったり行動を起こしてくれることに気づくと考えられる。このようにして，自閉症児においても，行動や場面から相対的に独立した形での他者の存在をクローズアップすることが可能になる。単一ではなく複数のアタッチメント対象と関係を持つことが，他者存在そのものを場面から浮かび上がらせる点で，自閉症特有の意味があると考えられるのである。そしてそのことが，自らの情動を不快から快へコントロールする主体としての他者を成立させていく。

　これは，まだ仮説の域を出ないかもしれない。しかし，この点を考える際に，自閉症児が乳幼児期に人という存在を恐怖に感じていたという回想（e.g. Bemporad, 1979；森口, 1996），そしてその恐怖や不快が後にタイムスリップ現象（杉山, 2000）を引き起こすほど激しいものであることは考慮する必要があるだろう。つまり，養育者以外の他者が恐怖の対象であるままで単一の養育者のみが子どもに安心感を与えるよりも，家庭の養育者とともに，家庭以外の場で出会う大人（例えば通園施設の保育士）にも同じように安心感を与える関わり

を受けた際に，人という存在一般に対する感覚が変化しやすいことは十分考えられる。アタッチメント形成において大人の敏感性と応答性が重要であることは繰り返し指摘されてきたが，人を恐怖と把捉する自閉症児の場合はそれに加えて，その敏感性と応答性が安定して与えられる環境が重要になる。それは，単一の大人が生活の中でずっと安定した関わりを持つことでも可能かもしれない。しかし，自閉症児の親の多くが育児における強いストレスを抱えることを考えれば，それだけでなく，家族以外の療育や保育施設での大人の敏感性と応答性を持った関わりを保障することが，大きな意味を持つことも事実である。以上のことは，自閉症児のアタッチメント形成を考える際には，養育者と自閉症児の閉じた関係の中だけでなく，Bronfenbrenner（1979）のいうメゾ・システムのレベルでも検討が必要であることを示唆している。自閉症児の複数のアタッチメント対象との関係を，縦断的に検討する研究がより求められるところである。

2-2-7 自閉症児のアタッチメント形成の支援と課題

ここまでみてきたように，自閉症児のアタッチメントは，その特異な形成プロセスと特異な内容を持ちながら，しかし発達の中で形成されることが明らかにされてきたといえる。しかし，自閉症児のアタッチメント形成そのものを支援との関係で検討した研究は，小林（2000，2004）（本書第6章）の詳細な実践と研究以外にはあまりみられていない。特異性を持ちつつ発達の中で形成されるものとして自閉症のアタッチメントをとらえるならば，それをどのように支援することができるのかといった視点での研究が深化することが強く求められている。

ここでは上記のレヴューから考えられる，支援を行う上で検討すべき視点だけ3点取りあげておくことにする。

1つは，生活や活動をどのように組織化することが自閉症児のアタッチメント形成を支援するのか，という点である。例えば，アタッチメント形成の前提となる，自分の行動と他者の行動の随伴性を記憶し認知するためには，保育所で毎日お昼休みにブランコに乗って保育士にブランコを押してもらえるという，

構造化された場面での経験を用意することは重要となるだろう。またその際に，構造化された場面だけでなく，そこで行われる活動が自閉症児自身に快の情動を引き起こすものであることも必要であろう。アタッチメント対象としての人の存在を場面から浮かび上がらせる前提を作る上で，生活・活動の組織化の問題は重要となると考えられる。

　2つは，自閉症児とアタッチメント対象との間で，情動共有を含めた相互主観的経験をどのように形成するのか，という点の解明である。その際に，以下の視点は検討に値するものと考えられる。

　近年，自閉症は，情動の発達に大きく関与する扁桃体（Baron-Cohen et al., 2000）や辺縁系に一次障害が存在すると考える仮説（e.g. 十一，2004）が出されてきている。しかし一方で，自閉症児は情動自身を持っていないのかというと，そうではないことも高機能自閉症者自身の本において指摘されている（e.g. 森口，1996；ニキ・藤家，2004）。つまり，自閉症児は情動を持てないから情動共有経験が作れないのではなく，自分の持つ情動と周りの健常者が持つ情動がずれるために，それを共有する経験を持ちにくくさせられていると考えられるのである。そうであれば，1つのアプローチとして，自閉症児の持つ情動のあり方を周りの大人が理解し，大人がそれに合わせることで，情動共有経験を作り出すことが有効となるのである。遠藤（2005）は，自閉症児はその知覚的バイアスによって，社会的刺激を周りの大人から得られない状況を作ってしまうこと，それが結果として自閉症の行動特徴を強化するというプロセスを仮定している。自閉症児が他者と情動共有を経験しにくいことも，周りの大人との相互作用で作られている可能性も考えられるのである。そうであれば，周りの大人がその状況に流されるのでなく，自閉症児が受け入れられる社会的刺激を工夫して与えていくことで，情動共有経験にも変化を与えられるはずである。

　3つは，複数のアタッチメント対象との関係を保障できるシステムの問題である。社会的刺激に注意を向ける傾性を持たない，また社会的刺激を発する人そのものを恐怖と感じる自閉症児にとって，アタッチメント対象の敏感性と応答性に加え，それが安定して与えられる環境が必須であることが示唆された。これは，就学前の早期療育が就学時の自閉症児の適応を高めるとする研究（杉

山，2000）とも一致するところである。しかしそういった視点で系統的に事例やデータ収集をした研究はまだみられていない。早期発見・早期療育について世界的にも進んだシステムを持つ日本で，こういった研究が進められることが強く期待される。

謝　辞

本研究の一部は，平成15〜18年度厚生労働省科学研究費補助金・こころの健康科学研究事業（研究代表者・森則夫）「アスペルガー症候群の成因とその教育・療育的対応に関する研究」の補助を受けた。

第2章 引用文献

Ainsworth, M.D.S., Blehar, M.C., Waters, E., & Wall, S. (1978) *Patterns of attachment: A psychological study of the stranger situation.* Hillsdale, NJ: Erlbaum.

Baron-Cohen, S., Ring, H., Bullmore, E., Wheelwright, S., Ashwin, C., & Williams, S. (2000) The amygdala theory of autism. *Neuroscience Behavior Review*, **24**, 355-364.

Bemporad, J. (1979) Adult recollections of a formerly autistic child. *Journal of Autism and Developmental Disorders*, **9**, 179-197.

別府　哲（1997）自閉症児の愛着行動と他者の心の理解　心理学評論, **40**, 145-157.

Beppu, S. (2005) Social cognitive development of autistic children: Attachment relationships and understanding the existence of minds of others. In D.W. Shwalb, J. Nakazawa & B.J. Shwalb (Eds.), *Applied developmental psychology: Theory, practice, and research from Japan* (pp. 199-201). Greenwich: Information Age Publishing.

別府　哲・駒田閑子・辻井正次（2004）就学前における高機能自閉症児の愛着行動と自他分化との発達連関　平成14～15年度科学研究費補助金・基盤研究(C)(2) 研究成果報告書「高機能広汎性発達障害児の就学前と学齢期における発達経過と教育的援助に関する研究」（課題番号:14510270 研究代表者・別府哲), 41-59.

Blacher, J., & Meyers, C.E. (1983) A review of attachment formation and disorder of handicapped children. *American Journal of Mental Deficiency*, **87**, 359-371.

Bronfenbrenner, U. (1979) *The ecology of human development.* Cambridge: Harvard University Press.

Buitelaar, J.K. (1995) Attachment and social withdrawal in autism: Hypotheses and findings. *Behaviour*, **132**, 319-350.

Capps, L., Sigman, M., & Mundy, P. (1994) Attachment security in children with autism. *Development and Psychopathology*, **6**, 249-261.

Dissanayake, C., & Crossley, S.A. (1989) Behaviour in children with early infantile autism: Responsiveness to people. *Journal of Autism and Developmental Disorders*, **8**, 281-292.

Dissanayake, C., & Crossley, S.A. (1996) Proximity and sociable behaviours in autism: Evidence for attachment. *Journal of Child Psychology and Psychiatry*, **37**, 149-156.

Dissanayake, C., & Sigman, M. (2001) Attachment and emotional responsiveness in children with their mothers. *International Review of Research in Mental Retardation*, **23**, 239-266.

Emde, R.N., & Brown, C. (1978) Adaptation to the birth of a Down's syndrome infant: Grieving and maternal attachment. *Journal of the American Academy of Child Psychiatry*, **17**, 299-323.

遠藤利彦（2005）発達心理学の新しいかたちを探る　遠藤利彦（編著）発達心理学の新しいかたち（pp. 3-52）誠信書房

Fraiberg, S. (1975) The development of human attachments in infants blind from birth. *Merrill-Palmer Quarterly*, **21**, 315-334.

Greenberg, M.T., & Marvin, R.S. (1979) Attachment patterns in profoundly deaf preschool children. *Merrill-Palmer Quarterly*, **25**, 265-279.

萩原はるみ・高橋　脩（2003）超早期療育を行った自閉症児の発達経過と特徴について　児童青年精神医学とその近接領域, **44**, 305-320.

Hobson, R.P. (1993) *Autism and the development of mind.* Hove: Lawrence Erlbaum.

伊藤英夫（2002）自閉症児のアタッチメントの発達過程　児童青年精神医学とその近接領域, **43**, 1-18.

Kanner, L. (1943) Autistic Disturbances of Affective Contact. *Nervous Child*, **2**, 217-250.

小林隆児（2000）自閉症の関係障害臨床：母と子のあいだを治療する　ミネルヴァ書房

小林隆児（2004）自閉症とことばの成り立ち：関係発達臨床からみた原初的コミュニケーションの世界　ミネルヴァ書房

Leekam, S., & Moore, C. (2001) The development of attention in children with autism. In J.A. Burack, T. Charman, N. Yirmiya & P.R. Zelazo (Eds.), *The development of autism* (pp. 105-129). Mahwah, NJ: Lawrence Erlbaum.

Meadow, K.P., Greenberg, M.T., & Erting, C. (1983) Attachment behavior of deaf children with deaf parents. *Journal of the American Academy of Child Psychiatry*, **22**, 23-28.

森口奈緒美（1996）変光星：ある自閉症者の少女期の回想　飛鳥新社

ニキ・リンコ・藤家寛子（2004）自閉っ子，こういう風にできてます！　花風社

Peterson, C.C., Wellman, H.M., & Liu, D. (2005) Steps in theory-of-mind development for children with deafness or autism. *Child Development*, **76**, 502-517.

Rogers S.J., Ozonoff, S., & Maslin-Cole, C. (1991) A comparative study of attachment behavior in young children with autism or other psychiatric disorders.

Journal of the American Academy of Child and Adolescent Psychiatry, **30**, 483-488.

Rogers S.J., Ozonoff, S., & Maslin-Cole, C. (1993) Developmental aspects of attachment behavior in young children with pervasive developmental disorders. *Journal of the American Academy of Child and Adolescent Psychiatry*, **32**, 1274-1282.

Rutgers, A.H., Bakermans-Kranenburg, M.J., van IJzendoorn, M.H., & van Berckelater-Onnes, I.A. (2004) Autism and attachment: A meta-analytic review. *Journal of Child Psychology and Psychiatry*, **45**, 1123-1134.

Senju, A., Yaguchi, K., Tojo, Y., & Hasegawa, T. (2003) Eye contact does not facilitate detection in children with autism. *Cognition*, **89**, B43-B51.

Serafica, F.C., & Cicchetti, D. (1976) Down's syndrome children in a strange situation: Attachment and exploration behaviors. *Merrill-Palmer Quarterly*, **22**, 137-150.

Shapiro, T., Sherman, M., Calamari, G., & Koch, D. (1987) Attachment in autism and other developmental disorders. *Journal of the American Academy of Child and Adolescent Psychiatry*, **26**, 480-484.

Sigman, M., & Mundy, P. (1989) Social attachments in autistic children. *Journal of the American Academy of Child and Adolescent Psychiatry*, **28**, 74-81.

Sigman, M., & Ungerer, J. (1984) Attachment behaviors in autistic children. *Journal of Autism and Developmental Disorders*, **14**, 231-244.

杉山登志郎（2000）発達障害の豊かな世界　日本評論社

十一元三（2004）自閉症論の変遷：この60年を振り返って　こころの臨床　*à-la-carte*, **23**, 261-265.

若林慎一郎（1983）自閉症児の発達　岩崎学術出版社

Wasserman, G.A., Lennon, M.C., Allen, R., & Shilansky, M. (1987) Contribution to attachment in normal and physically handicapped infants. *Journal of American Academy of Child and Adolescence Psychiatry*, **26**, 9-15.

Wing, L., & Gould, J. (1979) Severe impairments of social interaction and associated abnormalities in children: Epidemiology and classification. *Journal of Autism and Developmental Disorders*, **9**, 11-29.

第3章　子ども虐待とアタッチメント

数井みゆき

　子ども虐待は日本においても増える一方で，2004年度の児童相談所虐待処理件数が約3万3,000件（厚生労働省，2005）となり，過去最高となっている。また，2005年4月より改正児童虐待防止法が施行され，新たに，DV（ドメスティックバイオレンス，配偶者間暴力：以下，DV）を子どもが目撃することも，虐待の定義の1つに加わった。乳児期早期の子ども虐待は，乳児が本来その時期に発達的に経験すべきことを妨害するだけではなく，本来，生きるためには全く不必要な，不良な経験を付加することになる。このような家庭内における子ども虐待は，家族の機能不全のもっとも極端な状況なのである。特に，乳児期最早期からの虐待は，さまざまな調整エージェントとして，本来なら機能するはずのアタッチメント対象者から攻撃を受けることになり，生理的な要求や情動などの調節が妨害される。

　Bowlby（1969/1982）はアタッチメントのもっとも中心にある機能について，苦痛や恐れなどの不安感情を調節することだと考えた。ヒトはアタッチメントだけではなく，他の行動システムも持つが，特に，恐れの喚起に関わるシステムは最優先される。喚起された恐怖感，不安感を自分でなんとかできない乳児は，その調節を養育者に頼らねばならない。また，それらの感情が喚起されている状態では，子どもは他のことに注意を向けることはできない。養育者から恐怖感や不安感の調整を受けて安心しているとき，子どもは，探索や学習，遊びといった発達全般にとって重要な活動に集中できるのである。つまり，恐怖感・不安感の喚起は，生存を守るために生後すぐから突出した感情で，必要な

感情ではあるが，その調整の仕方を他律（養育者）から自律（自分）に移行させていくことが長期的な視野からでは不可欠となる。そのため，後の発達的な獲得はそれらの感情をどのように調整するのかという初期からの状態にかなり依存しているといえよう。つまり，このような発達的に必要不可欠なプロセスを根本から覆す悪質な経験が虐待なのである。

本章の目的は，虐待がアタッチメントを阻害するプロセスを説明し，介入がされない場合に，どのように発達上の問題にいたるかについてのメカニズムを明らかにしていくことである。以下では，乳児期最早期に始まる虐待がなぜ深刻な状況を子どもにもたらすのか，そして，それによって崩壊するアタッチメントの状況，そのアタッチメントが子どもの発達につれてどのように変化するのかなどを概説していく。

3-1　虐待が乳児にもたらす悪影響

幼い子どもたちが育っている虐待的，ネグレクト的環境とはどのような状況なのだろうか。

乳児期における身体的虐待の問題は，それが特に脳への影響を及ぼすときに，治療できない障害を残すことがある。殴ったり，蹴ったり，投げつけて壁などにぶちあてたり，毒になるものを飲ませたり，溺れさせたり，首を絞めたり，叩いたり，揺すぶったりと暴力的，攻撃的な扱いが中心となる。そのため，死に至ることもまれではない。例えば，2003年のアメリカのデータでは，約1,500人の死亡のうち，過半数が身体的虐待によるものである（National Clearinghouse on Child Abuse and Neglect Information：以下，NCCANI, 2005）。傷害としては，臨床的に確認可能かどうかのレベルの神経組織や血管等への傷から，網膜での出血，硬膜下出血，そして，最終的には，死に至る傷害になる。揺すぶられっ子症候群は，生後数か月の乳児に特に破壊的な結果を残すことが多く，網膜出血や脳性麻痺が起こることもある（奥山, 2005）。さらに，頭蓋骨の骨折はそれがどこでどの程度の傷をもたらしたかなどで，その後遺症の程度が決まってくるだろう。他の身体の部位についても，被害としては骨折が多い。腕や

大腿など，乳児にとって簡単に骨折しないようなところが骨折していたり，回復途中の複数の骨折が見つかったりすることがある（cf. 坂井他，2005）。

　ネグレクトとは，乳児に対してもっとも基本的な世話やケアを長期にわたって行わないことを意味する。そして，他の虐待よりもネグレクトがもっとも子どもに悪影響を残す（Hildyard & Wolfe, 2002 ; Trickett & McBride-Chang, 1995）ということが明らかになってきている。アメリカでは，里親に乳児が措置される単独の理由として1位であるのはネグレクトであり，死亡事案の約1/3がネグレクトによる（NCCANI, 2005）。ネグレクトが起きている家の中は，汚れが酷く，不衛生でぐちゃぐちゃになっていることが多々ある。また，環境だけなく，情緒的な問題も多い。例えば，乳児を長時間放置したり，子どもが何をしているのかに注意を払わなかったり，乳児の世話を他人などに任せきりにしてしまったりで，乳児が養育者との間で築くべき関係を築けない状態が続くことも少なくない。さらに，子どもが病気になっても病院へ連れて行かないこともある。子どもにとって何が危ないのかについての認識も低いために，実際に結果として子どもに危険が迫ること，子どもが危険に陥ることが起こる。

　DV にさらされることについては，その場で子どもへの直接的な虐待が行われていることもあるので，直接，間接の両面から考える必要があるだろう。子どもは自分が安心を求めて頼りにしている母親が眼前で殴り倒されるのを目撃する。母親は自分自身を守ることに無力であり，それは同時に子どもを守ることにおいても無力であることも示唆する。そのような DV を目撃している子どもたちは，大変複雑で混乱した感情状態に陥るだけではなく，社会認知的な発達上の困難さにも直面しやすくなる。例えば，問題のある対処方法や問題解決方略を身につけたり，あるいは，家族間での関係や仲間との関係を悪化させる対人関係のパターンを発達させたりする（Cummings & Cummings, 1988）。さらに，DV 被害を受けている母親は，そのストレスや怒りからであったり，場面に怯えた泣きやまない子どもを止めさせようとしたりで，子どもを虐待する場合が少なくない（Graham-Bermann, 2002）。いずれにせよ，家の中は無秩序状態で混沌としている。パートナーからの暴力が頻発する状態では，母親は子どもの要求に応えるどころではなく，子どもは怯えたままの状態で過ごさなけ

ればならない。そして、場合によっては、母親は酷い怪我を負ったり、自身の生命に関わる状態に追い込まれたりするので、そのような状態では、子どものケアどころではなく、子どもはネグレクト状態に陥る。

これらの虐待以外には、性的虐待と心理的虐待がある。性的虐待とは子どもの性器をさわったり、性行動に導いたり、ポルノグラフィの被写体にするなどさまざまだが、乳児期においても性的虐待は起きているという事実がある一方、それが表面に出にくいという現実もある。幼児が性化した行動を見せることがあるが、それが激しいとき、もっと幼いときから性的虐待を受けてきたことが推測されうる (Howe, 2005)。また、心理的虐待については、乳児期に特にダメージが大きいものは愛情を遮断すること、情緒的な交流をしないというものだろう。これらも、当然、わけのわからない怯えさせられる経験を乳児に与えることに変わりはない。

虐待やネグレクトは、どれも単独で起きているわけではなく、程度の差こそあれ、複合している場合が多い。そのほとんど全てに心理的虐待が存在することは明らかだろう。そして、乳児はどのタイプでも恐怖や混沌に満ち溢れた中でなんとか生存している。先に述べたように、ヒトにとっては、恐怖にまつわるシステムが最優先で喚起される。ということは、アタッチメントもそれに引き続き喚起され続けるわけである。ところが、虐待やネグレクトが生じている生活環境においては、養育者自身が恐怖を喚起してしまっており、その沈静化に本来機能しなければならない養育者の役割が果たせなくなっている。乳児はどうしようもない状況にいるのである。

3-2 虐待によるアタッチメントの未組織化

虐待が起きている最中で、では乳児はどのようなアタッチメントを発達させていけるのか、あるいは、いけないのだろうか。乳児期のアタッチメントの発達は、ほぼ完全に、養育者の対応の仕方に依存している。養育者が、乳児の様子や信号行動を正しく読み取り、その必要に応じた行動をとれば、アタッチメントは安定的に発達しやすい（なお、アタッチメントの発達についての詳細は、

第3章 子ども虐待とアタッチメント

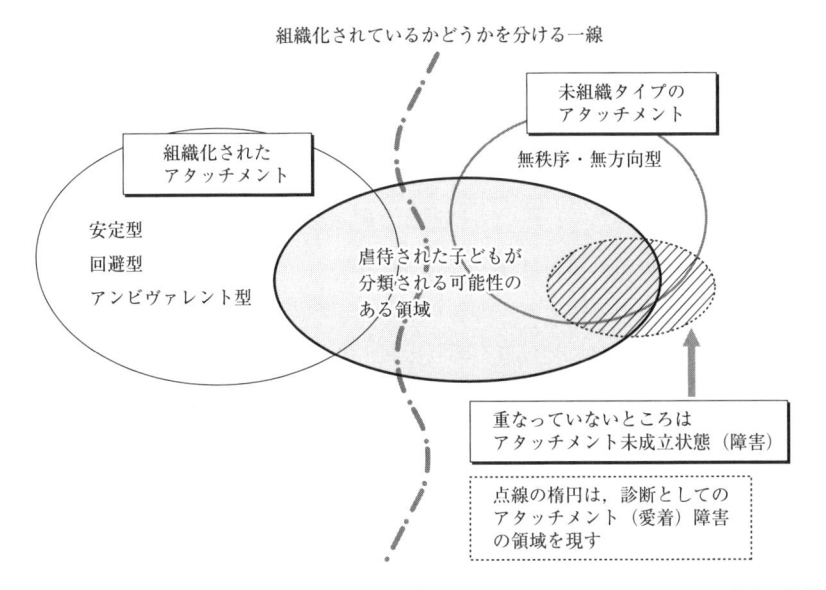

図3-1 組織化されたアタッチメントと未組織状態のアタッチメント，アタッチメント未成立状態

注　未組織状態のアタッチメントの中の一部（無秩序・無方向型の中の斜線部分）と，そもそもアタッチメントが一度も成立したことのない部分（斜線）を合わせた領域（点線内斜線）が，いわゆる，疾病としてのアタッチメント障害と考えられる。

数井・遠藤（2005）を参照されたい）。しかし，それが全く保障されないところでも，子どもは生存をかけてアタッチメントを構築しようとしている。早期の研究では，虐待された乳幼児の約6割強はなんらかの不安定型のアタッチメントに分類されたが（e.g. Egeland & Sroufe, 1981；Schneider-Rosen & Cicchetti, 1984；Crittenden, 1985），以下で説明していく無秩序・無方向型と呼ばれるアタッチメントの分類法が案出されてからは，被虐待児の9割近くがこの型に分類されている（e.g. Lyons-Ruth et al., 1987；Crittenden, 1988；Carlson et al., 1989）。

3-2-1　無秩序・無方向型のアタッチメント
（disorganized/disoriented attachment）

　無秩序・無方向型のアタッチメントとは，恐れや不安の感情調節の機能不全や認知機能の歪曲を内包しているアタッチメントであり，文字通り，アタッチ

メントにまつわる多様な要素が組織化されずに混乱している状態といえる。無秩序・無方向型アタッチメントの成り立ち，理論的背景，諸研究については第1章に詳しく説明してあるが，その成り立ちの1つの道筋に虐待やDVがある。虐待する養育者はその本人自身が子どもにとって脅威や不安の源となるため，その養育者に対して，子どもは近接と回避という二重拘束的な状況に追い込まれる。DVが起きているところでは，その目撃をするだけでも，自分のニーズや感情を表出することの抑制が子どもに課されてしまう。子どもは，生存するための世話などを受けるために近接しなければいけない状況にある一方，その養育者を回避しないと何が起こるかわからない状況にさらされ続ける。本来なら，保護を与え，安心・安全の源となるべき養育者自身が，生存を脅かす存在になるという矛盾に満ちた関係に，子どもは閉じ込められている。

　被虐待児とアタッチメントについては，Crittenden（1985）が当初から注目し，回避－アンビヴァレント（以下，A/C）型を提唱した。この新たな分類方法については，Ainsworthが同席し，共に決定に至っている。この分類の特徴は，虐待された乳児が，養育者に近接と接触を強く求めるという一見すると安定型のような行動を見せる一方で，回避行動や抵抗行動もしばしば見せるという矛盾する行動をとることである。

　このような一見組織化されずに，混乱しているアタッチメントは，安定型のアタッチメントや組織化されている回避型やアンビヴァレント型に比べて，子どもの成長の予後に不良な影響を与えるという報告が多く存在する（e.g. Easterbrooks et al., 1993; Wartner et al., 1994）。しかし，Crittenden（1997）はこのA/C型は，危険な状況において，子どもがどうにかこうにか生存を確保するためのアタッチメントのタイプで，かつ，長期的には自分の家族を持つ（子孫を持つ）方向で機能しうるタイプであると述べている[1]。つまり，安定型の行動パターンの特徴である，微笑んで近づいたり，親を安全基地として使っ

（1）例えば，若年妊娠など，必ずしも社会的には受け入れられないことで，一種の問題行動と考えられる行為も含まれるが，遺伝子を残すという究極的な進化的観点からは，その確率を上げるという点で意味のある行為などを含む。

たりすることは，虐待環境では生存を保障するとは限らないためだと述べている。養育者の様子を観察して，乳幼児は養育者へ近づいたり，養育者を回避したり，あるいは，世話をしつこく要求したりする。これらの直感的に乳児がとった行動は，一貫性がないようにしか見えない。しかし，この A/C 型は虐待環境に適応したパターンであるという。

近接と回避，抵抗という混在した分類については，Main & Solomon (1990) も詳しくまとめており，無秩序・無方向型 (disorganized/disoriented) と名づけている。なお，無秩序・無方向型は虐待だけによってもたらされるわけではなく，他の要因のものも含んでいる。さらに，両研究者とも，SSP における近接，接触，回避，抵抗という混在した行動と同時に，奇怪な行動も見せると報告しており，それは例えば，頭を床に打ち付ける，ボートをこぐようにして這う，突然凍りつくように止まる，独特の繰り返し行動をする，養育者を恐れるなどであるという。

3-2-2　アタッチメント（愛着）障害（attachment disorder）

アタッチメント障害といわれる診断については，2005年11月に，アメリカ児童青年精神医学会から診断や治療に関する指針が発表された（American Academy of Child and Adolescent Psychiatry: 以下，AACAP, 2005）。以前より，アタッチメント障害の診断や治療については，いろいろと議論が多いところであった（e.g. Mercer, 2006 ; Stafford et al., 2003）。アタッチメント障害について一言で言えば，とてもまれな疾病で，ルーマニアの劣悪な孤児院（第1章1-11参照）においてさえ，重いアタッチメント障害で4割，軽度のものだと3割という比率であることを示し，その診断，介入，治療について，過去に問題のあるものを列挙している。つまり，簡単には見つからない"障害"なのである。英語でいうところの"disorder（疾患）"となったアタッチメント障害と，"disturbance（外的要因で問題となっている状態）"のままである"阻害されたアタッチメント"との間には大きな差があるということを示したといえよう。

ちなみに，ルーマニアのアタッチメント未成立障害（non-attachment）[2]については，Chisholm et al. (Chisholm et al., 1995 ; Chisholm, 1998) や Goldberg

(1997),O'Connor et al.(1999, 2000, 2003)などが,追跡調査を中心として,その後の発達状況を検証している。簡単にまとめると,初期（4か月以内）に養親に引き取られた場合では,実親に育てられている統制群と特に異なるアタッチメントの状態は報告されていないが,その時期を過ぎると,不安定型や無秩序・無方向型が増えたり,安定型でも非定型的な特徴を示すものが多くなるという。そして,いわゆるアタッチメントが特定化されていないように見える,誰に対しても友好的に振舞う無差別的なアタッチメント（アタッチメント未成立障害）を持つ子で,養親に引き取られて数年たった後も,その友好的行動が消えずに残っている場合には,劣悪な孤児院時代（20～30人の赤ん坊に対して保育者が1人で,それが頻繁に変わる）に,質が悪い保育の中,それでも保育者のお気に入りであった赤ん坊である確率が高いらしい（Chisholm, 1998）。つまり,頻繁に入れ替わるどの保育者に対しても友好的に振舞うことによって,少しでもその子どもの世話を増やしたということに寄与したのではないかと考察されている。そのときは生存のために役立った行動なのだが,正式に養親を持った後では,特定の関係を形成することに対して,ネガティブに働いているだけでなく,他者との相互作用でも問題行動となっていた。なお,Chisholm（1998）は,無差別友好的態度と無差別的アタッチメントは,異なるものであると主張している。

　今まで,日本でもわりと頻繁に使われてきた"愛着障害"という言葉は,AACAP（2005）の指針とは異なり,拡大され,さまざまな関係性の問題や障害までをも包括的に取り入れた疾病概念として存在しているようである。また,どのような文脈でその言葉が使用されるのかでも,明確な共通理解がほとんどないと言っても過言ではないだろう。例えば,不適切な養育が疑われる子ども

（2）英語では non-attachment と呼び,直訳すれば「アタッチメント無し」とでも言うのであろうが,その真意は,一度も特定の誰ともアタッチメントを形成したことがない,あるいは,無秩序・無方向型のアタッチメントさえも形成したことがない,ということである。つまり,われわれ（数井・遠藤,2005）は,その真意を汲み,"アタッチメント未成立障害"という訳をあてた。

が通う保育所や幼稚園，学校という教育現場での"愛着障害"という言葉の使われ方や，施設入所児に対する使われ方など，そこに温度差はかなり存在するように見受けられる。また，それは医療現場においてもそうである現実を，青木・松本（2006）が指摘している。

日本で簡単に"愛着障害"と呼んでいる行動パターンは，実は「安全基地行動の歪曲」（secure base distortion）の程度差によるところが大きいだろう（e.g. Zeanah & Boris, 2000 ; Zeanah et al., 2000）。これは，特定のアタッチメント対象は存在するものの，その関係が不健康なものである。われわれの研究でも，5つの行動特徴が検出されている（数井他, 2005）。0～5歳の保育園児約1,600名に対して，保育者による評定から得られた結果である。その特徴とは，①仲間との相互作用に入らないなどの情緒的な引きこもりや内閉的な状態を示すこと，②親に対してとても警戒し過剰に言うことに従うこと，③保育所に来る見知らぬ人に対して擦り寄っていくなどの無差別的な友好態度を見せること，④怪我が絶えないなど安全基地を顧みずに探索し危険な行動を取ること，⑤親が物理的にいないことによって子どもが安心していること（0～2歳児に当てはまる），⑤養育者の不機嫌を恐れるかのように従順で迎合的であること（3～5歳児に当てはまる）の5つの要素である（①～④は0～5歳に共通）。これらは，疾病としての"愛着障害"というよりも，関係性や環境の問題に起因して，子どもがアタッチメントを健全に持っていないことを示しているだろう。そのため，主たる養育者以外による保護的かかわりを増加させたり，子どもの持つ発達の力を十分伸ばす環境を整えたりすることで，子どもの中の内的表象や現実の行動を多少とも変容させることが可能となる。つまり，disturbance としての問題行動といえるだろう。

3-3　未組織型のアタッチメントの発達

虐待や DV 環境にさらされた子どもたちは，その中でも生き残るために，その養育状況の中で適応したパターンを構築することを学習してきており，どのような奇妙な行動を取ろうとも，それはその関係性に適応せざるを得なかっ

た結果だと考えられる。このような中で育つ過程は，少しでも環境を整合性あるものにしよう，予測できうるものにしよう，という無意識的だが生存の継続がかかった非常に強い動機を子どもにもたらす。そのため，2歳台ではすでに子どもたちは自分でコントロールできる部分はとにかくコントロールしようとし，その統制的な行動の種類は多岐にわたる。つまり，無秩序・無方向型のアタッチメントは，その後統制型のアタッチメントへと，擬似的に"組織化"されていくのである。ただし，未組織型から"統制型の組織化"への移行においては，その内容は悪性の組織化であり，親との関係以外に広がっていく子どもの多くの社会的関係や仲間関係において，否定的な影響を与え続ける要因となる。例えば，里親養育についての研究から，子どもに対して理想的に敏感性が高く，応答的な里親でさえも，安定的な関係を築こうとすると大変困難に陥る事例の背景には，乳児時代に確立された頑固な無秩序・無方向型アタッチメントがあることが報告されている（Stovall & Dozier, 1998）。

　未組織状態のアタッチメントがしつこく残存する理由の1つには，神経生理学的発達との絡みが推測されている。アタッチメント関係は，主に，心理学的な意味合いで重要であると考えられているが，神経生理学的な発達を支える環境を提供する土台として，欠かせない役割を果たす。そのため，養育者による虐待という，繰り返されるトラウマ体験は，本来発達させるべき神経生理学的な調整を阻害し，脳神経系への恒久的な影響を与えることになる（Schuder & Lyons-Ruth, 2004）。虐待は CRF（Corticotropin Releasing Factor）の亢進を引き起こし，それが HPA Axis（視床下部－下垂体－副腎系）や自律神経系の反応性の変化をもたらし，その結果として気分障害や不安障害が発生しやすい基盤を形成する（Nemeroff, 2004）。このことは，乳幼児期のトラウマ体験が，きちんと介入・治療されなければ，非常に長期的な影響として，摂食障害や解離性障害，自己破壊行動などの思春期や成人期の精神病理を引き起こしうるという所見にも一致するものである（van der Kolk, 1996）。また，De Bellis（2001）は，乳幼児期の虐待は，脳全体と脳梁の体積の減少をもたらしていると報告している。特に，脳梁の減少は，PTSDや解離性障害の発症や，PTSDでの回避と過覚醒症状の重症化をうながすのではないかと推察される。つまり，乳児

期の虐待はアタッチメントの崩壊という心理的機能の問題だけではなく，それを支える生物学的な構造や機能まで損傷し，感情や行動の調節不全を引き起こし，関係性の再構築という課題を困難にしている。

以下では，主に虐待やネグレクトによって無秩序・無方向型のアタッチメントになった状態が発達していくプロセスを概観していく。

3-3-1　0～2歳台

この時期は本来，アタッチメントが確立し，安心感を確保すべきときであるが，虐待状況にいる子どものアタッチメントは無秩序・無方向型が9割近くを占めている。このことが示すように，養育者を安全基地として使えないことから派生するさまざまなアタッチメントの問題が存在しているが，それらは養育者との相互作用の中で，組織化されたアタッチメントとは全く異なる，異常な行動として現れる。例えば，Crittenden & DiLalla（1988）は，子どもが"強迫的服従（compulsive compliance）"と呼ばれる特徴を示すことを捉えた。それは，親が出す（であろう）要求に対して過剰に警戒し，すばやく従う子どもの対応である。満1歳に満たない乳児は，親の要求に対して受動的な反応を示すことしかできないが，1歳を過ぎるにつれて，近接を求めるために発するネガティブな信号行動（例，泣きやぐずり）を抑制し，ポジティブな行動（例，素直さ）で反応するようになる。自ら出す近接を求める信号によって，罰せられたり，拒否されたりすることを避けるため，アタッチメント行動を抑制するようになる。これは組織化された回避型と表面的には類似にみえるパターンである。しかし，拒否や無視だけでなくそのときに養育者から暴力が応答として返されたり，逆に世話を受けられなくなるという状況になったりするのが虐待環境である。そのため，養育者を刺激しないように，自らのアタッチメント要求を抑え込んでいる状態である。

また，要求を抑え込むだけではなく，場合によっては積極的に要求を出す状況もある。養育者が自分の都合で，虐待・ネグレクト環境にありながらも，乳児に対する応答をする場合である。そのようなときには，乳児は予測できない養育者の反応によって学習し，少しでも反応を引き出そうとアタッチメント行

表 3-1 未組織型のアタッチメントの発達

養育者の乳児のアタッチメント行動に対する応答	アタッチメント				
	12か月	1, 2歳台	3〜5歳台	学童期	思春期
敏感で適合した応答	安定型	安定型	安定型	安定型	安定自律型
無視した場合	回避型	回避型	回避型	回避型	アタッチメント軽視型
一貫性なく対応した場合	アンビヴァレント型	アンビヴァレント型	アンビヴァレント型	アンビヴァレント/依存型	とらわれ型
アセスメント（分類方法）	SSP	変形SSP	再会場面*	再会場面*	AAIや面接法
怯え・怯えさせる態度が限らない状況であった場合**	無秩序・無方向型 A/C型+	無秩序・無方向型 強迫型+ 威圧型+ A/C型+	統制懲罰型 統制養育型 不安定他型+ 強迫的養育型+ 強迫的服従型+ 攻撃/無能型+ A/C型+	統制懲罰型 統制養育型 不安定他型+ 不安定分類不能+ 強迫的養育型+ 強迫的服従型+ 攻撃/無能型+ 懲罰/誘惑型+ A/C型+	統制懲罰型 統制養育型 不安定他型+ 不安定分類不能+ 強迫的養育型+ 強迫的服従型+ 孤立（自己依頼）/無差別 性的関係型+ 攻撃/無能型+ 懲罰/誘惑型+ 威嚇パラノイア型+ A/C型+

注　ゴチック文字：Crittenden による分類名で、各年齢段階の A/C 型はその欄の Crittenden のゴチックの特徴を多く含む混乱型である。
　　＊ Cassidy & Marvin 方法＝分離・再会を2回。
　＊＊ 虐待に限らない状況を含む。
　　＋ 虐待による分類を含む可能性が特に高いところ。

動を増加させる場合がある。アンビヴァレント型と類似の状況であるが、組織化されたアンビヴァレント型ほど養育は構造化されていない。これら回避型とアンビヴァレント型の行動特徴が混在しているのが、虐待環境での2歳までのアタッチメントについての大まかな特徴である（表3-1参照）。

Crittenden (1985) は、養育者の主たる虐待特徴で、SSPにおける乳児のアタッチメントの分類が異なってくることを報告している。身体的虐待が勝っている場合には、回避型か、強い怒りのアンビヴァレント型（C_1）、あるいは、この両方（A/C_1）の分類になりやすい。また、ネグレクトが中心であると、回避型か、大変消極的な怒りを示すアンビヴァレント型（C_2）、あるいは、この両方（A/C_2）の混合タイプとなるという。

また、1～2歳台にかけては、アタッチメント行動と探索行動とで、年齢に即した感情的なバランスを取れないことがあげられる（e.g. Howe, 2005）。これは、安全基地行動の歪曲として無謀・危険な行動、あるいは、探索の抑制、手に負えないかんしゃく、養育者や仲間、動物などへの攻撃・暴力、怒りに任せた不服従として現出する。また、3歳に近くなる頃には、ごっこ遊びの縮小や歪曲が見られたり、自分の身体に対して関心が向きすぎたり、きょうだい対立、支配者と犠牲者というような対立関係になりやすかったりする状況がみられることもある。

3-3-2　3～5歳台

乳児期では、「アタッチメント」とは特定の関係の質を意味し、行動レベルでの測定が一般的である。しかし、幼児期になると、内的作業モデル（Internal Working Model：以下、IWM）が発達してくる。これは、アタッチメントが目標修正的パートナーシップ（3歳前後から）に入る前後より、アタッチメント対象について、自分について、そして、自分とアタッチメント対象者の関係について、表象を形成することである。そのため、子どもは物理的に眼前にアタッチメント対象者がいなくても、ほとんど無意識レベルで、アタッチメント表象へアクセスし、安心を自らもたらせるようになっていく。しかし、被虐待児では、そのような組織化されたアタッチメントが構築されていないし、

48か月の時点でこの目標修正的パートナーシップに到達していない子どもも多い（Crittenden, 1988）。

無秩序・無方向型に分類された子どものアタッチメントは，2歳台後半〜3，4歳で多くの場合，なんらかの統制型へと再組織化され始める（表3-1参照）。前述したが，これは良性の組織化ではなく，ある意味"裏技的"な悪性の組織化である。この時期では代表的な3タイプが存在している。

①controlling-punitive（統制懲罰型）　攻撃的で命令的な行動を養育者に対して取りやすい。とげとげしい命令，言語的脅し，時折の身体的攻撃も養育者に対して向ける。そして，相互作用では，養育者を辱める言動を行い，攻撃的で暴力的な相互作用を始め，養育者を貶めるという。虐待環境でこのような行動を子どもが取ることは矛盾しているような印象を与えるが，家族の状況で見てみると，母親は虐待をしていないが，父親が虐待的だと，無力な母親に対してこのような場合がありうるという（Moss & St-Laurent, 2001）。また，Crittendenの威圧タイプである攻撃／無能型の一部はここに含まれる。

②controlling-caregiving（統制養育型；強迫的養育型）　支援的かまたは，感情的にポジティブな態度で場面を導いて，自ら構成していく相互作用によって，親の活動や会話のやりとりを方向付ける。親に指図したり，過剰に明るく，上品に，あるいは支援的に振舞ったりすることによって親を誘導する。また，親に対して気遣い，保護的であり，親が子どもにガイダンスを求めるために依存していることもわかる。例えば，子どもは親のようなやり方で遊びに誘う。「ママ，私と遊びたい？　砂の箱で？　……ママ！　ほら，楽しいよ！　やってごらん」。子どもは，極端なほど神経質な明るさを示して，親を再会場面で迎える。はねたり，とんだり，手を打ち鳴らしたりして，親の帰りを喜び，道化師のように振舞って親を元気付けようとしている。子どもは，虐待する養育者の感情が揺れ動くことを察知し，自分を守るために行っている可能性が高い（Solomon et al., 1995）。養育者をポジティブな感情状態におくことは，虐待が誘発されることを避けることにつながる（Crittendenの威圧タイプである攻撃／無能型の一部も，ここに含まれる）。

③insecure-other（不安定他型；強迫的服従型，A/C型）　どのように組織化さ

れた行動も見られず，統制的ですらない群を包括的に示している。あるいは，とにかく抑制的で親に従うのみという態度の場合もある。つまり，一貫して，近接を可能にするような行動がみられないという特徴がある。Cicchetti & Barnett（1991）は，被虐待群とノーマル群を縦断的に追いかけて30か月，36か月，48か月時に比較を行った。なんらかの統制型に分類された子どもは，被虐待群，ノーマル群とも同じくらいの比率（10％前後）であり，差がなかった。しかし，この不安定他型に分類された子は，3回の時期で全て被虐待群に多かった。また，Moss et al.（2004）の追跡型縦断研究でも，被虐待群がこのタイプに多く分類されていた。

Crittenden（1990）は虐待環境にいる子どもについては，0～2歳児同様に，強迫的な服従行動や強迫的な養育行動を取り続けることを説明している。特に，親の要求や要望を事前に読み取り，親を喜ばせるために集中した努力をし，全てにおいて親が望む方向で正しく振舞うという特徴が顕著になる。そして，親の怒りに過敏に反応する。さらに，単に親の怒りや何らかの暴力が炸裂する環境よりももっと複雑で多様な問題を含む場合には，A/C型となっていくと述べている（Crittenden, 1995）。これは，防衛的な方略（抑圧された欲求，服従的）と威圧的な方略（怒りにとらわれた行動か，一見無能に振舞う行動）の混合で，子どもの態度がこの2つの特徴の間で，極端に入れ変わる混乱状態である。そして，認知面と情動面の統合が欠けているものだという。

就学前期においては，虐待以外で無秩序・無方向型になっていた子どもたちは，環境を少しでも予測可能な方向に持っていこうとして，親をコントロールしたり世話したりする統制型になっていく確率が高い。しかし，虐待状況下にいる場合，子どものアタッチメントは引き続き未組織化の状態にあるだけではなく，何らかの統制型への組織化もうまくなされず，極端なタイプになる傾向にあった（Crittenden, 1995）。

この時期は本来，養育者以外との世界が広がり，仲間関係が充実し，探索行動が盛んになるのだが，被虐待児は，周囲の出来事に対して生き生きとした感情表現に乏しく，否定的な感情を示しがちである（Cicchetti et al., 1990）。自由に遊べる状況でも，喜んだり楽しんだりする様子が少なく，悲しみや怒りを

示したりする。感情は一見抑制されているようでありながら、突然床にひっくりかえって泣き喚くなど、極端なかんしゃくを示すことがある (e.g. Erickson et al., 1989)。対人関係の障害や感情調節ができないことによって、他者から肯定的な反応を得ることも難しくなってしまい、矯正の機会を失うことも少なくないため、精神病理発症への確率を高めてしまう。

3-3-3 学童期

学童期では、Crittenden (1995) が示した強迫的養育型や強迫的服従型は何も介入されなければその特質をますます強固にしていくことになるが、威圧的な態度を見せていた群で個別の特徴が明確になってくる。1つは懲罰的な方向に発達した場合であるが、特徴として復讐にとらわれ、誤った思い込みを中心に、反撃を実行しようとする。もう一方はそれほど好戦的ではないが、弱々しいふりをして誘惑的な方向へと変化し、他者を意図的にだまし、自分の悪意に満ちた計画を受容させるという。

Humber & Moss (2005) は、アタッチメント研究において、学童期初期の目標修正的パートナーシップの質を測定する手法がなかったために、自らSnack-Time Dyadic Coding Scale（おやつ時二者間尺度）を開発した。この尺度は、5～7歳児と親との間（二者間）の関わり方について、一般的な子どもの発達とアタッチメントのタイプに関連する二者間の相互作用のパターンを測定するものである。虐待による統制型だけではないが、統制型に分類された6歳児は、たどたどしい語り口で、かつ、役割不均衡な内容の会話をしていた。

小学校の高学年に近づくにつれて、アタッチメントの問題は、むしろ子ども自身のさまざまな心理的、適応的な問題となって現れてくる。乳児期に無秩序・無方向型に分類された場合に、幼児・学童期において、外向化問題 (e.g. Lyons-Ruth et al., 1997; Shaw et al., 1996) や内向化問題 (Carlson, 1998) が、他の組織化された群よりも起きやすい。また、無秩序・無方向型は、組織化された不安定型（回避型、アンビヴァレント型）よりも、さまざまな問題行動の比率が高いこともわかっている (Lyons-Ruth et al., 1993, 1997; Moss et al., 1996; NICHD Early Child Care Research Network, 2001; Solomon et al., 1995)。

3-3-4 思春期

　思春期に入ると，さまざまな特徴はアタッチメントの特性というよりも，人格的な特性として，根付いたものになっていく(Cicchetti & Toth, 2000 ; Crittenden, 1995)。すでに，精神病理的な領域に入っているタイプが新たに明確化する。それは，強迫的服従型から派生したと考えられる2つのタイプで，1つは，親密性に対する耐性がほとんど存在せず，孤立している強迫的な自己依頼型であり，もう1つは性的行動によって問題を隠す無差別性的関係型である。

　また，威圧型から派生してきたタイプの中に新たに2つのタイプが現出する可能性がある。それらは，とらわれと行動化による威嚇型と，病的な被害妄想を持つパラノイア型である。

　Crittenden (1995) は，学童期や思春期において，不幸な生い立ちが回復するきっかけとなる発達における成熟や転機などを紹介している。例えば，インテリジェンスをあげており，彼女の定義としては情報を使う能力だという。インテリジェンスは成熟に伴ってその機能を変化させる。内省する力がつくことで，パターンの頑固さを再検討したり，他の方略を導入したりする力がつく場合があるという。他には，幸運や気質などがあり，そして，それらの偶然の重なりが回復を導くことがある。しかし，多くの被虐待児にはこのようなきっかけはなかなか自然には訪れず，その結果，精神的な病気の発症にとつながってしまうのである。

3-4　まとめ

　本章では，虐待環境におけるアタッチメントの発達を中心にその概要を述べてきた。ここで大きく省かれているのは，虐待の世代間連鎖についての観点と虐待が起きている家族の生活環境や家族関係などの要因である。これらは密接に虐待の生起や種類，そして，その強さと関わっている。興味のある読者はぜひ，以下の文献に目を通すことをお勧めする (e.g. Adam et al., 1995 ; Chisholm, 1998, 2000 ; Crittenden, 1988 ; Howe, 2005 ; Moss et al., 2004 ; Egeland et al., 2005)。

これらは，アタッチメント研究者により，また，アタッチメントの観点を臨床や社会福祉に取り入れた視点により，書かれた内容である。その中でも特に，Egeland らの本は，20年以上にわたって追跡調査した結果の集大成であり，多くの被験者はハイリスク家庭であった。

　個人的にもっとも印象深かったケースを1つ紹介して，本章を終わりにしたい。Chisholm が追跡して研究しているデータの中の事例である。彼女の研究では，4か月以前に養子になるかどうかが，その後のアタッチメントが実親群と実証的に相違なく育つ重要なポイントであった（Chisholm, 1998）。しかし，個別のケースを見ていくと，子どもが育つ環境で重要な要素がいろいろと明確に見えてくる。3歳を過ぎたルーマニアの孤児を養子としてもらった2家族を見たところ，感受性豊かなかかわりを養親が養子に対して行うことはアタッチメントの観点からは非常に重要であるが，それだけでは，養親－養子の親子関係の全体像は捉えきれないと報告している（Chisholm, 2000）。うまくいったケースでは，片親家庭（母のみ）であるにもかかわらず，彼女が十分なサポートネットワークを持っており，彼女の支援者，祖母，親しい友人なども養子の成長に興味を持ち，実際にさまざまなかかわりを持ってくれていることがわかった。うまくいかなかった事例では，2人のきょうだいがいる父母そろった核家族であったが，社会経済的な要因やきょうだいの成長時期の課題など，その家族にストレスが大きく，養子に対する心豊かなかかわりが持てずにいた。ほとんど，アタッチメント障害のような状態であった養子たちだが，どのような養親家庭で生活を送るのかで，その後の問題行動が消えたり，あるいは，増幅したりした例である。

　アタッチメントの形成は，養育環境に適応して発達する。不幸な子ども時代を過ごしたにもかかわらず，なんとか不健全なアタッチメントを築かずに成長した人は，成長の段階にいつも，同一人物ではなくとも，その子を見守り，保護する大人が養育者以外に存在していることがわかった（Roisman et al., 2002）。アタッチメントの機能は「保護」であり，その結果，安心感という心理が育つのである。そこを保障する家庭以外の別のルートが確保されることで，虐待された子どもたちにチャンスを与えられないだろうかと切に願うのである。

第3章 引用文献

Adam, K.S., Sheldon-Keller, A. E., & West, M. (1995) Attachment organization and vulnerability to loss, separation, and abuse in disturbed adolescents. In S. Goldberg, R. Muir & J. Kerr (Eds.), *Attachment theory: Social, developmental, and clinical perspectives* (pp. 309-341). Hillsdale, NJ: Analytic Press.

American Academy of Child and Adolescent Psychiatry (AACAP) (2005) Practice parameter for the assessment and treatment of children and adolescents with reactive attachment disorder of infancy and early childhood. *Journal of American Academy of Child and Adolescent Psychiatry*, **44**, 1206-1219.

青木　豊・松本英夫（2006）愛着研究・理論に基礎付けられた乳幼児虐待に対するアプローチについて　児童青年精神医学とその近接領域, **47**, 1-14.

Bowlby, J. (1969/1982) *Attachment and loss, Vol. 1: Attachment.* New York: Basic Books.[黒田実郎・大羽　蓁・岡田洋子・黒田聖一（訳）（1991）新版　母子関係の理論　Ⅰ：愛着行動　岩崎学術出版社]

Carlson, E. A. (1998) A prospective longitudinal study of attachment disorganization/disorientation. *Child Development*, **69**, 1107-1128.

Carlson, V., Barnett, D., & Braunwald, K. (1989) Disorganized/disoriented relationships in maltreated children. *Developmetal psychology*, **25**, 525-531.

Chisholm, K. (1998) A three year follow-up of attachment and indiscriminate friendliness in children adopted from Romanian orphanages. *Child Development*, **69**, 1092-1106.

Chisholm, K. (2000) Attachment in children adopted from Romanian orphanages: Tow case studies. In P.M. Crittenden & A.H. Caussen (Eds.), *The organization of attachment relationships* (pp. 171-189). New York: Cambridge University Press.

Chisholm, K., Carter, M. C., Ames, E. W., & Morrison, S. J. (1995) Attachment security and indiscriminately friendly behavior in children adopted from Romanian orphanages. *Development and Psychopathology*, **7**, 283-294.

Cicchetti, D., & Barnett, D. (1991) Attachment organization in maltreated preschoolers, *Development and Psychopathology*, **3**, 397-411.

Cicchetti, D., & Toth, S. L. (2000) Child maltreatment and attachment organization. In S. Goldberg, R. Muir & J. Kerr (Eds.), *Attachment theory: Social, developmental, and clinical perspectives* (pp. 279-308). Hillsdale, NJ: Analytic Press.

Cicchetti, D., Cummings, M., Greenberg, M., & Marvin, R. (1990) An organizational perspective on attachment beyond infancy: Implications for theory, measurement, and research. In M.T. Greenberg, D.Cicchetti & E.M. Cummings (Eds.), *Attachment in the preschool years* (pp. 3-49). Chicago: University of Chicago Press.

Crittenden, P.M. (1985) Maltreated infants: Vulnerability and resilience. *Journal of Child Psychology and Psychiatry and Allied Disciplines*, **26**, 85-96.

Crittenden, P.M. (1988) Relationships at risk. In J. Belsky & T. Nezworski (Eds.), *Clinical implications of attachment* (pp. 136-174). Hillsdale, NJ: Erlbaum,

Crittenden, P.M. (1990) Internal representational models of attachment relationships. *Infant Mental Health Journal*, **11**, 259-277.

Crittenden, P.M. (1995) Attachment and psychopathology. In S. Goldberg, R. Muir & J. Kerr (Eds.), *Attachment theory: Social, developmental, and clinical perspectives* (pp. 367-406). Hillsdale, NJ: Analytic Press.

Crittenden, P.M. (1997) Patterns of attachment and sexual behavior: Risk of dysfunction versus opportunity for creative integration. In L. Atkinson & K.J. Zucker (Eds.), *Attachment and psychopathology* (pp. 47-93). New York: Guilford Press.

Crittenden, P.M., & DiLalla, D. (1988) Compulsive compliance: The development and inhibitory coping strategy in infancy. *Journal of Abnormal Child Psychology*, **16**, 585-599.

Cummings, E.M., & Cummings, J.L. (1988) A process-oriented approach to children's coping with adults' angry behavior. *Developmental Review*, **8**, 296-321.

De Bellis, M.D. (2001) Developmental traumatology: The psychobiological development of maltreated children and its implications for research, treatment, and policy. *Development and Psychopathology*, **13**, 539-564.

Easterbrooks, M.A., Davidson, C.E., & Chazan, R. (1993) Psychosocial risk, attachment, and behavior problems among school-aged children. *Development and Psychopathology*, **5**, 389-402.

Egeland, B., & Sroufe, L.A. (1981) Attachment and early maltreatment. *Child Development*, **52**, 44-52.

Egeland, B., Carlson, E.A., Collins, W.A., & Sroufe, L.A. (2005) *The Development of the person: The Minnesota study of risk And adaptation from birth to adulthood.* New York: Guilford Press.

Erickson, M.F., Egeland, B., & Pianta, R. (1989) The effects of maltreatment on the development of young children. In D. Cicchetti & V. Carlson (Eds.), *Child maltreatment: Theory and research on the causes and consequences of child abuse and neglect* (pp. 647-684). Cambridge, NY: Cambridge University Press.

Goldberg, S. (1997) Attachment and childhood behavior problems in normal, at-risk, and clinical samples. In J. Belsky & T. Nezworski (Eds.), *Clinical implications of attachment* (pp. 171-195). Hillsdale, NJ: Erlbaum.

Graham-Bermann, S. (2002) Child abuse in the context of domestic violence. In J. Myers, L. Berliner, J. Briere, C.T. Hendrix, J. Carole & T, Reid (Eds.), *The APSAC handbook on maltreatment, 2nd ed.* (pp. 119-129). Thousand Oaks, CA: Sage.

Hildyard, K., & Wolfe, D. (2002) Child neglect: Developmental issues and outcomes. *Child Abuse and Neglect*, **29**, 679-695.

Howe, D. (2005) *Child abuse and neglect: Attachment, development, and intervention.* New York: Palgrave MacMillan.

Humber, N., & Moss, E. (2005) The Relationship of Preschool and Early School Age Attachment to Mother-Child Interaction. *American Journal of Orthopsychiatry.* **75**(1), 128-141.

数井みゆき・遠藤利彦（編著）（2005）アタッチメント：生涯にわたる絆　ミネルヴァ書房

数井みゆき・森田展彰・中島聡美・松村多美恵・後藤宗理・佐藤みよ子・遠藤利彦（2005）心的外傷経験が行動と情動に与える影響について：乳児院群と家庭群の比較　平成14年度～平成16年度科学研究費補助金・基盤研究(C)(1)研究成果報告書（課題番号：14510120）

厚生労働省（2005）平成16年度社会福祉行政業務報告の概要（福祉行政報告例），http://www.mhlw.go.jp/toukei/saikin/hw/gyousei/03/kekka8.html

Lyons-Ruth, K., Alpern, L., & Repacholi, B. (1993) Disorganized infant attachment classification and maternal psychosocial problems as predictors of hostile-aggressive behavior in the preschool classroom. *Child Development*, **64**, 572-585.

Lyons-Ruth, K., Easterbrooks, A., & Cibelli, C. (1997) Infant attachment strategies, infant mental lag, and maternal depressive symptoms: Predictors of internalizaing and externalizing problems at age 7. *Developmental Psychology*, **33**, 681-692.

Lyons-Ruth, K., Connell, D., Zoll, D., & Stahl, J. (1987) Infants at social risk: Relationships among infant maltreatment, maternal behavior, and infant attachment behavior. *Developmental Psychology*, **23**, 223-232.

Main, M., & Solomon, J. (1990) Procedures for identifying infants as disorganized/disoriented during the Ainsworth strange situation. In M.T. Greenberg, D. Cicchetti & E.M. Cummings, (Eds.), *Attachment in the preschool years* (pp. 121-160). Chicago: University of Chicago Press.

Mercer, J. (2006). *Understanding attachment.* Westport, CT: Praeger.

Moss, E., & St-Laurent, D. (2001) Attachment at school age and academic performance. *Developmental Psychology,* **37**, 863-874.

Moss, E., Cyr, C., & Dubois-Comtois, K. (2004) Attachment at early school age and developmental risk: Examining family contexts and behavior problems of controlling-caregiving, controlling-punitive, and behaviorally disorganized children. *Developmental Psychology,* **40**, 519-532.

Moss, E., Parent, S., Gosselin, C., Rousseau, D., & St-Laurent, D. (1996) Attachment and teacher-reported behavior problems during the preschool and early school-age period. *Development and Psychopathology,* **8**, 511-525.

National Clearinghouse on Child Abuse and Neglect Information (2005) Child Maltreatment 2003. http://www.acf.hhs.gov/programs/cb/pubs/cm03/cm2003.pdf. Feb.24, 2006.

Nemeroff, C.B. (2004) Neurobiological consequences of childhood trauma. *Journal of Clinical Psychiatry,* **65** Suppl 1, 18-28.

NICHD Early Child Care Research Network (2001) Nonmaternal care and family factors in early development: An overview of the NICHD Study of Early Child Care. *Journal of Applied Developmental Psychology,* **22**, 457-492.

O'Connor, T., & the ERA study team (1999) Attachment disturbances and disorders in children exposed to early deprivation. *Infant Mental Health Journal,* **20**, 10-29.

O'Connor, T., Rutter, M., & the ERA study team (2000) Attachment behavior disorder behavior following early severe deprivation: Extension and longitudinal follow-up. *Journal of the American Academy of Child Adolescent Psychiatry,* **39**, 703-712.

O'Connor, T., Marvin, R., Rutter, M., Olrick, J., Britner, P., & the ERA study team (2003) Child-parent attachment following early institutional deprivation. *Development and Psychopathology,* **15**, 19-38.

奥山眞紀子（2005）Shaken baby syndrome　坂井聖二・奥山眞紀子・井上登生（編著）子ども虐待の臨床：医学的診断と対応（pp. 99-105）南山堂

Roisman, G.I., Padrón, E., Sroufe, L.A., & Egeland, B. (2002) Earned-secure attachment status in retrospect and prospect. *Child Development,* **73**(4), 1204-1219.

坂井聖二・奥山眞紀子・井上登生（編著）（2005）子ども虐待の臨床：医学的診断と対応　南山堂

Schneider-Rosen, K., & Cicchetti, D. (1984) The relationship between affect and cognition in maltreated infants: Quality of attachment and the development of visual self-recognition. *Child Development*, **55**, 648-658.

Schuder, M. R., & Lyons-Ruth, K. (2004) "Hidden trauma" in infancy: Attachment, fearful arousal, and early dysfunction of the stress response system. In J. D. Osofsky (Ed.), *Young children and trauma: Intervention and treatment* (pp. 69-104). New York: Guilford Press.

Shaw, D.S., Owens, E.B., Vondra, J.I., Keenan, K., & Winslow, E.B. (1996) Early risk factors and pathways in the development of early disruptive behavior problems. *Development and Psychopathology*, **8**, 679-699.

Solomon, J., George, C., & De Jong, A. (1995) Children classified as controlling at age six: Evidence of disorganized representational strategies and aggression at home and at school. *Development and Psychopathology*, **7**, 447-463.

Stafford, B., Zeanah, C.H., & Scheeringa, M.S. (2003) Exploring Psychopathology in early childhood: PTSD and Attachment disorders in DC: 0-3 and DSM-IV. *Infant Mental Health Journal*, **24**, 398-409.

Stovall, K.C., & Dozier, M. (1998) Infants in foster care: An attachment perspective. *Adoption Quarterly*, **2**, 55-87.

Trickett, P., & McBride-Chang, C. (1995) The developmental impact of different forms of child abuse and neglect. *Developmental Review*, **15**, 311-337.

van der Kolk, B.A. (1996) The complexity of adaptation to trauma:self-regulation, stimulus discriminaltion, and characterological development. In B.A. van der Kolk, A.C. McFarlane & L. Weisaeth (Eds.), *Traumatic stress* (pp. 182-213). New York: Guilford Press.

Wartner, U.G., Grossmann, K., Fremmer-Bombik, E., & Suess, G. (1994) Attachment patterns at age six in south Germany: Predictability from infancy and implications for preschool behavior. *Child Development*, **65**, 1014-1027.

Zeanah, C.H., & Boris, N.W. (2000) Disturbances and disorders of attachment in early childhood. In C.H. Zeanah (Ed), *Handbook of infant mental health, 2nd ed* (pp. 353-368). New York: Guilford Press.

Zeanah, C.H., Boris, N.W., & Lieberman, A.F. (2000) Attachment disorders of infancy. In A.J. Sameroff, M. Lewis & S.M. Miller (Eds.), *Handbook of developmental psychopathology, 2nd ed.* (pp. 293-307). New York: Kluwer Academic/ Plenum Publishers.

第4章 精神病理とアタッチメントとの関連

北川　恵

　アタッチメント理論の提唱者である Bowlby は，精神科医としての臨床経験や家庭のない子どもについての研究を通して，子どもにとっての発達早期に特定の対象（母性的養育者）と絆を形成することの重要性を実感した。マターナル・デプリベーション（母性剥奪: maternal deprivation）についての研究は，アタッチメント関係が得られなかった場合，子どもに多大な精神的苦痛を引き起こし全生涯に深刻な影響を及ぼすことを明らかにするものであった。またアタッチメント関係が不安定な場合も，さまざまな不適応につながると考えた。発達早期のアタッチメントの質が，後の人格や精神病理に影響するメカニズムを説明するために，内的作業モデル（internal working model）仮説を提唱し，否定的な自他表象に基づいて歪んだ情報処理を行う内的作業モデルが，後の精神病理へのリスクを高めると考えた（Bowlby, 1973, 1977）。

　一方，アタッチメントの実証研究は，アタッチメント概念の測定法とともに進展してきた。乳児のアタッチメント行動に注目するストレンジ・シチュエーション法（Strange Situation Procedure: 以下，SSP）が開発された当初は，アタッチメントの典型的発達過程についての実証研究が発達心理学の領域で進展した。その後，成人のアタッチメントを，アタッチメントをめぐる語り方の特徴に注目して測るアダルト・アタッチメント・インタビュー（Adult Attachment Interview: 以下，AAI）が開発されたことで，臨床心理学領域からの注目が増し，精神病理をアタッチメントの枠組みで捉える研究が活性化した。一方，AAI は実施に多大な人的・時間的コストがかかるため，質問紙を用い

て成人のアタッチメントを測定する工夫がなされ，これと精神病理との関連についての量的研究が進展した。

　AAIと質問紙とでは，アタッチメント概念について測定している側面の違いが指摘されている（Hesse [1999]，遠藤 [1992]，久保 [2002] もこれらの違いを論じている）。質問紙では，あくまで成人となった現在の重要な対象との関係性が評価の対象であり，AAIのように成育史を対象としていない。また，AAIでは成育史を語る際の，語り手本人にも意識し得ない情報処理過程が評価されるが，質問紙はあくまで本人の自己評定が結果となる。そのため，質問紙の結果は，例えば，うつの時には悲観的に物事を捉えやすいなど，特定の精神病理が自己報告内容に影響し，それが測定されている可能性も否めない。こうした測定法の違いをふまえながら，これら両測度による研究成果を重ねて考察することで，病理についての理解が進むだろう。

　本章では，まず，AAIを用いた研究の流れと質問紙を用いた研究の流れを概観したうえで，特定の精神病理とアタッチメントの関連についての実証研究を紹介する。成人の精神病理とアタッチメントの関連については，前書である『アタッチメント：生涯にわたる絆』の第10章で主にAAIを用いた研究の概観を行った（北川，2005）。本章では，精神病理としてうつと人格障害に注目し，より詳細に検討する。また，病理にかかわるアタッチメントが形成されるリスク要因として，機能不全家族，特にアルコール症の親とその子どもに注目する（虐待・DVについては第3章を参照されたい）。

4-1　アタッチメントをめぐる心の状態と精神病理——AAIによる研究

4-1-1　防衛的な情報処理方略

　乳児が，SSPで示すアタッチメント行動パターンのメカニズムは次のように説明されている。応答的な養育者との関係を経験した子どもは，苦痛を率直に訴え，養育者との関係を通して安心感を得るアタッチメント行動（B安定型）を示す。ところが，養育者の応答に一貫性がないと，苦痛は最大限に訴え

られ,養育者が慰めても安心感を得にくい葛藤的なアタッチメント行動が形成され(Cアンビヴァレント型),あるいは,養育者が拒絶的な場合,関係を求めて傷つくことを避け,苦痛を訴えないアタッチメント行動(A回避型)が形成される。一方,養育者との間で恐怖に満ちた経験をすると,圧倒的な恐怖のあまり,本来両立しえないような行動の表出や凍り固まったような状態に陥る,無秩序で混乱したアタッチメント行動(D無秩序・無方向型)となる(Main & Solomon, 1990)。すなわち,Cアンビヴァレント型やA回避型は,B安定型ではないものの,苦痛を扱う方略が防衛的に組織化されているのに対して,D無秩序・無方向型は秩序だった防衛方略さえ築けない未組織タイプで,病理との関連が最も注目されている。

　Main et al. (1985) は,乳児のSSPにおける行動の組織化と,成人のアタッチメントに関する言語,思考,記憶の組織化のパターンの間には並行関係が存在すると仮定した。そこで,アタッチメント来歴を問う半構造化された面接手続きを通して,成人のアタッチメントに関する心の状態を測定するAAIを開発した。AAIでは,内容や内容の一貫性,面接に対する構えなどから,SSP各タイプに対応する型に分類される。アタッチメントに関する情報に自由に接近し,一貫して語ることができるF安定自律型,アタッチメントにかかわる情緒にとらわれ,善悪の評価を揺れ動くEとらわれ型,アタッチメントに関する情報に接近せず,アタッチメントの価値を軽視するDsアタッチメント軽視型,喪失や虐待といった心的外傷(トラウマ)経験を解決できておらず,混乱した語り方を示すU未解決型(Ainsworth & Eichberg, 1991)である(順に,乳児のB安定型,Cアンビヴァレント型,A回避型,D無秩序・無方向型との対応が仮定されている)。なお,4分類でD無秩序・無方向型やU未解決型とみなされる場合でも,混乱した行動や語りを示す場面以外の全般的な特徴(根底にあるアタッチメント方略)に基づいて,組織化された3型にも分類される。例えば,U/E (未解決のとらわれ型)といった分類がなされ,この場合,4分類ではU未解決型,3分類ではEとらわれ型とみなされる。

　Dozier et al. (1999) は,AAIによる研究を概観しながら,不安定なアタッチメント経験に基づく防衛的な情報処理方略(内的作業モデル)が,特定の精

神病理に関連すると説明している。アタッチメント欲求の表現を最大化する方略（AAIのEとらわれ型）は，苦悩や養育者の有効性の問題にとらわれた注意を向けるため，不安や苦痛そのものを症状とするような内向性次元の障害（不安障害や境界性人格障害）と関連しやすい。アタッチメント欲求の表現を最小化する方略（AAIのDsアタッチメント軽視型）は，苦悩や養育者の有効性についての問題から防衛的に注意をそらすため，自分自身の感情にあまり接近せず，不安や苦痛といった自己内部の問題を行動上の問題として現す外向性次元の障害（反社会性人格障害や摂食障害）と関連しやすい。また，虐待などの心的外傷を経験し，それが未解決なU未解決型は，解離性障害や境界性人格障害と関連しやすいと述べられている。実証研究の結果，境界性人格障害のように，AAIのEとらわれ型やU未解決型との対応が比較的明確な病理もあれば，うつのように，その種類や他の病理の併発状況などによって，AAIとの対応が必ずしも明確でない病理もあることが報告されている。

4-1-2 臨床群と非臨床群の比較

特定の病理とAAIの分類型との対応は必ずしも明確でないが，一貫していえるのは，臨床群におけるF安定自律型の少なさとU未解決型の多さである。Fonagy et al. (1996) が，精神病ではない精神科入院患者82名と対照群85名のAAIを比較したところ，対照群ではF安定自律型50名，Eとらわれ型12名，Dsアタッチメント軽視型17名，U未解決型6名であったのに対し，患者群ではF安定自律型9名，Eとらわれ型6名，Dsアタッチメント軽視型5名，U未解決型62名であり，患者群はF安定自律型が少なくU未解決型が多かった。Patrick et al. (1994) の成人女性患者（境界性人格障害，気分変調性障害）サンプルでF安定自律型は24名中2名であった。Rosenstein & Horowitz (1996) の精神科入院中の青年60名のサンプルでもF安定自律型が少なかった（3分類；F安定自律型3％，Eとらわれ型50％，Dsアタッチメント軽視型47％。4分類；F安定自律型2％，Eとらわれ型42％，Dsアタッチメント軽視型38％，U未解決型18％）。女子大学生サンプルにおいても同様の結果が示されている。Cole-Detke & Kobak (1996) は，女子大学生に質問紙でうつ，摂食障害の自覚症状

を問い，いずれか，あるいは両方の症状がある群は76％がAAI不安定，症状がない群は62％がAAI安定であった（Qソートによる分類）と報告している。

ちなみに，Rosenstein & Horowitz (1996) のサンプルでは，精神科入院中の青年とその母親のアタッチメント（AAI）の一致率が高く，青年の精神病理を発達的に形成されるモデル（個人が育つ環境下で適応を求めて構築したパターンが病理につながるという考え方）で捉える妥当性が支持されている（他に，精神病理の発達形成モデルについては，Carlson [1998] が乳児期のSSPを含む縦断研究で支持している）。

4-2 現在のアタッチメント対象との関係と精神病理
　　　——質問紙による研究

主に社会心理学における成人アタッチメント研究では，AAIではなく質問紙を用いた研究が活発である。成人が現在のアタッチメント対象（親友，恋人，配偶者など）に示す態度は，乳児が母親に示すアタッチメント行動パターンと対応して捉えうるとの仮説のもと，アタッチメントの個人差を測定する質問紙が開発され，精神病理との関連についても検討されている。以下に，質問紙による研究を概観するが，アタッチメントの各型は，質問紙に由来することを明示するため，質問紙 Questionnaire の頭文字のQをつけて表記する。

4-2-1　個人差の測定法

①タイプ論的アプローチ　まず，Hazan & Shaver (1987) は，乳児のSSPに対応させて成人の対人態度を記述し，Q安定型，Q回避型，Qアンビヴァレント型から1つを選択させるアタッチメント・スタイル質問紙（Attachment Style Questionnaires）を作成した。後に，この記述を多項目質問紙に再編する試みがなされた（託摩・戸田 [1988] など）。

ついで，Bartholomew (1990) は，内的作業モデルは自己についての表象モデルと他者についての表象モデルを中核として形成されるというBowlbyの仮定に基づいて，自己についてのモデルが肯定的か否定的か，他者についてのモ

デルが肯定的か否定的かの組み合わせで4つのアタッチメント・スタイルを定義した (the Relationship Questionnaire : RQ)。これは, Hazan & Shaver (1987) の3タイプから, Q回避型を次の2種類に識別する結果となった。つまり, Q対人恐怖的回避型(fearful avoidant ; 自己モデル, 他者モデルともに否定的)とQ拒絶回避型(dismissing avoidant ; 自己モデルは肯定的, 他者モデルは否定的)である。どちらも他者モデルが否定的であること, つまり, 親密な関係を回避しようとすることは同じであるが, 自己モデルが肯定的なQ拒絶回避型は, 反依存的で, 自分が他者以上に価値があるという認識を維持するために回避的であるのに対し, 自己モデルも否定的なQ対人恐怖回避型は, 依存したい気持ちが高いものの拒絶されるのが怖いために回避的であるという違いがある。ちなみに, 他者モデルが肯定的な場合, 自己モデルも肯定的なものはQ安定型, 自己モデルが否定的なものはQとらわれ型(Hazan & Shaver[1987]のQアンビヴァレント型に対応)となる。

Brennan et al. (1991) は, 上記の3カテゴリー・モデルにも4カテゴリー・モデルにも共通する二次元構造（回避 avoidant と不安 anxiety）を見出した。二次元構造があるということにより, 単純な「良／悪」という一次元だけでアタッチメント・スタイルを分類できないと述べている。これらの測度に基づいた各アタッチメント・カテゴリーと特定の病理との関連についての研究がなされている。

　②多次元論的アプローチ　種々の精神病理とアタッチメントとの関連を捉えるにあたり, アタッチメントの不安定さの様相をより詳細に測定する目的で, Bowlbyの記述に立ち返った質問紙が作成された。

Pilkonis (1988) によるアタッチメント・プロトタイプ (Attachment Prototype) は, うつにかかわる人格のプロトタイプ（原型）を抽出する試みから作成された。Bowlbyは, 不安定なアタッチメントの特徴のうち, 強迫的自立 (compulsive self reliance) と不安な近接 (anxious attached) のいずれもがうつになりやすいと述べている。そこで, このような特徴にあてはまる臨床記述を収集し, 臨床家の評定に基づいてクラスター分析し, 5つの原型を抽出した。過度の自立・回避 (autonomy) 次元（強迫様特徴 obsessive-compulsive feature, 防衛的別離 defensive separation, 対人共感欠如 lack of interpersonal sensitivity の

3原型）と，過度の依存・不安（dependency）次元（過剰依存 excessive dependency，境界性様特徴 borderline feature の2原型）とが得られた。後に，名称の修正や原型の追加がなされた。特に，抽出された原型はいずれも不安定なアタッチメントの特徴についてのものであったが，これらの得点の低さが，必ずしも安定した関係性を捉えていないことがわかったため，安定アタッチメント（secure attachment）原型が後に追加された（Meyer et al., 2001）。

West & Sheldon（1988）が作成した相互的アタッチメント質問紙（Reciprocal Attachment Questionnaire : RAQ）も，不安定を詳細に記述するため Bowlby の記述に立ち返り，4つの不安定な特徴を項目化した。さらに，4つの特徴のうち，強迫的世話提供（compulsive care giving）と強迫的世話探求（compulsive care seeking）との相関が高く，強迫的自立（compulsive self reliance）と怒りによる引きこもり（angry withdrawal）との相関が高いことから，West et al.（1994）は，不安定アタッチメントは他者と接近してとらわれたパターンから，他者と距離を置くパターンへの連続線上にあるとした。

Feeney et al.（1994）によるアタッチメント・スタイル質問紙（the Attachment Style Questionnaire : ASQ）は，不安定型を詳細に盛り込むことと，若青年や恋愛経験のない者にも適用できる目的で尺度が作成された。ここで抽出された尺度も，依存・不安なあり方と，自立・回避的なあり方とに分類することが可能であり，前者には，賞賛欲求（need for approval），関係へのとらわれ（preoccupation with relationships）という次元が，後者には，近接への不快（discomfort with closeness），関係性を二の次にすること（relationship as secondary）という次元が含まれた（Strodl & Noller, 2003）。

Brennan et al.（1998）は，既存の自己報告型成人アタッチメント質問紙の項目を因子分析し，回避と不安の2つの下位尺度を抽出し，これら2尺度の高低の組み合わせで4タイプを抽出する質問紙（the Experience in Close Relationships ; ECR）を作成している。

4-2-2 不安定さの次元と精神病理

以上より，タイプ論的アプローチ尺度も多次元論的アプローチ尺度も，自

立・回避(すなわち他者モデルが否定的)と依存・不安(自己モデルが否定的)の2次元に収束して捉え得ることが明らかになった。

これらの質問紙を用いた研究を概観し,Blatt & Levy (2003) は,2つの異なる基本的な人格構造(configuration)との対応で精神病理を捉え得ると主張している。つまり,依存・不安次元が優勢な,関係性(relatedness)人格構造は,依存性の病理(依存性うつ,ヒステリー,依存性人格障害,境界性人格障害)と関連する。自立・回避次元が優勢な,自己確立(self-definition)人格構造は,取り入れ(introjective)の病理(自己批判うつ,強迫性人格障害,回避性人格障害)と関連する。

なお,Bartholomew の4カテゴリー・モデルのQ対人恐怖的回避型は,自他モデルともに否定的(回避も不安も高い)であり,最も不安定な型として病理との関連が注目されている(e.g. Brennan et al., 1991)。

4-3 うつとアタッチメント

4-3-1 AAIとうつ

①うつの種類や併発の影響 Fonagy et al. (1996) は,精神病ではない精神科入院患者82名にAAIを施行したところ,うつ患者(82名中72名が該当,他の病理併発者含む)には,他の病理と比較して有意差のある分布ではないが,3分類でEとらわれ型が57%,4分類でU未解決型が72%と多かったと報告している。なお,うつの種類(双極性障害21名,気分変調性障害21名,大うつ病性障害30名)によってAAIの結果に明確な違いが認められた。双極性障害にはDsアタッチメント軽視型が多く,大うつ病性障害は他のうつよりF安定自律型が多かった。大うつはエピソード的な性質のため,人格の問題との関わりが低いことが考察された。一方,双極性障害者のそう的な語り方がアタッチメントの価値を侮蔑する特徴となり,Dsアタッチメント軽視型に多く分類された可能性も考えられ,症状を呈していない時を含めた縦断的な研究が必要と述べている。

うつの特定の種類を扱った研究として,Patrick et al. (1994) は気分変調性

障害の女性患者12名（境界性人格障害併発者は除外）に AAI を行った。その結果，3分類では Ds アタッチメント軽視型が50％と多く，4分類ではU未解決型は12名中2名（U未解決型には，被虐待経験が未解決な場合と対象喪失経験が未解決の場合とがあるが，この2名はいずれも喪失経験の未解決であった）であり，気分変調性障害と外傷経験未解決との関連は低いことが示された。特に，アタッチメント対象喪失経験者は12名中5名，被虐待経験も12名中5名であったことをふまえると，そうした経験を心的に解決できている者の多さ（U未解決型の少なさ）が特徴的であった。

　青年を対象とした研究として，Rosenstein & Horowitz (1996) は，精神科入院の青年60名のサンプルで，感情障害（大うつ，気分変調，失調感情障害）と行為障害を比較している。これらの診断基準を満たした者のアタッチメント分類は，感情障害のみの群（32名）にEとらわれ型が多く（69％），行為障害のみの群（7名）に Ds アタッチメント軽視型が多く（86％），併発群（12名）には Ds アタッチメント軽視型が多かった（75％）。また，感情障害には，行為障害の併発の有無にかかわらず，U未解決型が多い（感情障害のみ19％，併発42％，行為障害のみ0％）結果であった。

　うつとU未解決型の関係について，Patrick et al. (1994) では少ないと報告され，Rosenstein & Horowitz (1996) では多いと報告され，矛盾している。これについては両研究でのサンプルの違いを考慮する必要がありそうだ。Rosenstein & Horowitz (1996) のサンプルは青年であるのに対して，Patrick et al. (1994) のサンプルは成人で，かつ，16歳までに両親との死別や長期別離を経験した者は除外されている。つまり，Patrick et al. (1994) のサンプルには，もともとU未解決型へのハイリスクが少ないのと同時に，成人にいたるまでの間に外傷経験を解決できた可能性がある。また，Patrick et al. (1994) のサンプルは境界性人格障害を除外しているのに対し，Rosenstein & Horowitz (1996) のサンプルでは，人格障害患者はすべて感情障害を併発していたことから，うつ群に多くの人格障害併発が含まれており，人格障害の影響でU未解決型が多かった可能性が考えられる。Fonagy et al. (1996) のサンプルのうつ患者も人格障害の併発が多く，U未解決型が多い結果であった。

非臨床群を対象とした研究もある。Cole-Detke & Kobak（1996）は，女子大学生734名を対象に，質問紙でうつと摂食障害の基準を満たすものを抽出し，AAI（Qソート評定に基づく分類）を比較した。その結果，摂食障害のみの群（12名）にDsアタッチメント軽視型が多く（67％），うつは摂食障害の併発の有無にかかわらずEとらわれ型が多かった（うつのみ群14名で43％，併発群19名で53％）。

　これらの研究結果から，うつは他の病理を併発することの多さが大きな特徴といえる。併発者をコントロールした結果，Patrick et al.（1994）ではうつとDsアタッチメント軽視型，Rosenstein & Horowitz（1996）やCole-Detke & Kobak（1996）ではうつとEとらわれ型の関連が示された。これらの結果は矛盾するようだが，Patrick et al.（1994）では内向性次元の障害（アタッチメント欲求の表現を最大化する方略と関連）である境界性人格障害を除外し，Rosenstein & Horowitz（1996）やCole-Detke & Kobak（1996）では外向性次元の障害（アタッチメント欲求の表現を最小化する方略と関連）である行為障害や摂食障害を除外している影響が考えられる。こうした併発の影響や，Fonagy et al.（1996）によって指摘されたうつの種類を考慮しながら検討することで，うつとアタッチメントの関連がより明確になるだろう。

　②獲得安定自律型　AAIの安定自律型には，応答的で愛情にみちた親との経験を一貫して語ることができる「継続安定自律型」だけでなく，非応答的な親との経験であるにもかかわらず，バランスのとれた視点で統合して語ることができる「獲得安定自律型」がある。

　Pearson et al.（1994）は，うつや養育行動にかかわるのは，過去の困難な経験そのものなのか，それを統合できているか否かなのかという問題意識にたち，中流階級の成人対象に，AAIの継続安定自律型，獲得安定自律型，不安定型とで，うつと養育行動を比較した。その結果，獲得安定自律型は，うつは不安定型と同じくらい高いが，養育行動は継続安定自律型と同じく効果的なものであった。つまり，過去の苦痛なアタッチメント経験を報告する成人は，たとえ統合して語れる心の状態であっても抑うつ的である一方，統合できていれば，うつであっても，効果的に子どもを養育できることが示された。

さらに，Roisman et al. (2002) は23年にわたる精力的な縦断研究により，獲得安定自律型を次の2通りに定義した。研究参加者は乳児期にSSP，成人期にAAIでアタッチメントを評価されている。まず成人期のAAIのみに基づいて，子ども時代の非応答的な親との経験内容を，整合一貫性高く語った者を「回顧的定義の獲得安定自律型」（Pearson et al. [1994] による獲得安定自律型に相当する）とした。一方，乳児期のSSPによる結果も参照し，乳児期のSSPによるアタッチメントが不安定型でありながら，成人期にはAAIによるアタッチメントが安定自律型であった者を「予測的定義の獲得安定自律型」とした。予測的定義の獲得安定自律型は，まさに過去の不遇なアタッチメント経験を修正的に乗り越えた者であり，現在，親密な関係を良好にもち，うつの訴えも低かった。注目すべきは回顧的定義の獲得安定自律型であり，彼らは，乳児期のアタッチメント型とは無関連であり，むしろ幼少期と思春期に母親からの支持的で構造的な良質の養育行動を受けていたことがわかった。一方，彼らは幼少期から一貫して抑うつが高く，彼らが幼い時の母親の抑うつも高いことがわかった。従って，AAIによって否定的な経験が多く語られるのは，彼らが抑うつであるために否定的な認知バイアスが働いている可能性が示唆された。抑うつ的であり，過去の思い出も否定的な内容が想起されやすいのに，それらを整合一貫性高く語れる彼らは，現在の親密な関係性も良好であり，AAIがアタッチメントに関する心の状態を，記憶の内容ではなく，語り方の整合一貫性によって評価することの妥当性が支持された。Pearson et al. (1994) の結果も踏まえて推測すると，一般的に養育者のうつは子どもとのアタッチメント関係の深刻なリスク要因であるが，回顧的定義の獲得自律型の親は，たとえ，うつを呈していてもアタッチメントに関する心の状態が安定しているため，それが子どもとの関係での保護要因となっていることが考えられた。

後に，Roisman et al. (2006) は，大学生100人を対象として，実験的に気分誘導した上でAAIを行った。その結果，AAI安定自律型（語り方に整合一貫性がある）においては，悲しい気分に誘導すると獲得安定自律型（語りの内容は不幸な経験）に，幸せな気分に誘導すると継続安定自律型（語りの内容は幸福な経験）に分類されやすいこと，気分誘導効果はAAIの安定自律型か不安定型

かの分類には影響しなかったことを確認している。

4-3-2 成人アタッチメント質問紙とうつ

質問紙を用いた研究は，Beck（1983）や Blatt（1974）が捉えたうつの2タイプに基づいてアタッチメントとの関連を検討したものが多い。

①**うつになりやすい人格特性** Beck（1983）は，個人の人格特性と重大な環境ストレッサーの相互作用でうつが発症すると述べている。他者に依存的な関係志向の人格は重要な他者の喪失や社会的に受け入れられないことによる傷つきをうけやすく，また，独立性が高く目標達成志向の人格は役割期待に添えない経験にさらされやすいと考え，それぞれに特徴的な「社会的依存（social dependency）うつ」と「自立性（autonomous）うつ」という2つの対極的な下位タイプを定義した。これらのうつとかかわる態度尺度（Dysfunctional Attitude Scale: DAS）が作成され（他者からの承認を求める態度 DAS-AO [Approval by Others]，課題への評価を求める態度 DAS-PE [Performance Evaluation]），後に尺度は SAS（Sociotropy-Autonomy Scale）と改定された（Goldberg et al., 1989; Ouimette et al., 1994）。

また，Blatt（1974）も，対象関係発達不全の程度に応じて，うつには同様の2種類，すなわち「依存的（anaclitic）うつ」（無力感や弱々しさ，見捨てられる恐怖，満たしてもらうことの切望）と，「取り入れ（introjective）うつ」（自罰的，批判的超自我，劣等感，期待に添えない心配）とがあると述べた。これらを測る尺度（Depressive Experience Questionnaire: DEQ）が作成された（依存的うつ DEQ-D [Dependency]，自己批判的うつ DEQ-SC [Self-Criticism]）（Ouimette et al., 1994）。

Murphy & Bates（1997）によると，Beck が定義した社会的依存（sociotoropy）と Blatt が定義した依存（dependency）は，どちらも対人問題に注意が向き，対人関係の傷つきやすさを抱えるという特性であり，同質といえる。しかし，Beck の自立（autonomy）と Blatt の自己批判（self-criticism）は異質さを含む。すなわち，どちらも課題の達成に注意が向いていることでは同じだが，Blatt の定義は，自己批判的，完璧主義，自罰的であり，否定的な

自己概念を伴うが，Beck の定義は，独立，自己信頼，他者回避であり，必ずしも否定的な自己認識を伴わない。Beck と Blatt の両者が指摘した特徴の両方を下位尺度に含めた尺度として PSI（Personal Style Inventory）がある（Murphy & Bates, 1997）。

②うつの2タイプと成人アタッチメント質問紙　Murphy & Bates（1997）は，大学生を対象に，アタッチメント，うつ，うつになりやすい人格との関連を検討した。アタッチメントは，Bartholomew の 4 カテゴリー，ならびに，不安と回避の二次元への位置づけで捉えた。うつになりやすい人格特性は，PSI 改定版で測定した。うつは，BDI（Beck Depression Inventory）の得点を算出し，上位・下位でうつ群・非うつ群を抽出した。その結果，うつとアタッチメントとの関連については，うつ群にはQ対人恐怖的回避型が最も多く，Qとらわれ型も多いことから，否定的な自己モデル（高不安）との関連が認められた。Q安定型は非うつ群に多く，Q拒絶回避型はうつと関連がなかった。うつになりやすい人格とアタッチメントとの関連については，総じて，依存うつがQとらわれ型と，自立・自己批判うつがQ対人恐怖的回避型と関連していた。一方，自立・自己批判的うつはQとらわれ型やQ拒絶回避型とも正の相関，Q安定型とも負の相関があったことから，うつになりやすい人格特性の両極（依存 vs. 自立・自己批判）は，アタッチメントの2次元（不安 vs. 回避）と単純な対応関係にはないこと，特に自立・自己批判うつはアタッチメントの全般的な不安定さとかかわる特性であることが示された。また，自立・自己批判うつ人格特性の下位尺度に注目すると，自己制御欲求（need for control）や他者からの防衛的別離（defensive separation from others）の下位尺度よりも，完璧主義・自己批判（perfectionism and self criticism）の下位尺度がうつの最たる指標であった。以上より，うつは否定的な自己モデルと関連すること，その中で，他者へのとらわれにかかわる依存うつと，自己批判を中核とし全般的なアタッチメント不安定とかかわる自立・自己批判うつがあることが示された。

　臨床群のうつを扱った研究として，Strodl & Noller（2003）は，Feeney et al.（1994）によるアタッチメント・スタイル質問紙（ASQ）との関連を検討し，うつが否定的な自己モデル（依存・不安次元の下位尺度である賞賛欲求，関係へ

のとらわれ)と関連することを認めた。一方,自立・回避次元の下位尺度(関係性を二の次にすること)もうつと関連したことから,うつ患者には,Beckが識別した2種類のうつが含まれていると考察している。

4-3-3 うつについての考察

以上,AAIを用いた研究と質問紙を用いた研究とを紹介した。

DSM-Ⅳによると(Kaplan et al., 1994 [1996]),気分障害の原因となる要因は,生物学的要因,遺伝的要因,心理社会的要因であり,3つの分野がそれぞれ相互に作用しあっている(例えば,心理的要因と遺伝的要因により,神経伝達物質の量といった生理的要因が影響をうけるなど)。心理社会的要因にも,生活上の出来事からくるストレスや病前性格などといった要因が複数関与している。こうしたダイナミズムのなかで,アタッチメントがリスク要因あるいは保護要因として,どのように・どの程度影響するかを検証する視点が重要であろう。

質問紙を用いた研究から,否定的な自己表象とうつとの関連が認められた。とりわけ,BeckやBlattが指摘したうつの下位タイプのうち,他者依存的なうつは,不安や他者への依存が高まっている状態とかかわるものであり,AAI研究におけるEとらわれ型の多さ,つまり,アタッチメント欲求の表現を最大化する心の状態とうつが関連していた結果と合致する。一方,質問紙研究における自立・自己批判的なうつについてはアタッチメントとの関連がまだ明確でない。むしろ,こちらのタイプのうつ,つまり,几帳面で神経質,真面目な人がうつになりやすいというのが世間のステレオタイプ的・常識的な認識であろう。自分に厳しい自己評価をする人のうつ症状が,AAIではどのような心の状態を呈するのかは今後の検討課題である。

AAI研究からは,アタッチメント対象喪失経験がうつに多く認められ,アタッチメント対象との分離や喪失がうつを招くとのBowlby(1973)の記述を裏付ける結果であった。一方,Patrick et al.(1994)の気分変調性障害患者では,喪失経験を心的に解決できていた者が境界性人格障害患者より多いことや,Pearson et al.(1994)の獲得安定自律型が,現在うつ症状を示しながらも効果的な育児をしているという知見は興味深い。重大なストレス状況にあっても,

心的に解決できていたり，防衛的方略を用いずにアタッチメント情報を処理できる心の状態を維持できたりする力が，うつとの関連で認められた。大野（2000）は，うつには，環境の変化などで強いストレスを感じたときに精神的な態勢を立て直すための適応的な意味合いがあると述べている。Holmes（1993）によれば，Bowlbyは，ネガティブ感情を処理する能力（対象との離別や喪失の苦痛を感じて，それを処理する能力）が精神的健康の中心的指標であり，内的作業モデルの防衛的排除は，苦痛の感情の情動処理の機会欠如につながるとみなしている。例えば近年，産後うつが深刻な問題になっているが，生活の急変というストレス下で，育児の負担を，消耗しきるほどに抱え込んでいる母親の姿が想像される。当人は不全感に悩みながらも，実際には効果的な育児ができている可能性があることを，獲得安定自律型の知見が示唆してくれている。こうした知見を育児支援の場に有効に橋渡ししていくことも今後の課題である。

4-4 人格障害とアタッチメント

4-4-1 AAIと人格障害

　AAIを用いた研究では，特に境界性人格障害について注目すべき結果が得られている。

　Patrick et al.（1994）は，境界性人格障害の成人女性患者12名（DSM-Ⅲ-Rの基準7/8を満たし，気分変調性障害ではない）に親子関係の質問紙（the Parental Bonding Instrument: PBI）とAAIを行った。PBIでは，母親による世話に関する得点は低いのに過保護は高いと報告され，情緒的には慰めを提供しないのに要求が厳しく侵入的な母親像が示唆された。AAIでは，F安定自律型が皆無であり，U未解決型が12名中9名であった。3分類では全員Eとらわれ型であり，しかも心的外傷への恐怖に満ちたとらわれを特徴とする下位タイプE3（正常サンプルでは極めて稀にしか分類されない）に12名中10名が分類された。アタッチメント対象喪失経験は3名，被虐待経験は6名にあり，これらの経験率は気分変調性障害と変わらなかった。ところが，これらを経験した者すべて

がU未解決型(未解決の心的状態)であり,気分変調性障害患者は外傷的な経験をしていてもU未解決型でない者が多かった結果と対比的であった。なぜ境界性人格障害患者は外傷経験を処理できないのかが問いかけられた。

　Fonagy et al. (1996) の,精神病でない精神科入院成人患者サンプルで,境界性人格障害の該当者は36名であった(重複併発者含む)。AAIの結果は,3分類でEとらわれ型が75％,4分類でU未解決型が89％と多数を占めた。AAIを通して子ども時代の親との経験を評価すると,愛情が低く,ネグレクトが高いという結果であった。また,Fonagy et al. が独自に開発した評定尺度である「内省的自己 (the Reflective-Self Function: RSF)」(心的状態を理解できる能力,これらを一貫して熟慮できる準備性)が低かった。特に,被虐待経験者でRSFが低いと(29名が該当),境界性人格障害(29名中28名,97％の確率)のリスクが高いことが示された。RSFの低さは,境界性人格障害が気分変調性障害と比べて外傷経験を処理できていないという Patrick et al. (1994) の結果を説明するのに,示唆的な要因といえる。

　Rosenstein & Horowitz (1996) は人格障害全般と AAI との関連について報告している。精神科入院中の青年60名を対象に,まず,MCMI (the Millon Clinical Multiaxial Inventory: DSM-Ⅲ-Rの人格障害に対応する人格特性についての自己評定質問紙。臨床レベルを満たすとみなす基準点がある)で人格障害特性を測った。その結果,自己愛性人格と反社会性人格にはEとらわれ型よりDsアタッチメント軽視型が多く,回避性人格にはDsアタッチメント軽視型よりEとらわれ型が多かった。MCMIの回避性人格とは,不安が高く,他者に強く関心を示しながらも,批判や拒絶を恐れて対人相互作用から引きこもる特性をさすため,Eとらわれ型と関連したのだろうと考察している。次に,DSM-Ⅲ-Rの基準に基づく臨床面接を行った結果,60名中24名(40％)に人格障害の診断がついた。他の人格障害はそれぞれ1～2名程度のため分析ができなかったが,境界性人格障害は14名おり,男性より女性に多く,Dsアタッチメント軽視型よりEとらわれ型が多かった。

　Rosenstein & Horowitz (1996) は,Patrick et al. (1994) と比べて明確な結果がでていないことについて次のように考察している。まず,Patrick et al.

(1994)のサンプルは境界性人格障害の基準が厳密(気分変調性障害の基準をみたさず,DSM-Ⅲ-Rの境界性人格障害基準の7/8以上)であるのに対し,Rosenstein & Horowitz (1996)のサンプルでは,DSM-Ⅲ-Rのマニュアルどおり基準の5/8以上で診断該当としたこと,すべて感情障害を併発しており,多くが行為障害(Dsとの関連が仮定される)を併発していたことから,Patrick et al.のサンプルほど純粋な境界性人格障害の特徴を抽出し得なかったということである。他にも,男性境界性人格障害の多くが調査への参加を拒否したというサンプリングの問題や,DSM-Ⅲ-RとMCMIとでは境界性人格障害の診断基準が調整されていないため,MCMIで抽出した境界性人格障害にAAIとの明確な関連が認められなかったことが考察された。

4-4-2 成人アタッチメント質問紙と人格障害

①回避 vs.不安特性と人格障害　先述した通り,成人アタッチメントの尺度は,回避と不安の次元に収束して捉えることができ,これらの次元と人格障害との関連が検討されている。

　Meyer et al.(2001)は,臨床群対象(感情障害,不安障害,薬物使用など)に,DSM-Ⅲ-Rに基づく診断面接で人格障害を診断した。アタッチメント・プロトタイプにおける依存・不安次元と依存性人格障害・境界性人格障害とが,自立・回避次元と反社会性人格障害・強迫性人格障害とが高い正の相関を示したこと,安定アタッチメント原型はすべての人格障害と有意な負の相関を示したことを報告している。

　West et al. (1994)による相互的アタッチメント質問紙(RAQ)を用いた一連の研究からは次のことが明らかになった。

　まず,アタッチメントの回避 vs.不安の両極に対応したのはシゾイド人格障害 vs.依存性人格障害であった。West et al. (1994)は,臨床群(精神科外来患者110名)と非臨床群(136名)をあわせたサンプルで,MCMI基準点を満たしたシゾイド人格障害はRAQの回避次元(強迫的自立)が高く,依存性人格障害はRAQの不安次元(強迫的世話探求)が高い結果を得た。また,West & Sheldon-Keller (1994)は臨床群サンプルで,MCMIによってシゾイド人格障

害・回避性人格障害ではない依存性人格障害群を抽出したところ,ほとんどが女性であり,RAQの不安次元である強迫的世話提供の得点の高さが示された。女性の依存は,世話をされることより世話をすることを示唆する結果と考察された。

回避性人格障害(DSM-Ⅲ-Rに基づく診断面接をうけた外来患者)については,アタッチメント関係を求める気持ちもアタッチメント関係を恐れる気持ちも高いことが示された。患者47名(男24,女23)平均29.5歳のうち,既婚者は皆無,アタッチメント対象(原家族以外で,通常は性的関係にあり,6か月以上特別な関係にある対象)も皆無であった。最近の喪失経験もなかったことから,アタッチメント対象不在は,状況のせいよりも,永続的な対人関係パターンの反映と考察された(Sheldon & West, 1990)。

境界性人格障害(臨床サンプル,MCMI)については,RAQのアタッチメント対象喪失の恐れ(feared loss of the attachment figure)指標が,この障害と最も関連の強い特徴であることが示された。また,RAQの不安次元(強迫的世話探求)と回避次元(怒りによる引きこもり)が共に高く,境界性人格障害の臨床的特徴である対人距離の極端な揺れと合致する結果であった。なお,MCMIの他の人格障害では,強迫的世話探求と怒りによる引きこもりが共に高いという連結は示されなかった(West & Sheldon-Keller, 1994)。また,Sack et al. (1996) によっても,境界性人格障害はRAQの不安次元と回避次元とが共に高いことが報告されている。またRAQの不安定なアタッチメントの指標である分離への抵抗(separation protest)は臨床群と非臨床群とを識別する指標であったこと,喪失の恐れ(feared loss)は臨床群から境界性人格障害を識別する指標であったことから,境界性人格障害の根底にはアタッチメント人物を失う恐れがあり,その結果,行動として,不安と回避を揺れ動くアタッチメント・パターンとなることが考察された。

②**アタッチメント・カテゴリーと人格障害** Bartholomewの4カテゴリー・モデルと人格障害との関連を検討した研究もある。

Brennan & Shaver (1998) は,アタッチメントと人格障害との基本構造を比較検討する目的で,大学生1,407名を対象に,質問紙で測定した人格障害(the

Personality Diagnostic Questionnaire-Revised：PDQ-R）とアタッチメント・カテゴリーとの関連を検討した。まず，人格障害は，Q対人恐怖的回避型とQとらわれ型に最も多く，Q安定型には少ないことが明らかになった。個別の人格障害との関連については，Q対人恐怖的回避型とシゾイド人格障害・回避性人格障害との関連，Q拒絶回避型とシゾイド人格障害との関連，Qとらわれ型と依存性人格障害との関連が認められた。また，アタッチメントと人格障害の基本構造については，ほとんどの人格障害（精神病質的な特徴のもの以外）がアタッチメントの二次元空間に配置できることが示された。特に，アタッチメントの不安定さにかかわる軸（Q安定型 vs. Q対人恐怖的回避型）に，回避性人格障害を中心とするおよそ半分の人格障害の有無にかかわる軸が重なった。また，アタッチメントの防衛的情緒にかかわる軸（Q拒絶回避型 vs. Qとらわれ型）に，過度の自立／依存にかかわる人格障害（シゾイド vs. 演技性・依存性人格障害）が重なった。以上より，対人恐怖的回避型が人格障害の問題を最も抱えやすいことが示唆された。Q拒絶回避型 vs. Qとらわれ型の軸に対応する人格障害が認められたことは，Meyer et al.（2001）やWest et al.（1994）と合致する結果であった。一方，境界性人格障害については，特に際立った特徴が示されなかった。

なお，Sack et al.（1996）は，アタッチメント・スタイル（Hazan & Shaver, 1987）を3分類した結果，非臨床群では，Q安定型67％，Q回避型25％，Qアンビヴァレント型8％であったのに対し，境界性人格障害では，Q安定型9％，Q回避型68％，Qアンビヴァレント型23％と，不安定型が多かったことを報告している。

4-4-3 人格障害についての考察

①AAIと質問紙の結果から　アタッチメントと人格障害との関連について，AAIによる防衛的な情報処理方略にかかわる結果と，質問紙による不安と回避の次元にかかわる結果とが，そのまま対応していないことがわかる。例えば，Rosenstein & Horowitz（1996）のAAIを用いた研究で，最小化方略（Dsアタッチメント軽視型）が特徴であった反社会性人格障害と自己愛性人格障害とは，

質問紙を用いた研究で，回避次元と関連せず，むしろ，Brennan & Shaver (1998) で，アタッチメントの基本構造とは関連が低い精神病質的な人格障害に含まれた。AAI で最大化方略（Ｅとらわれ型）が特徴であった回避性人格障害と境界性人格障害とは，質問紙の不安次元と関連せず，むしろ，回避と不安の混在を特徴とした。また，質問紙の回避 vs. 不安次元と関連があったシゾイド人格障害 vs. 依存性人格障害については，AAI では際立った結果が得られていない。AAI はアタッチメントにかかわる情報処理の特徴を，質問紙は情報処理の所産として意識化されたものを測っているのであり，これらの異なる測度によって，明確な関連があった人格障害の種類が異なることは病理を理解するうえで興味深い。質問紙と関連があった人格障害は，アタッチメントにかかわる悩みが自覚的なレベルで表面化しているのであろう。AAI と関連があった人格障害は，アタッチメントにかかわる苦痛な情緒の処理方略にかかわる病理と考えられる。

境界性人格障害については，質問紙によって，臨床像と一致する不安と回避という対人距離の極端な揺れが確認された。このようなスタイルを導く心的メカニズム（内的作業モデル）については，AAI を通して，心的外傷経験が高頻度であることと，それが未解決であるという心の状態が明らかになり，境界性人格障害を外傷性の精神病理として捉える妥当性が示された。

②外傷性の精神病理について　病理形成の背景に未解決の心的外傷が予測できるものとしては，境界性人格障害の他に，解離性同一性障害，ならびに PTSD がある。

解離性同一性障害については，乳児期の SSP によるアタッチメントがＤ無秩序・無方向型である場合（Carlson, 1998），加えて，外傷的な経験をしている場合（Ogawa et al., 1997）に，解離症状が生じやすいことが縦断研究で実証されている。Liotti（2004）は，養育者のＵ未解決型と子どものＤ無秩序・無方向型との高い一致率を，養育者の未解決外傷記憶に関する解離精神状態の世代間伝達であるとして，次のように論じている。Ｕ未解決型の養育者は，子どもからのアタッチメント欲求に応える際に未解決の外傷記憶が浮上する。突如，養育者が示す怒りや恐怖の表情は乳児にとって恐怖を抱かせるものとなる。乳

児にとっては，アタッチメント対象が恐怖の源でありながら，同時にアタッチメント対象への近接欲求も活性化されるため，解決方略を導き出せず，D無秩序・無方向型として表れるような解離反応に陥ってしまい，このようなパターンを発達早期に身につけることで，後の外傷的な経験によって解離症状が形成されやすくなるというメカニズムである。実際，子どもの誕生前後2年に両親が重要な家族の一員を喪失している場合，その子どもは成長後，解離の一症状であるが病的ではない意識変容状態（没頭）を示しやすいことを Hesse & Van IJzendoorn (1998) は報告している。また，West et al. (2001) は，臨床群を対象に，自己報告で測った解離症状が，AAI による U 未解決型や女性に多くみられることを示した。

　一方，臨床的に妥当な尺度で解離症状を測定した研究では，U 未解決型と明確に関連する結果が得られていない。Lyons-Ruth & Block (1996) は，母親の解離症状が養育行動と関連せず（U 未解決型の母親に仮定されている子どもを脅かす養育行動が認められず），むしろ，PTSD 症状の高い母親が，敵意的で侵入的な養育行動であったと報告している。Stovall-McClough & Cloitre (2006) も，子ども時代に虐待を受けた女性を対象に AAI を行い，U 虐待未解決型であることが，解離症状とは特に関連しなかったが，PTSD 症状のとりわけ回避症状と有意に関連したと述べている。解離症状については，年代に応じて解離過程が異なって表現される可能性に留意しながら，解離の定義や測度を慎重に検討していくことが今後の課題と考察された。PTSD については，外傷に関連する情報を意図的に回避していることが，外傷未解決な心的状態を持続させ，長期的な PTSD リスク因となっているという枠組みを提案した。そして，PTSD の回避症状にはエクスポージャーが有効であり，また，PTSD 回避症状よりも非意図的で見当識も損なう解離症状には，より長時間かけて苦痛への耐性を高める介入が有効であろうと述べている。

　Liotti (2004) は，心的外傷の深刻さには，加害者がアタッチメント対象か見知らぬ人かの違いが重要であると指摘し，例えば，ホロコースト生存者には，U 未解決型が多いが PTSD などの外傷性精神病理は必ずしも多くないことから，外傷性精神病理については，乳児期のアタッチメント対象との関係が D 無

秩序・無方向型であることの影響を，縦断的な視点や世代間伝達という視点で検討していくことが必要であると述べている。

4-5　家族機能不全とアタッチメント

　病理にかかわるアタッチメントが形成されるリスクが高い家族機能不全の最たるものは，親から子への虐待や夫婦間の暴力であろう。これについては，本書の第3章でとりあげられているため本章では省略する。親のアルコール症も，深刻な家族機能不全を引き起こす。そこで育った子どもは，成長後特有の生きにくさを抱え，AC（ACOA: Adult Children of Alcoholoics）と称されている。

　Eidenらは，父親のアルコール症が子どものアタッチメントに及ぼす影響について一連の実証研究を行った。父親のアルコール症は，家族の機能（両親の抑うつなど親側の精神病理リスク，結婚不満足などの家庭環境リスク）や親子関係の質（母親，父親の子どもに対する敏感性やいらだち）に影響する。乳児のアタッチメントは家族環境の中で発達するため，アルコールの影響を受けた家族環境がアタッチメントの不安定化に有意な影響を及ぼすということであった（Eiden & Leonard, 1996 ; Eiden et al., 1999 ; Eiden & Leonard, 2000 ; Eiden et al., 2002）。また，父親がアルコール症であると，子どもは内向性次元ならびに外向性次元の問題を起こしやすくなるが，父親がアルコール症であっても，母親と安定したアタッチメント関係をもっていると保護要因となることが示された（Edward et al., 2006）。

　ACOAのアタッチメントを質問紙で測定した研究としては次のようなものがある。

　Brennan et al.（1991）は，大学生840名を対象に，Bartholomewの4カテゴリーと Hazan & Shaver の3カテゴリーとでアタッチメントを測定した。ACOAは，3カテゴリーではQ回避型とQアンビヴァレント型の両方が高く，4カテゴリーではQ対人恐怖的回避型が高い結果であった。

　El-Guebaly et al.（1993）は，ACOA102名とACONA（アルコール症以外の家族機能不全）101名とを比較し，女性のACOAは，アタッチメント（相互的

アタッチメント質問紙：RAQ）の回避次元（怒りによる引きこもり）が高いこと，不安定の指標（分離への抵抗）が高く，安定の指標（アタッチメント人物の利用，アタッチメント人物の有効性についての知覚）が低いことを認めたが，男性には有意差がなく，ACOA に特徴的なアタッチメントに性差が示された。家族機能不全が及ぼす影響の性差については，家族葛藤が行動上の問題に及ぼす影響に，女性においては母親へのアタッチメントが保護要因として作用するものの，男性においては，母親・父親へのアタッチメントが，逆にリスク要因となるといった報告もある（Formoso et al., 2000）。

　親がアルコール症であっても，家族機能が損なわれている程度はさまざまであることに注目した Mothersead et al. (1998) は，親のアルコール症や家族機能不全（親の不仲による別居・失業などの家族史のリスク，過保護・役割逆転などの家族構造の問題）が，アタッチメントを媒介として，対人関係の問題（親密さの問題，過剰統制の問題）に影響するという構造モデルを仮定した。アタッチメントは質問紙（Parental Attachment Questionnaire：PAQ, Inventory of Parent and Peer Attachment：IPPA）で測定した。その結果，両親のアルコール症は，アタッチメントとも対人関係問題とも直接関連がなく，父親のアルコール症と家族機能不全との相関のみがあった。家族機能不全は対人関係と直接的な関連はなく，アタッチメントが媒介することで関連していた。つまり，父親のアルコール症は家族機能不全と共変動し，家族機能不全の程度がアタッチメントに影響し，それが対人関係の問題とかかわるといったモデルが示された。父親のアルコール症が家族機能に影響し，家族機能がアタッチメントに影響するといったモデルは Eiden et al. による一連の研究と一致する結果といえる。Mothersead et al. (1998) は，成人への臨床実践においては，子ども時代に経験した親のアルコール症や家族機能不全といった過去のことは介入できないが，これらがアタッチメントを媒介として，現在の対人関係の問題にかかわるのなら，アタッチメント表象は修正的変容が可能であると述べている。

4-6 おわりに

　Brisch（2002）は，アタッチメントと特定の精神病理との関連については，多くの研究がなされているが，特定のアタッチメントが特定の精神病理につながる明確な知見はないし，むしろそのようなことは生じないだろうと述べている。アタッチメントの安定・不安定は，精神病理症状の発達的形成にかかわる（ストレスに傷つく閾値を高めたり低めたりする）保護要因・リスク要因と考えるのが適切という見解である。ストレスが症状化する際，どのような表現形をとるかということの理解に，内的作業モデルによる苦痛な情報の防衛的処理方略（最大化方略，最小化方略，混乱・未解決），あるいは成人アタッチメントの不安 vs. 回避の二次元という枠組みが一定の有効性をもつことが実証されてきた。一方，病理の発症には，さまざまな要因が関連しており，それらを含めたモデル化が必要である。例えば，病理によっては，遺伝やストレスなどの影響が大きくて，アタッチメントが保護要因もしくはリスク要因として小さな影響しかもたない場合もあれば，逆の場合もあるだろう。

　臨床現場では，何より目の前の現象が先であり，理論は現象を理解する手がかりである。アタッチメント理論の枠組みを応用することで，何がみえやすく，何がみえにくいのかを詳細に検討する事例研究にも今後注目していきたい。

第4章 引用文献

Ainsworth, M.D.S., & Eichberg, C.G. (1991) Effects on infant-mother attachment of mother's unresolved loss of an attachment or other traumatic experience. In C.M. Parkes, J. Stevenson-Hinde & P. Marris (Eds.), *Attachment across the life Cycle* (pp. 160-183). New York: Routledge.

Bartholomew, K. (1990) Avoidance of intimacy: An attachment perspective. *Journal of Social and Personal Relationships*, **7**, 147-178.

Beck, A.T. (1983) Cognitive therapy of depression: New approaches. In P. Clayton & J. Barrett (Eds.), *Treatment of depression: Old and new approaches* (pp. 265-290). New York: Raven Press.

Blatt, S.J. (1974) Levels of object representation in anaclitic and introjective depression. *Psychoanalytic Study of the Child*, **29**, 107-157.

Blatt, S.J., & Levy, K.N. (2003) Attachment theory, psychoanalysis, personality development, and psychopathology. *Psychoanalytic Inquiry*, **23**, 102-150.

Bowlby, J. (1973) *Attachment and loss, Vol.2: Separation.* New York: Basic Books.

Bowlby, J. (1977) The making and breaking of affectional bonds. *British Journal of Psychiatry*, **130**, 201-210.

Brennan, K.A., & Shaver, P.R. (1998) Attachment styles and personality disorders: Their connections to each other and to parental divorce, parental death, and perceptions of parental caregiving. *Journal of Personality*, **66**, 835-878.

Brennan, K.A., Clark, C.L., & Shaver, P.R. (1998) Self-report measurement of adult attachment: An integrative overview. In J.A. Simpson & W.S. Rholes (Eds.), *Attachment theory and close relationships* (pp.46-76). New York: Guilford Press.

Brennan, K.A., Shaver, P.R., & Tobey, A.E. (1991) Attachment styles, gender, and parental problem drinking. *Journal of Social and Personal Relationsips*, **8**, 451-466.

Brisch, K.H. (2002) *Treating Attachment Disorders: From therapy to therapy.* New York: Guilford Press.

Carlson, E.A. (1998) A prospective longitudinal study of attachment disorganization/disorientation. *Child Development*, **69**, 1107-1128.

Cole-Detke, H., & Kobak, R. (1996) Attachment processes in eating disorder and depression. *Journal of Consulting and Clinical Psychology*, **64**, 282-290.

Dozier, M., Stovall, K.C., & Albus, K.E. (1999) Attachment and Psychopathology in Adulthood. In J.Cassidy & P.R. Shaver (Eds.), *Handbook of attachment: Theory, research, and clinical applications* (pp.469-496). New York: Guilford Press.

Edward, E.P., Eiden, R.D., & Leonard, K.E. (2006) Behavior problems in 18- to 36- month-old children of alcoholic fathers: Secure mother-infant attachment as a protective factor. *Development and Psychopathology*, **18**, 395-407.

Eiden, R.D., Chavez, F., & Leonard, K.E. (1999) Parent-infant interactions among families with alcoholic fathers. *Development and Psychopathology*, **11**, 745-762.

Eiden, R.D., & Leonard, K.E. (1996) Parental alcohol use and the mother-infant relationship. *Development and Psychopathology*, **8**, 307-323.

Eiden, R.D., & Leonard, K.E. (2000) Parental alcoholism, parental psychopathology, and aggravation with infants. *Journal of Substance Abuse*, **11**, 17-29.

Eiden, R.D., Edward, E.P., & Leonard, K.E. (2002) Mother-infant and father-infant attachment among alcoholic families. *Development and Psychopathology*, **14**, 253-278.

El-Guebaly, N., West, M., Maticka-Tyndala, N., & Pool, M. (1993) Attachment among adult children of alcoholics. *Addiction*, **88**, 1405-1411.

遠藤利彦（1992）愛着と表象－愛着研究の最近の動向：内的作業モデル概念とそれをめぐる実証的研究の概観　心理学評論，**35**, 201-233.

Feeney, J.A., Noller, P., & Hnrahan, M. (1994) Assessing adult attachment. In M.B. Sperling & W.H. Berman (Eds.), *Attachment in adults: Clinical and developmental perspectives* (pp.128-154). New York: Guilford.

Fonagy, P., Leigh, T., Steele, M., Steele, H., Kennedy, R., Mattoon, G., Target, M., & Gerber, A. (1996) The relation of attachment status, psychiatric classification, and response to psychotherapy. *Journal of Consulting and Clinical Psychology*, **64**, 22-31.

Formoso, D., Gonzales, N.A., & Aiken, L.S. (2000) Family conflict and children's internalizing and externalizing behavior: protective factors. *American Journal of Community Psychology*, **28**, 175-199.

Goldberg, J.O., Segal, Z.V., Vella, D.D., & Shaw, B.F. (1989) Depressive personality: Millon Clinical Multiaxial Inventory profiles of sociotropic and autonomous subtypes. *Journal of Personality Disorders*, **3**, 193-198.

Hazan, C., & Shaver, P.R. (1987) Romantic love conceptualized as an attachment process. *Journal of Personality and Social Psychology*, **52**, 511-524.

Hesse, E. (1999) The adult attachment interview: Historical and current perspectives. In J. Cassidy & P.R. Shaver (Eds.), *Handbook of attachment: Theory, research, and clinical applications* (pp. 395-433). New York: Guilford Press.

Hesse, E., & Van IJzendoorn, M.H. (1998) Parental loss of close family members and propensities towards absorption in offspring. *Developmental Science*, **1**, 299-305.

Holmes, J. (1993) *John Bowlby and attachment theory*. London: Routledge.

Kaplan, H.I., Sadock, B.J., & Grebb, J.A. (1994) *Kaplan and Sadock's synopsis of psychiatry: Behavioral sciences, clinical psychiatry, 7th ed.* Philadelphia: Williams & Wilkins. [井上令一・四宮滋子（監訳）(1996) 臨床精神医学テキスト：DSM-Ⅳ診断基準の臨床への展開　メディカル・サイエンス・インターナショナル]

北川　恵 (2005) アタッチメントと病理・障害　数井みゆき・遠藤利彦（編著）アタッチメント：生涯にわたる絆 (pp. 245-275) ミネルヴァ書房

久保（北川）恵 (2002) 情緒的対人情報処理と内的ワーキングモデル　風間書房

Liotti, G. (2004) Trauma, dissociation, and disorganized attachment: Three strands of a single braid. *Psychotherapy: Theory, Research, Practice, Training*, **41**, 472-486.

Lyons-Ruth, K., & Block, D. (1996) The disturbed caregiving system: Relations among childhood trauma, maternal caregiving, and infant affect and attachment. *Infant Mental Health Journal*, **17**, 257-275.

Main, M., & Solomon, J. (1990) Procedures for identifying infants as disorganized /disoriented during the Ainsworth strange situation. In M.T. Greenberg, D. Cicchetti & M. Cummings (Eds.), *Attachment in the preschool years* (pp. 121-160). Chicago: University of Chicago Press.

Main, M., Kaplan, N., & Cassidy, J. (1985) Security in infancy, childhood and adulthood: A move to the level of representation. In I.Bretherton & E.Waters (Eds.), Growing points of attachment theory and research. *Monographs for the Society for Research in Child Development*, **50** (1-2, Serial No.209), 66-104.

Meyer, B., Pilkonis, P.A., Proietti, J.M., Heape, C.L., & Egan, M. (2001) Attachment styles and personality disorders as predictors of symptom course. *Journal of Personality Disorders*, **15**, 371-389.

Mothersead, P.K., Kivilighan, D.M., & Wynkoop, T.F. (1998) Attachment, family dysfunction, parental alcoholism, and interpersonal distress in late adolescence: a structural model. *Journal of Counseling Psychology*, **45**, 196-203.

Murphy, B., & Bates, G.W. (1997) Adult attachment styles and vulnerability to depression. *Personality and Individual Differences*, **22**, 835-844.

Ogawa, J.R., Sroufe, L.A., Weinfield, N.S., Carlson, E.A., & Egeland, B. (1997)

Development and the fragmented self: Longitudinal study of dissociative symptomatology in a nonclinical sample. *Development and Psychopathology*, **9**, 855-879.

大野 裕 (2000)「うつ」を治す PHP新書

Ouimette, P.C., Klein, D.N., Anderson, R., Riso, L.P., & Lizardi, H. (1994) Relationship of sociotropy/autonomy and dependency/self-criticism to DSM-Ⅲ-R personality disorders. *Journal of Abnormal Psychology*, **103**, 743-749.

Patrick, M., Hobson, R.P., Castle, D., Howard, R., & Maughan, B. (1994) Personality disorder and the mental representation of early social experience. *Development and Psychopathology*, **6**, 375-388.

Pearson, J.A., Cohn, D.A., Cowan, P.A., & Cowan, C.P. (1994) Earned- and continuous-security in adult attachment: Relation to depressive symptomatology and parenting style. *Deveolpment and Psychopathology*, **6**, 359-373.

Pilkonis, P.A. (1988) Personality prototypes among depressives: Themes of dependency and autonomy. *Journal of Personality Disorders*, **2**, 144-152.

Roisman, G.I., Fortuna, K., & Holland, A. (2006) An experimental manipulation of retrospectively defined earned and continuous attachment security. *Child Development*, **77**, 59-71.

Roisman, G.I., Padrón, E., Sroufe, L.A., & Egeland, B. (2002) Earned-secure attachment status in retrospect and prospect. *Child Development*, **73** (4), 1204-1219.

Rosenstein, D.S., & Horowitz, H.A. (1996) Adolescent attachment and psychopathology. *Journal of Consulting and Clinical Psychology*, **64**, 244-253.

Sack, A., Sperling, M.B., Fagen, G., & Foelsch, P. (1996) Attachment style, history, and behavioral contrasts for a borderline and normal sample. *Journal of Personality Disorders*, **10**, 88-102.

Sheldon, A.E., & West, M. (1990) Attachment pathology and low social skills in avoidant personality disorder: An exploratory study. *Canadian Journal of Psychiatry*, **35**, 596-599.

Stovall-McClough, K.C., & Cloitre, M. (2006) Unresolved attachment, PTSD, and dissociation in women with childhood abuse histories. *Journal of Consulting and Clinical Psychology*, **74**, 219-228.

Strodl, E., & Noller, P. (2003) The relationship of adult attachment dimensions to depression and agoraphobia. *Personal Relationships*, **10**, 171-185.

託摩武俊・戸田弘二（1988）愛着理論から見た青年の対人態度：成人版愛着スタイ

ル尺度作成の試み 東京都立大学人文学報, **196**, 1-16.
West, M., & Sheldon, A.E.R. (1988) Classification of pathological attachment patterns in adults. *Journal of Personality Disorders*, **2**, 153-159.
West, M., & Sheldon-Keller, A.E. (1994) *Patterns of relating: An adult attachment perspective.* New York: Guilford Press.
West, M., Rose, S., & Sheldon-Keller, A. (1994) Assessment of patterns of insecure attachment in adults and application to dependent and schizoid personality disorders. *Journal of Personality Disorders*, **8**, 249-256.
West, M., Adam, K., Spreng, S., & Rose, S. (2001) Attachment disorganization and dissociative symptoms in clinically treated adolescents. *Canadian Journal of Psychiatry*, **46**, 627-631.

第5章　アタッチメント理論を応用した治療・介入

中尾達馬・工藤晋平[1]

　今までに，治療・介入においてアタッチメント理論を応用しようとする試みは，数多くなされてきた（Lieberman & Zeanah, 1999）。だが1990年代前半までは，その応用の仕方は研究者によってバラバラであり，知見は集積していくものの，必ずしもそれらの知見が体系立てられていたというわけではなかった（Erickson et al., 1992 ; van IJzendoorn et al., 1995）。そして1990年代後半以降になってようやく，アタッチメント理論を応用した治療・介入について，その知見を整理・統合しようとする試みが行われはじめた（Atkinson & Goldberg, 2004）。
　アタッチメント理論を応用した治療・介入は，対象が個人か関係性か，あるいは治療・介入の前提において重視するアタッチメント理論の概念が何か（例えば，内的作業モデル [internal working model]，安全基地）などの点において多岐にわたっている。そこで本章では，前半においてはアタッチメント理論の臨床的応用を最も直接的に研究できる領域である乳幼児－養育者の関係性（Lieberman, 1991）に焦点を当て，そして後半では安全基地という視点から成人を対象とした様々な心理療法において，アタッチメント理論が実際にどのように取り入れられているのかについて概観していく。

（1）第一著者が前半（5-1）を，第二著者が後半（5-2, 5-3）をそれぞれ担当した。

5-1 乳幼児－養育者へのアタッチメント理論を応用した治療・介入

5-1-1 知見を整理・統合するための枠組み

乳幼児－養育者の関係性に対して，アタッチメント理論を応用した治療・介入を行う目的は，「乳幼児－養育者の健康かつ健全なアタッチメント関係を育むこと」である（Egeland et al., 2000）。この目的を達成するための原理・原則を整理すると図5-1のようになる。

乳幼児のアタッチメントの安定化（secure attachment）にとって最も至近的かつ直接的な影響を及ぼす要因は，養育者の「敏感性（sensitivity）[2]」である（Ainsworth et al., 1978）。そのため，行動レベルの養育者の敏感性に焦点を当てた介入が行われてきた（図5-1の矢印①，表5-1）。例えば，van den Boom（1994）は，社会経済的地位が低いサンプルにおいて，いらだちやすい（irritable）気質を持つ乳幼児とその母親を対象に，子どもが生後6～9か月の間に計3回，対象者の自宅にて介入を行った。具体的には，子どもが示すネガティブあるいはポジティブな手がかり（子どもの悲しみや喜びの反応）に対する母親の敏感性を高めるような介入であった。例えば，母親の子どもへの注意を高めるために，子どもの行動をまねしてみる，子どもの視線が回避されている間は沈黙を保つなどが行われた。その結果，子どもが生後9か月時では，介入群の母親は，統制群の母親に比べて敏感性が高かった。また，生後12か月時では，介入群の方が統制群に比べて安定型の割合が高かった（介入群＝68%，統制群＝28%）。

Anisfeld et al.（1990）は，社会経済的地位の低いサンプルを対象に，新生児のいる母親に対しておんぶひもを提供するという介入を行った。この介入では，母親に敏感性を高めるための方法を直接教えるのではなく，物理的に母子を近接させることで，母親が乳幼児の欲求に気づきやすくするという方法が採用さ

---

(2) Ainsworth et al.（1978）は，敏感性の本質的要素を「子どものシグナルへ気づき，それを正確に解釈し，それらへ適切かつ迅速な反応を行うこと」としている。

第5章　アタッチメント理論を応用した治療・介入

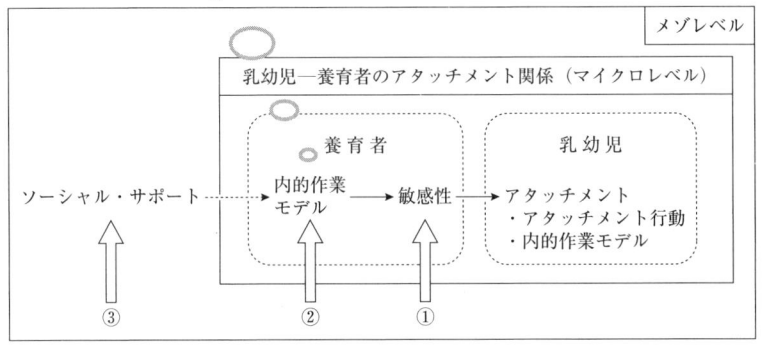

図5-1　乳幼児－養育者におけるアタッチメント理論を応用した治療・介入モデル
Egeland et al. (2000) にもとづき作成。

れた。統制群の安定型は38％であったのに対して，介入群ではその割合が83％と非常に高かった。また，介入群の母親は，統制群の母親に比べてより敏感性が高いと評定されていた。つまり，物理的利用可能性が情緒的利用可能性を導いたと言える。

　アタッチメント理論を治療・介入において応用する場合には，養育者の敏感性だけでなく，「内的作業モデル」に対しても介入を行う（図5-1の矢印②）。この代表例は，アタッチメント理論を応用した治療・介入として広く用いられている Fraiberg et al. (e.g. Fraiberg et al., 1975；Fraiberg, 1980) が提唱した「乳幼児－親心理療法」(Infant-Parent Psychotherapy) である (e.g. Egeland et al., 2000)。この療法の基礎的目標は，不安定型アタッチメントや虐待の世代間伝達のサイクルを断つことである。治療における前提は，親子の関係性障害は，親が自身の幼少期における未解決の葛藤を自身の子どもとの間で再演することによって生じるというものである。つまり，過去の親子経験を通して内在化された内的作業モデルが，現在の親子関係において機能していると仮定するのである。そこで治療者は，安定した治療者－クライエント関係を提供することで，「修正アタッチメント体験」(corrective attachment experiences) すなわち親が

133

表 5-1　養育者の敏感性向上のための介入例（ビデオを使用する場合）

食事，お風呂，おむつ替え，遊びといった日常場面での親子の様子を撮影する。その後，親と一緒に，ビデオを見る。
Ⅰ．ビデオを見ている時に，親に対して行う質問
A．「赤ちゃんが何をしたいのか分かっているみたいですね。教えてくれませんか？」 B．「赤ちゃんは何を感じていたと思いますか？」 C．「赤ちゃんは自分の気持ちをどうやってお母さんに伝えたかったと思いますか？」 D．「赤ちゃんが今したことを見てください（表情，ジェスチャーなどを指しながら）。赤ちゃんはお母さんに何を伝えようとしていると思いますか？」（もし親がシグナルを読み違えていることが分かったら，「たぶん，そうです。だけど，赤ちゃんがそうするときはだいたい，〜を意味します」） E．「〜したとき，赤ちゃんはどのように感じているのかしら」（たかいたかいなどの特定の行動を指しながら） F．親自身の持つ「感じ」（feeling）を用いて，赤ちゃんがあることをどのように経験しているのかについての視点獲得を促す。例えば，「だきしめられたら，いい気持ちがしますよね？　赤ちゃんもきっとそうですよ」 G．「人は，自分がビデオに映っているのを見たら，時々，自分の行動について一言言いたくなります（批評）。ビデオの中のあなたについて，ああすればよいこうすればよいと思うことがありますか？」 H．ときどき，赤ちゃんを介して話す（例えば，「ねぇお母さん，お母さんの顔が見たいよ」「うわぁ，そんなに何度もたかいたかいされたら，怖いよう」）
Ⅱ．注目するところ
A．赤ちゃんに話しかけるときの声のトーンや言葉の選択 B．親と赤ちゃんの顔の距離（あまりに近すぎたり，逆に遠すぎたりしない） C．侵入的行動（例えば，求められていないのに必要以上にキスをする），子どもが疲れていたり抱擁を求めている時には抱擁をしてあげるが，赤ちゃんが探索や遊びをしたい時には抱擁をしない D．ぐるぐる（ぶんぶん回し），過度のぶらぶら（揺り動かし），あらっぽく扱う E．「びくっ」「どきっ」とした反応を喜びとして読み違える F．赤ちゃんが注意を向けることができないくらい速く，赤ちゃんの目の前でものを動かす G．「放っておいて」という赤ちゃんのシグナルを上手に読めない（例えば，赤ちゃんがそうしたくないときに，食べさせようとしたり，赤ちゃんと遊ぼうとし続ける） H．ほ乳瓶やおもちゃで赤ちゃんに「ちょっかいを出す」（例えば，赤ちゃんの反応を見ようとはほ乳瓶を引っ張る，おもちゃを差し出しそれから赤ちゃんが取ろうとすると引っ込める） I．赤ちゃんに過度に「意図」を持たせる（例えば，「赤ちゃんが私に仕返ししようとしている」）

Erickson & Kurz-Riemer, 1999. pp. 71-72より抜粋。

自身の発達の歴史におけるネガティブな側面と向き合うことや親密な関係に対するポジティブな内的作業モデルを発達させることを手助けする（Lieberman, 1991）。その結果，親は子どもにポジティブなアタッチメント経験を提供し（安全基地として機能し），過去の親自身の幼少期の体験を現在の自身の子ども

第5章　アタッチメント理論を応用した治療・介入

との関係で繰り返さないということが可能になる（e.g. Egeland et al., 2000；Lieberman, 1991）。

　Lieberman et al.（1991）は，貧困や文化的不適応というリスクを抱えた中南米圏からの移民の母子100組に対して，乳幼児－親心理療法を行った。彼女たちは，子どもが生後12か月時に，不安定型の乳幼児を介入群と統制群にランダムに振り分けた。バイリンガルの介入者が，1年に亘り，毎週自宅で約1時間半の介入を行った結果，生後24か月時では，介入群は統制群に比べて，母親の共感性が高く，目標修正的協調性を伴った相互作用が多く(3)，子どもが母親へ向けた回避や怒り行動が少なかった。

　養育者の「敏感性」「内的作業モデル」という2つの要因は（図5-1の矢印①と②），Brofenbrenner（1977）の生態学的視点からはマイクロシステムに当たると言えよう。つまり，健全かつ健康的な親子関係を育むための「至近的」要因である。これに対して，メゾシステムに当たる部分（遠い要因）についてはあまり検討がなされていない。ただし，このことには唯一の例外があり，それはソーシャル・サポート源を増加させるという介入（図5-1の矢印③）である（以下の③と④の矢印については，それ単独の介入の場合もあるが，多くの場合，①や②の矢印と組み合わせて行われる）。

　アタッチメント理論を応用した全ての治療・介入では，程度の差はあれ，介入者自身がソーシャル・サポート源となりサポートを提供する。この場合は，情緒的サポートの提供やラポールの確立に加えて，道具的サポートを提供する場合が多い。例えば，食べ物の配給や家族に対する移送サービス，妊婦に妊娠についての情報や乳幼児に対する初期の養育についての情報を提供することなどである（Egeland et al., 2000）。介入者によるこのようなサポートの提供は，養育者－介入者の関係を強め，その関係をベースとして育児に向き合うという

（3）自分と相手の相互の感情や意図の一致・不一致を敏感に察知し，自分と相手の両方に都合がよくかつ自分の安全・安心感を最大限に満たすことができるように，目標に合わせてアタッチメント行動を適宜柔軟に修正することである（Bowlby, 1969/1982）。

点では介入者が「安全基地」の役割を果たしていると言えよう。

なお,ソーシャル・サポートへの介入には,介入者が直接のサポート源になるという方法以外にも,養育者のソーシャル・サポート・ネットワークを強化するという介入方法もある (e.g. Barnard et al., 1988)。つまり,介入者以外へのアタッチメント関係の確立,あるいはそれらの人物に対してアタッチメント行動を行えるようにする試みである。

多くの研究では,親の抑うつや不安が高いと,子どものアタッチメントが不安定になると仮定されている。そのため,養育者の精神的健康や心理的幸福感というよりマイクロレベルの要因に対しても介入が行われている(図5-1の矢印④)。例えば,産後うつ病の母親や(臨床群ではないが)不安が高い母親に対する介入などである (Egeland et al., 2000)。

今まで4つの視点から,アタッチメント理論を介入・治療において応用する枠組みについて述べてきた。この中で,アタッチメント理論の考え方を直接的かつ最もよく反映した心理療法の1つは,Fraiberg et al. が提唱した乳幼児－親心理療法(図5-1の矢印②)であると言われている (Lieberman, 1991 ; Lieberman & Zeanah, 1999)。そこで,以下ではこの療法について概観する。

5-1-2　乳幼児－親心理療法 (Infant-Parent Psychotherapy)[4]

Lieberman et al.[5] (Lieberman, 1991 ; Lieberman & Zeanah, 1999) によれば,乳幼児－親心理療法の基本的前提とは,「生後3年間における乳幼児－親関係における障害は,親が自身の初期の重要な対象との間に抱えた未解決の葛藤を自身の子どもとの間で再演する(あるいは過去の自身の親との葛藤的関係を現在の

---

[4] 乳幼児－親心理療法についての詳細な説明や事例については,渡辺 (2000), Stern (1995 [2000]), Cramer (1989 [1994]) などを参照のこと。
[5] 長年,Fraiberg とともに働いてきた Lieberman はまた,最初 Ainsworth と Main のもとでアタッチメント理論の発展を担っていた人物でもある。Fraiberg は不運にも1985年に脳腫瘍で60代の若さでこの世をさったが,長年彼女とともに働いてきた Lieberman, Pawl, Pekarsky が今も IPP (Infant Parent Program, 表5-2) を引き継いでいる (渡辺, 2000)。

子どもとの関係に重複させてしまう）結果として生じる」というものである。この前提は，「赤ちゃん部屋のおばけ」（ghosts in the nursery ; Fraiberg et al., 1975）というメタファーを用いることで，その内容をより具体的に理解できる。

もしおばけと同じ部屋にいるとしたら，私たちはおそらく，その姿は見えないが何となく気配が分かるという感覚のため，得体の知れない緊張・不安・恐怖に襲われるであろう。同様に，養育者の視点からすれば，目の前に赤ちゃんがいるだけで，（まるで同じ部屋におばけがいるときと同じように）原因不明の緊張・不安・恐怖におそわれるのである。Fraiberg は，この得体の知れない感情を引き起こす原因，つまり，おばけの正体を「過去に自身が養育者との間に抱えていた未解決の葛藤」であると仮定した。まとめると，「赤ちゃん部屋のおばけ」というメタファーは，(1)赤ちゃんが目の前にいることによって養育者に生じる原因不明のネガティブな感情状態と，(2)養育者が知らず知らずのうちに，過去の未解決の葛藤を現在の子どもとの関係に重ね合わせるために，両者の関係性の障害が生じるという2つのことを比喩的に表しているのである。

乳幼児と親を「赤ちゃん部屋のおばけ」から解放し，乳幼児－親の健全なアタッチメント関係を育むという治療目標は，治療の焦点が「現在の親と子どもの間の困難」と「親の早期関係における情緒的経験の記憶」を行ったり来たりする治療プロセスを通して達成される。具体的には，(1)「現在」に「過去」の未解決の葛藤が混入してきていることを理解・認識し，そして自分の未解決の葛藤を子どもへと投影せずに考えることができるようになり（Fraiberg, 1980），そして，(2)「自分のありのままの実態をしみじみと感情を伴ってふり返ること（＝内省的自己，reflective self）」によって（Fonagy et al., 1995），この治療目標は達成される（渡辺，2000）。つまり，過去に対する自分の気持ちの整理を行い（過去の経験から適度に距離をとることができ），信頼ができる他者に対して話ができるほど過去を思い出すことで生じる付帯情動に圧倒されないことが重要になる。乳幼児－親心理療法の主要な構成要素を分類・整理すると以下のようになる（Lieberman, 1991; Lieberman & Zeanah, 1999）。

①母子同室　子どもが加わることで，治療場面に乳幼児－親－治療者という三者が存在し，治療者が「参与観察者」として機能することが可能となる。こ

のことで,治療場面が二者(親-治療者,乳幼児-治療者)の時には生じ得ないメリットが生じる。例えば,(1)親の話からだけでは得ることができない情報を直接観察できる,(2)直接的かつ即時的な介入や情報収集が可能となり,母親の主観的な思いこみに対して,それを修正するための根拠を目の前の相互作用からも収集できる,(3)子どもが存在することで親の主観的情感(feeling)がより生々しく出やすく,またそのことを治療者が捉えやすい。

②**過去と現在をつなぐこと** 乳幼児-親心理療法では,「現在の乳幼児との相互作用における感情や行動を手がかりとし,養育者が自分の過去の経験を振り返り,そしてそれを捉え直すことができたとき,養育行動や乳幼児において劇的変化が現れる」と前提する。

③**治療様式** 乳幼児-親心理療法は,過去と現在をつなぐという洞察志向の解釈に加えて,いくつかの治療様式を包含している(Fraiberg, 1980)。すなわち,(1)短期危機介入:緊急に対処しなければならない急性・一過性の育児危機に対する介入,(2)発達ガイダンス:子どもをよく理解するために子どもへのかかわり方を説明・助言すること(例えば,夜眠らない赤ちゃん,トイレット・トレーニングを嫌がる赤ちゃん),(3)支持的療法:指示的・教訓的なかかわりを行うのではなく,養育のかかわりの大変さを受け止めるような支持的な働きかけを行う。これら3つの様式は,状況や親子が抱えている問題の性質に応じて,1セッションで複数用いられたり,複数のセッションの間で用いる様式を変化させたりする。

Fraibergは,精神分析家であるだけでなくソーシャル・ワーカーでもあった。そのため,例えば,小児科医のところへ連れて行くといった生活上の具体的援助も,親がこれらのことに困難を抱えているときは,価値のある治療同盟や作業同盟を確立・維持する上で助けとなると想定されている。

④**転移対象としての乳幼児や治療者** 治療者は親が自身の過去へ探索する場合の安全基地として働くが,治療的注意の焦点そのものは,親が治療者に向ける転移ではなく,あくまで親が赤ん坊に向ける転移である(Fraiberg, 1980)。

では,上記のような4要素から構成される乳幼児-親心理療法とアタッチメント理論にはどのような関連があるのだろうか。アタッチメント理論が乳幼児

―親心理療法へ与えた影響あるいは両者の共通点を整理すると以下のようになる（Lieberman, 1991 ; Lieberman & Zeanah, 1999）。

⑤**アタッチメント理論の影響・共通点**(6)　Bowlby も Fraiberg も，(1)精神分析家であるという共通の土台を持つだけでなく，(2)3歳までの分離・喪失・剥奪といった経験を重視する。さらに両者は，当初から，(3)母親の共感性・応答性が子どもの精神的健康を育むという点を強調し，(4)「見捨てられる」という不安に対する防衛的反応（不安で不安定なアタッチメント）に焦点を当てていた。

また，未解決の葛藤の世代間伝達は，Fraiberg（1980）では「赤ちゃん部屋のおばけ」として説明されるが，アタッチメント理論では「内的作業モデル」として説明される。「赤ちゃん部屋のおばけ」では，親の持つ自身の養育者との未解決の葛藤が目の前の乳幼児との関係において再演される，あるいは，親の無意識の衝動が，彼らのオリジナルの対象から乳幼児によって表現される現在の転移対象へと投影されると説明される。一方，アタッチメント理論では，過去の経験を通して内在化された早期経験（＝内的作業モデル）が，現在の情緒的出来事を区分・選択・符号化する際に機能すると表現される。

アタッチメント理論の乳幼児―親心理療法への影響は，以下の4点にも現れている。すなわち，(1)現実世界の客観的出来事を手がかりとして，(2)そこでの観察可能な行動（例えば，安全基地現象における乳幼児のアタッチメント行動とそれに対する母親の養育行動）を内的経験の指標として用い，(3)保護や主観的な安心感（security）などの経験について治療的言語（therapeutic language）を用いる。例えば，今まで，子どもっぽい依存や性格的弱さとして，保護や主観的な

---

(6) Lieberman & Zeanah（1999）によれば，乳幼児―親心理療法に対するアタッチメント理論の影響は大きいにもかかわらず（さらに，Fraiberg 自身もそのことを認めているにもかかわらず），Fraiberg は自身の論文において，Bowlby と Ainsworth を引用していない。Fraiberg は，Bowlby のアタッチメント理論において取り除かれた精神分析の経済的原則や力動的原則の有効性を頑なに信じていた。そして彼女は，「人間のきずな」について論じる際に，標準的精神分析的用語（例えば，性，攻撃性）を用い続けた。つまり，Bowlby（1969/1982）のアタッチメント理論の主張を常に古典的精神分析理論へと翻訳し直すことを選択したのである。

安心感について無視や軽視をされたため，これらを常に熱望している人がいたとする。このような人に対しては，保護されている（されていない），助けられていない（助けられている），価値がある（価値がない），不安で不安定である（安定している）という語を用いることで，適切な情緒的意味づけを行うことができる。

さらに，(4)治療関係を「修正アタッチメント体験」とみなす。修正アタッチメント体験とは，急性の葛藤や心的苦痛（distress）の状態において，一緒に解決方法を探す上で親が治療者を信頼できる支援的存在として経験することを意味する。治療者に対して，一貫した予期を持てることで，親は今までに経験してきた内容とは異なる対応を治療者との関係において経験するのである。

その後，修正アタッチメント経験の内在化が起こり，少なくとも(1)アタッチメント対象に対してアタッチする者としての表象，そして(2)自分の子どもに対するアタッチメント対象（アタッチされる者）としての表象が変化する。つまり，治療者との経験を通して，保護や主観的な安心感は価値あるものだと親自身が納得できたときに，親は徐々に自分の子どもにとっても，今度は自分自身が安全・安心をもたらすものとして価値ある存在なのだという見方をできるようになるのである。

5-1-3　乳幼児－親心理療法を応用したプログラム例[7]

今までに欧米で行われた0歳～就学前の子どもとその家族に対する精神健康プログラムでは，程度の差はあれ，そのアプローチの中にアタッチメント理論

（7）本章では，乳幼児－親心理療法を応用したプログラムについて述べる。だが，乳幼児－親心理療法をその一部に含んでいるわけではないが，アタッチメント理論を応用しているプログラムとしては，Speltzの親訓練プログラムやMcDonoughの相互作用ガイダンス（短期精神療法，ビデオを使用）がある（Liberman & Zeanah, 1999）。また，近年，Cooper, Hoffman, Marvin, & Powellが開発した「the Circle of Security」プログラムも大きな注目を集めている（その詳細については，北川（2008）やHP（http://www.circleofsecurity.org/）を参照のこと）。

第5章 アタッチメント理論を応用した治療・介入

表5-2 アタッチメント理論を応用した(乳幼児—親心理療法を含む)治療・介入プログラムの例

プログラム名	代表的な研究者	概要(子どもの年齢、症状、実施場所など)	出典(論文、HPなど)
1. IPP, The Infant-Parent Program: The Ann Arbor/San Francisco Model	Fraiberg, S., Lieberman, A.F., Pawl, J.H., Pekarsky, J.H.	乳幼児—親心理療法を発展させその効果を検証するために、Fraibergらで開始された「臨床・教育・研究」を柱とする実証的プログラムである。サンフランシスコ総合病院で実施されている。IPPの特徴は、ネグレクトの被害を受けたあるいは反応性アタッチメント障害をもった0〜3歳の子どもとその養育者が対象である。IPPは、これはより徹底的な査定できる子どもや家族について6週にも及ぶ包括的情報を集めるだけでなく、養育者との間に作業同盟を形成することを目的としている。IPPの効果については、Lieberman et al. (1991)において検証がなされている。	IPPの紹介：Lieberman et al. (1997) HP：http://www.infantparentprogram.org/
2. CTRP, The Child Trauma Research Project: A San Francisco Innovation	Lieberman, A.F., van Horn, P.	ドメスティック・バイオレンス(特に、母親が殴られる・レイプされる)を目撃した経験によってトラウマ化した3〜5歳の子どもを対象に、年齢に応じて修正された乳幼児—親心理療法の治療効果を調査するためのプログラムである。サンフランシスコ総合病院で実施されており、CTRPもまたIPPと同様に、査定の重要性を強調している。「アタッチメント理論」と「現実生活の出来事から起こったファンタジー」という2つの観点から、母親と子ども両者にとっての安全から保護の重要性を強調している(feeling)を回復させるように介入を行う。CTRPの効果については、現在検証中である。	CTRPの紹介：Lieberman et al. (1997) HP：http://psych.ucsf.edu/research.aspx?id=1554 http://childtrauma.ucsf.edu/
3. STEEP, Steps Towards Effective, Enjoyable Parenting: The Minnesota Program	Egeland, B., Erickson, M.F.	ミネソタ親子プロジェクトをベースとした地域志向のサービスを行っており、母子関係における母親自身の主観的情感・態度・表象に焦点を当てている。ハイリスク・サンプルの妊婦を対象に、母親の内的作業モデルに影響を与えることが基本的な目標である(満37〜満41週)。サンプルの妊娠初期について、赤ちゃんの欲求充足にどうかかわるかについての話し合いを通して、赤ちゃん誕生のための準備への介入が始まる(介入は、子どもが1歳になるまで)。STEEPの効果については、多様なサービスを組むチーム・アプローチを展開している(図5-1参照)。	STEEPの紹介：Erickson et al. (1992), Egeland & Erickson (2004) マニュアル：Erickson et al. (1999a) ビデオを用いた養育者の感受性訓練 "Seeing Is Believing" のマニュアルやDVD：Erickson et al. (1999b) HP：http://www.cehd.umn.edu/ceed/impersontrainings/
4. Attachment Theory and a Transactional Approach to Intervention: The Rochester Program	Cicchetti, D., Toth, S.L.	マウント・ホープ・ファミリー・センターで行われている相互規定的リスクによるバイオスペクトラムである(e.g. Cicchetti & Toth, 1995; 危険因子の利用)。5歳以下の子どもとその親が対象となる。幅広いニーズに対応できるように、様々なサービスが提供されている(e.g. 移送、ベビーシッター派遣)。介入ターゲットに応じて、様々な専門家(e.g. ソーシャル・ワーカー、養護教諭、心理学者)がチームを組むという総合的な対象を特徴としている。介入効果研究では、乳幼児—親心理療法と親への育児訓練プログラム、ソーシャル・サポートとの比較も行われている。	Cicchetti et al. (1999) Cicchetti et al. (2000) Cicchetti et al. (2004) Cicchetti et al. (1997) Toth et al. (2002) HP：http://www.psych.rochester.edu/MHFC/index.php
5. A Relationship-Based Intervention for Maltreated Infants and Toddlers: The New Orleans Program	Zeanah, C.H., Larrieu, J.A.	対象は、里親制度を利用している0〜48か月の被虐待児である。プログラムの目的は、被虐待児が里親の下で過ごす時間を減少させることである。そのため、「子ども(生物学的)の親が再び一緒に暮らせるように養育する能力があるのか、そしてその結果として子どもは安全に成長できるだろうか」という問いへの回答が、中心的課題となる。介入チームは、子ども・保護機関や少年裁判所(juvenile court)と協議している。介入の効果については、Zeanah et al. (2001)において検証がなされている。	介入の詳細：Zeanah & Larrieu (1998) Larrieu & Zeanah (2004) 査定の詳細：Zeanah et al. (1997) 介入の結果：Zeanah et al. (2001) HP：http://www.infantinstitute.com/research.htm

Lieberman & Zeanah (1999) にもとづき作成。

（あるいは乳幼児－親心理療法）が応用されてきた。乳幼児－親心理療法を実施しているプログラムに焦点を当てても，アタッチメント理論の考え方や測定法が，アタッチメント障害や虐待に対してだけでなく，ドメスティック・バイオレンスの目撃や里親制度への応用というように，多岐にわたって利用されていることが分かる（表5-2）。

5－1－4　治療・介入の効果に対する評価

　乳幼児－養育者を対象としたアタッチメント理論を応用した治療・介入では，その効果が「養育者の敏感性」と「乳幼児のアタッチメントの安定化」において評価される。だが，今までに行われた研究では，これらのいずれか一方において効果が認められることが多く，結果が一貫していない（Lieberman & Zeanah, 1999）。

　そこで van IJzendoorn et al. (1995) は，「平均的に」どの程度効果があるのかという問いを立て，介入研究についてメタ分析を行った（母親の敏感性＝11研究，乳幼児のアタッチメント＝12研究）。その結果，介入は母親の敏感性と乳幼児のアタッチメントの安定化の両方を高める点において効果的であった（母親の敏感性では $d=.58$，アタッチメントでは $d=.17$）[8]。また，短期介入の効果の平均は $d=.48$ であったのに対して，長期介入のそれは $d=.00$ であった。そこで彼らは，(1)短期間で焦点が明確な介入は，長期に亘る多側面への介入に比べてより効果的であり，(2)アタッチメントの安定化を高める上では，行動レベルの母親の敏感性への介入がキーであり，今まで想定されていたほど母親の表象への介入が必ずしも必要でないという2つの可能性を提言した。

　これに対して Egeland et al. (2000) は，介入の効果が養育者の敏感性と乳

---

[8] Cohen (1988) の基準に従うと，効果量は weak が $d=.20$，medium が $d=.50$，strong が $d=.80$ となる。なお，アタッチメントへの介入の効果量 $d=.17$ は弱い効果であると言えるが，Rosenthal (1991) が言及しているように，医学領域（medical sciences）においては，$d=.17$ より効果量が小さい研究でも，実用面（そして理論面）において重要な貢献がある（van IJzendoorn et al., 1995）。

幼児のアタッチメントの安定化の両方を高めるという点については同意しながらも,表象レベルへの介入が必要であると反論した。例えば,子どものアタッチメントの安定化を高める上で養育者の敏感性を高めることは必要であるが,それだけでは十分であるとは言えない可能性である。メタ分析結果によると (De Wolff & van IJzendoorn, 1997), 母親の敏感性は乳幼児のアタッチメントの安定化において確かに重要であるが ($r=.24$),それだけでアタッチメントの安定化の全てを説明できなかった。したがって,母親の敏感性に焦点を当てた介入は,アタッチメントの安定化においては必要であるがそれだけで十分なものではないかもしれない。もしかしたら,十分な効果を得るためには,敏感性だけではなく,例えば,内的作業モデルやソーシャル・サポートにも介入を行った方がよいのかもしれない。

さらに Egeland et al. (2000) は, van IJzendoorn et al. (1995) とは逆に,「できるだけ早期から開始し,長期に亘る頻度の高い多側面への介入のあるアプローチ」の重要性を主張した (特に,ハイリスク・サンプルにおいて)。なぜなら,例えば,(1)養育者の内的作業モデルを変化させ,そしてそれが行動に現れるまでには時間がかかり,(2)養育に関する研究では,介入の強度 (頻度や期間) が強いほど,より効果的であるという証左があり,(3)多重リスクを抱えるハイリスク・サンプルでは,親が子どもとの関係改善に向き合う以前に改善すべき要因がいくつもある (例えば,衣食住,若年で親になったために生じるアイデンティティの確立という発達課題) ためである。

これに対して Bakermans-Kranenburg et al. (2003) は, Egeland et al. (2000) の主張が「ドードー鳥の裁定」(みんながんばったからみんなにご褒美をあげましょう,どのような種類の治療・介入も同じくらい効果的である) のようであると指摘した。[9]そして彼らは,仮に早期の予防的介入が親の敏感性と子どものアタッチメントの安定化を高める効果があるとするならば,どのような種類の介入が最も効果的なのかという問いを立て,親の敏感性あるいは子どものア

---

(9) ドードー鳥の裁定についての論争は, Eysenck (1986 [1988], p. 80) などを参照のこと。

タッチメントあるいはまたその両方に対する介入効果を扱った全70の研究（全88の介入の試み）についてメタ分析を行った（表5-3）。

表5-3 アタッチメント理論を応用した介入研究に対するメタ分析結果

		敏感性			アタッチメント		
		N	d		N	d	
総　計		6,282	.33	*	1,255	.20	*
焦　点	敏感性のみ	1,456	.45	*	463	.39	*
	それ以外	4,827	.27	*	792	.06	
	それ以外の内訳						
	サポート	224	−.01		144	.28	
	表象	57	.00		120	.24	
	敏感性＋サポート	4,145	.27	*	205	−.04	
	敏感性＋表象	72	.27		72	−.08	
	敏感性＋表象＋サポート	328	.46	*	251	−.03	
セッション数	5＜	1,146	.42	*	385	.27	*
	5-16	1,274	.38	*	217	.13	
	＞16	3,862	.21	*	653	.18	
開始時の子どもの年齢	誕生以前	1,224	.32	*	340	.23	
	＜6か月	4,077	.28	*	371	−.03	
	＞6か月	981	.44	*	544	.31	*
社会経済的地位	中/高	1,842	.25	*	492	.11	
	低	4,440	.35	*	763	.27	*
多重リスク	はい	3,533	.31	*	736	.22	
	いいえ	2,749	.36	*	519	.19	*
臨床群	はい	541	.46	*	369	.15	
	いいえ	5,741	.31	*	886	.22	*
不安定型の割合	33％≦				593	−.09	
	34％〜50％				227	.28	*
	51％≧				389	.45	*
敏感性の効果量	$d≦.15$				302	.17	
	$d＝.16〜.40$				384	−.12	
	$d≧.41$				378	.45	*

Bakermans-Kranenburg et al. (2003) より抜粋。

注　この表の結果は，多重リスク＋臨床群だけにおいても基本的に同じであった。つまり，家庭内に多重的な問題があるからといって，必ずしもできるだけ早期から開始し，長期に亘る頻度の高い多側面への介入が効果的であるというわけではなかった。なお，介入の「焦点」は，図5-1に対応している（i.e.敏感性＝矢印①，表象＝矢印②，サポート＝矢印③）。

効果量の目安は weak が $d＝.20$，medium が $d＝.50$，strong が $d＝.80$ である（Cohen, 1988）。

＊ $p＜.05$

第5章　アタッチメント理論を応用した治療・介入

その結果，以下の4点が示唆された。すなわち，(1)早期介入は，親の敏感性と乳幼児のアタッチメントの安定化に因果的効果を与え，(2)様々な側面に介入するのではなく，敏感性だけに焦点を絞った方が，養育者の敏感性と乳幼児のアタッチメントの安定化を高める上でより効果的であった（ビデオを用いた養育者の敏感性への介入例は，表5-1参照）。さらに，(3)効果的な介入は，数多くのセッション数を必ずしも必要としておらず，また出生直後の早い時期から開始する必要もなかった。彼らの研究では，セッション数は少ない方が，そして生後6か月以後（Bowlby [1969/1982] によれば，子どもがアタッチメントを形成しはじめる時期）からの介入の方がより効果的であった。また，(4)サンプルの特徴は，次の2つの例外を除いて介入の効果と結びついていなかった。つまり，(4-1) 不安定型の割合が多いサンプルでは，乳幼児のアタッチメントの安定化に対する効果量が大きく，(4-2) 臨床群では，健常群に比べて，親の敏感性への効果量が大きかった。なお，Bakermans-Kranenburg et al. (2003) は，様々な側面への介入は全く効果がないと主張している訳ではない。アタッチメントの安定化においては，無論，敏感性だけに焦点を絞った方が効果的であるが，その敏感性への介入に親の焦点を向けさせるためには，様々な側面への介入が必要な場合もあるとしている（Bakermans-Kranenburg et al., 2005）。

　上記のメタ分析には，以下の3つの課題が残されている（Bakermans-Kranenburg et al., 2003）。1つ目は，無秩序・無方向型（disorganized/disoriented）の子どもとその養育者に対する介入という課題である。無秩序型アタッチメントについては，近年，ようやくその先行因（例えば，（自ら）脅え／（相手を）脅かす行動，frightened/frightening）が明らかになりつつある段階であり（e.g. van IJzendoorn et al., 1999），具体的な介入研究は少ない。さらに，（アタッチメントの安定化に効果がある）養育者の敏感性を仮に高めたとしても，無秩序型アタッチメントへの影響は必ずしも大きくはない。van IJzendoorn et al. (1999) が行った13研究へのメタ分析では，養育者の敏感性と子どもの無秩序型アタッチメントの間にはあまり大きな関連が得られなかった（$r = .10$, $p < .004$）。Bakermans-Kranenburg et al. (2005) が行った10研究へのメタ分析では，確かに，養育者の敏感性のみに焦点化した介入は，そうでない介入（敏感

性とサポートや表象への介入の組み合わせ）に比べて，無秩序型アタッチメントの減少により効果的であった（それぞれ，$d=.26$, $d=-.08$）。ただし，先の「アタッチメントの安定化」のメタ分析結果とは異なり（表5-3下段の敏感性の効果量の部分参照），敏感性をより高めることができた介入は，そうでない介入に比べて，無秩序型アタッチメントの減少においてより効果的であるというわけではなかった。つまり，敏感性は無秩序型アタッチメントの減少において一定の効果はあるが，敏感性を高めれば高めるほど無秩序型アタッチメントが減少するというわけではなかった。今後は，無秩序型アタッチメントに焦点を当てた介入について検討する必要があろう（c.f. Bakermans-Kranenburg et al., 2005）。なお，この方向での試みの1つとして，Lyons-Ruth et al. は，養育者が子どもに接する際の潜在的安全基地モデルとしての治療者のかかわりの具体例を示している（Lyons-Ruth et al., 2004, p. 84）。

2つ目は，表象への介入のスリーパー効果という課題である。表象への介入は，敏感性への介入に比べると遠い要因のため，相対的に影響力が小さくなる。だが，表象への介入の効果はすぐに現れないが徐々に影響を強めていく可能性（Egeland et al., 2000）については，現段階ではこの点を検討できていない。

3つ目は，効果の持続性という問題である。表象への介入は，行動レベルに働きかける介入よりも，不安定なアタッチメントの根源に影響を及ぼす可能性があるので，介入の効果をより持続できる可能性がある（van IJzendoorn et al., 1995）。

介入効果への評価についての知見は蓄積しつつあるが，現段階ではそれは暫定的結論であると言えよう。今後は，van IJzendoorn et al. (1995) が主張しているように，はじめから介入の手段や効果の測定においてアタッチメント理論の考え方や測定法が取り入れられた縦断的研究や追跡研究などが必要であろう。

5-2　成人へのアタッチメント理論を応用した治療・介入

「臨床家がこの理論の臨床的適用を検討することにあまりに遅々としている」。アタッチメント理論への臨床家の関心について，Bowlby は *A Secure Base*

第 5 章 アタッチメント理論を応用した治療・介入

表 5-4 アタッチメントを考慮した心理療法とその研究者

治療法	対 象	治療名	研究者
個人療法		精神分析的心理療法	Slade, 1999; Fonagy et al., 1995; Eagle, 2003; Holmes, 2001
		アタッチメント ナラティブ・セラピー	Dallos, 2004
	うつ病	対人関係療法	Klerman, Weissman, Rounsaville & Chevron, 1984
		心理療法	Shilkret, 2005; Sable, 1997
		カウンセリング	Pistole, 1989
	虐待サバイバー		Alexander & Anderson, 1994
	虐待サバイバー	内的防御モデル	Thomas, 2005
	虐待サバイバー・PTSD		Gormley, 2004
	虐待サバイバー・解離		Liotti, 1995
	薬物乱用・アルコール依存		Ball & Legow, 1996
	DV・情緒的虐待		Loring, Clark & Frost, 1994; Burgess & Roberts, 1996
	寡夫・寡婦		Parks, 1972
家族・カップル療法	夫婦関係		Byng-Hall, 1995
	夫婦関係・心的外傷	EFT	Greenberg & Johnson, 1988; Johnson, 1996
	家族関係・摂食障害	EFFT	Johnson, 1996; Johnson, Maddeaux & Blouin, 1998
	摂食障害		Dallos, 2003
	うつ	ABFT	Diamond & Siqueland, 1995
集団療法	虐待サバイバー		DiNunno, 2000
	夫婦関係		Blanton & Yingling, 1996
コミュニティー・アプローチ	青年の精神的健康	ゲートハウス計画	Patton, Glover, Bond, Butler, Godfrey, Di Pietro & Bowes, 2000

（Bowlby, 1988）の序文でこう述べて，密かな失望を吐露している。子どもの心理療法とは違い，成人の心理療法では，彼の努力にもかかわらずアタッチメント理論が主要な地位に置かれることはなかった。Bowlbyが理論的実証的基盤を整えている間に，臨床領域では精神分析は内的世界への思索を深め，精神分析外部でも様々な心理療法が生まれては独自の発展を遂げていった。アタッチメント理論は成人の心理療法からは取り残されていったのである。

にもかかわらず，アタッチメント理論への臨床家たちの関心は潰えてしまっ

たわけではない。一度はアタッチメント理論を排斥した精神分析家たちの中にそれを再評価する動きが現れ (Fonagy, 2001 ; 工藤, 2005)，他の心理療法家たちの中にも Bowlby の示唆するところを汲み取ろうとする人々が現れている。この動きは近年特に高まりを見せ，彼らはそれぞれの心理療法の中に Bowlby, あるいはアタッチメント理論の為した成果を取り入れてきている（表5-4）。アタッチメント理論は独自の心理療法を生み出すことによってではなく，様々な心理療法に対する重要な視点を提供することによって，特有の寄与をなしつつあるのである。

その中核に置かれるのは「安全基地」概念であり，安全性である。上述の著書において Bowlby は治療者が果たすべき5つの治療課題を提示しているが，その第一に安全基地の提供をあげて，この概念の重要性を強調している。(1)治療者，あるいは治療関係という安全基地があることで，個人は(2)自分の関係の持ち方を理解し，(3)特に治療関係の検討を通じてそれを行い，(4)それを生み出した関係の歴史を探索し，(5)自分の関係性をガイドしている内的作業モデルの適切さについて検討することができるという。アタッチメント理論を取り入れる臨床家たちは治療者の安全基地機能という Bowlby の考え方を共有しながら，治療関係を離れたところで獲得すべき安全基地をどこにどのように設定し，それがどのように獲得されるかについて論じている。

ここではいくつかの心理療法を取り上げ，この「安全基地」概念を中心に概観を行いながら成人へのアタッチメント理論の臨床的適用を論じたい。

5-2-1　家族療法

家族療法において治療者は，家族全体を1つのシステムとして捉え，その相互作用に働きかけることになる。病理を抱える個人（家族療法においては IP : Identified Patient）を生み出す家族には，個人に問題を抱え込ませるような何らかの相互作用の循環があり，したがってそうした否定的循環を機能的な循環へと変えることが問題の解決につながるとされる。幾人かの家族療法家たち (Byng-Hall, 1995 ; Johnson, 1996 ; Diamond et al., 2002) はこのようなシステムとしての家族の到達すべき姿に「安全基地」概念を適用し，家族全体がそれぞれ

の成員に対して安全を提供する働きを持つようになること(安全家族基地:Byng-Hall, 1995)を目指している。

例えば,Johnson(1996)らによるEmotion Focused(Marriage)Therapy(EFT あるいは EFMT:カップル療法)および Emotion Focused Family Therapy(EFFT:家族療法)では,家族の相互作用における個人の情緒的反応に注目しながら,この情緒が安全基地としての家族システムによって適切に制御されることを目指している。彼女らは家族成員それぞれの情緒的反応が,それに引き続いて起こるお互いの行動や相互作用を引き起こす要因となること,その相互作用の中で特定の成員の情緒が適切に制御されないと,その個人に問題が引き起こされることに注目した。そのため問題を解消するには,個人の情緒を適切に制御する力を家族システムに持たせることが必要であり,個人の情緒的反応に続く家族内の相互作用や情緒的反応がより適応的で機能的なものになる必要があると考えている。このような適切な情動制御を可能にする家族システムが安全基地として位置づけられるのである。

その介入は,個人の不安や恐れといった苦痛な情緒が他の家族成員によって受け止められ,怒りの表出が他の成員の反応で破壊的にならないことを目指している。同時に他の成員が受け止めることが可能な形で個人が情緒を表現できることも目指されている(Johnson, 2004)。Johnsonらはそのために,(1)否定的相互作用の低減(4ステップ),(2)近接・応答的相互作用への移行(3ステップ),(3)変化の強化(2ステップ)という3段階9ステップの介入法を確立し,摂食障害,うつ,心的外傷(トラウマ)など個人の抱えている問題や治療の目標によっていくらかの変更を加えながら,その手法を確立している。

彼女らはまた,こうした介入法を論じる中で,不適切な情動制御をもたらすことになる家族成員の反応,あるいは関係の取り方をアタッチメント・パターンと類似した形で分類している。例えば,パートナーや家族からの撤退・引きこもり,あるいは巻き込まれといったパターンが特定されているが,これらはそれぞれアダルト・アタッチメント・インタビュー(Adult Attachment Interview)におけるアタッチメント軽視型,あるいはとらわれ型との対応を示すとされる。そして,それぞれの関係のパターンにあわせた介入の仕方につい

て論じている (Johnson, 2004)。

　Johnsonらが言うように家族システムを安全を提供する基地と捉えること，そのための介入において家族成員の関係のパターンに注目するところは，Diamond et al. (2002) による Attachment Based Family Therapy (ABFT) や Byng-Hall (1995) の家族療法においても同様である。家族療法家は，こうした安全基地としての家族システムの概念化，および家族成員間の相互作用のプロトタイプとしてのアタッチメント・パターンの利用を通じて，アタッチメント理論をその枠組みの中に取り入れている。

　一般に家族療法には，問題を抱えた個人だけではなく，親やきょうだい，祖父母などの家族の一部，あるいはその家族全体が治療場面を訪れることになるため，治療者が家族の実際の相互作用に直接に介入する機会を持てるという特徴がある。空想ではなく現実の相互作用を通して安全基地の確立がなされることを強調する Bowlby の主張は，こうした家族療法の特徴や，家族療法家たちの実践とよく一致するものである。アタッチメント理論は彼らの臨床の実際と整合性を保ちやすく，それが家族療法家たちにとっての利点なのであろう。

5-2-2　虐待サバイバーの治療

　次に注目されるのは，近年特に重視されるようになってきた心的外傷の治療におけるアタッチメント理論の適用である。ここでの外傷とは主に養育者からの虐待を指し，その治療とは虐待サバイバーの抱える問題への介入を意味している。外傷治療への関心を喚起した Harman (1992/1997) は，治療段階として安全の確保，外傷的記憶の想起と服喪追悼，世界との再結合の3段階を見いだしているが，それは安全基地の提供，重要な人物との関係の探索，そのイメージの適切さの検討という Bowlby の治療論との重なりを思わせる。こうした類似は，両者が外傷とは現実の側の要因によってもたらされた安全の崩壊であり，その再構築が求められることを強調したことからすれば自然なことであろう。

　しかし，外傷治療におけるアタッチメント理論の適用はこうした現実的な側面の強調とともに内的作業モデルの特別な理解として発展している部分も大きい。この領域の研究者としては Silberg (2004) や Thomas (2005)，解離につ

いての研究を行っている Liotti (1995, 2004) などがあげられる。彼らは個人の内的作業モデルが迫害者（虐待者），犠牲者，救助者（防御者）という異なるモデルから成立していることを強調し，特に虐待サバイバーにおいては救助者（防御者）の不在やモデル間の一貫性のない入れ替わりが大きな問題となることを論じている。幼児期の虐待においてはアタッチメントの対象となる養育者こそが不安や恐怖の発生源となるのであり，したがって個人を保護する対象は存在しない。いたとしてもそれは容易に危険をもたらす対象へと変化し，そのために幼児の安全感は崩壊する。こうした幼児期の虐待体験が救助者のいない内的作業モデルとして内在化され，後の外傷，あるいは解離症状へとつながるのである (Liotti, 2004)。

　アタッチメント理論に限らず，このような安全感の崩壊は様々な虐待の議論において強調されることであり，そのため治療においては安全な関係の提供がなにより重視される。しかし，外傷治療における困難は，治療者が提供しようとする安全基地が常に崩壊の危険に晒されるところにある。上記の内的作業モデル概念はこれを次のように説明する。迫害者のみで救助者のいない内的作業モデルは安全を提供しようとする治療者の試みを援助として理解できず，かえってなじみのないもの，迫害的なものと見なすことになる。そのために治療者の行為に不安や恐怖で反応し，あるいは攻撃で応じる。こうした治療関係は秩序を失い，最終的には治療の拒否や破綻に帰結する。Harman が第一段階においた安全の確保が，他ならぬサバイバー自身の内的作業モデルによって崩壊の危機に晒されるのである。

　Liotti (2004) は Steele et al. (2001)，Blizard (2001)，Gold (2000) をあげながら，こうした困難を取り扱うために，治療関係における混乱や無秩序な関係の取り方が，アタッチメントへの恐怖や，接近と回避を同時に志向するアタッチメントへのジレンマから生じていることを明らかにする必要があると強調している。助けを求めて対象に接近すると同時に，危険を避けて対象から遠ざかることが情緒的混乱の背景にあり，それはいずれも安全とアタッチメントを求めるものであることを理解する必要があるという。

　Alexander et al. (Alexander, 1993 ; Alexander & Anderson, 1994) はこれに関し

て，外傷治療研究のごく早い段階で，虐待治療における混乱した治療内外での対人関係の持ち方にアタッチメント理論が示すアタッチメント・パターンの枠組みが適用できることを指摘してきた。アタッチメント・パターンの枠組みを利用することで，一見無秩序で混乱し，方向性の見えない個人の関係の取り方に，多少なりとも秩序を見いだすことができると彼女らは期待している。

さらに Liotti (2004) は，外傷や解離の治療においては個人心理療法以外の治療関係が存在していることの重要性にも触れている。無秩序さを示すことのない，ほどほどの関係を持てるような協力者（例えば集団精神療法に参加していればそのコンダクター，あるいはデイ・ケア，病棟などで関わりの多い特定の治療スタッフなど）がいることが，強烈な混乱を生み出す舞台となる心理療法を支えるとしている。こうした協力者は，治療者が混乱の中に安定や一貫性をもたらす試みを通して安全基地として機能しようとする際の，補助的な安全基地と見なすことができる。心的外傷の治療では，個人の内的作業モデルの強力さのために，こうした治療構造の必要性がしばしば強調される。

心的外傷の治療にはその外傷が多くの場合幼児期に由来するという意味で，そしてそれが空想ではなく現実であるという意味で，アタッチメント理論を取り入れやすい素地が備わっている。アタッチメント理論の提示する内的作業モデルによる安全感の崩壊とその再構築の議論，あるいは安心と危険が同時に生じる悲劇についての議論は，このような幼児期の現実の外傷を超えていくための議論であり，治療者が安全基地として作用することを支えている議論なのである。

5-2-3 精神分析的心理療法

精神分析的心理療法は，アタッチメント理論が派生したその源泉であり，同時にそこからの分岐をなした葛藤の対象である。長い間精神分析界はアタッチメント理論への関心を払ってこなかったが，近年 Blatt (1995), Eagle (2003), Diamond et al. (1999), Fonagy et al. (1995), Holmes (1993), Slade (1999) といった精神分析家あるいは精神分析的心理療法家たちがその困難を乗り越えようとしてきている。

しかし他の心理療法とは異なり，精神分析的な心理療法においてはBowlbyが強調したような治療者の安全基地機能という考えがそのまま受け入れられているわけではない。精神分析的心理療法では幼少期の願望，防衛，関係を含んだ無意識が治療関係に転移するという理解が理論的，実践的枠組みの中心に置かれる。そのため治療の焦点はアタッチメントの歴史を反映した安全でない（と個人に感じられる）治療関係にあり，幼少期に得ることのできなかった安全基地を治療関係において提供することはできないとされる。それは外傷治療の場合と同じ視点であるが，彼らがそれでも安全基地であろうとするのに対し，精神分析的心理療法家はむしろ治療者が安全基地とはなれない側面を重視するのである。Gullestad (2001) が言うように，もしも個人が分析状況を安全基地と感じられるようになれば，それは治療の終結を意味することになる。

このように幼少期の不安定な関係の反復が強調されるところは常に精神分析的心理療法の特徴である。それでも抱える環境 (Winnicott, 1965)，コンテイニング（包容）(Bion, 1977) に代表されるような治療者，あるいは環境の持つ安全基地的要素はすでに広く認識されるようにはなってきている。こうした流れから，Bowlbyの主張した安全基地の重要性はその全てが否定されているのではなく，それを再定式化し，あるいは発展させることによってアタッチメント理論の適用は議論されていると言える。

その1つがEagle (2003) によるもので，治療者の安全基地機能の重要性を強調するBowlbyの主張に沿いながら，彼はその過程をより心的な次元で展開させている。それによれば，治療者が安全基地となるということは，治療者による「理解」によって個人に「安全が存在しているという感覚」が生み出されることであるという。治療関係で語られる話題，それを語る際のやり取りなどに含まれる個人の欲求，感情，思考，動機などの解釈は，個人に洞察をもたらすだけではなく，理解されているという感覚を生み出し，そうした体験が安全基地として個人に内在化されることになる。安全基地は外界に存在するのではなく，治療関係における交流の中で体験されるのだとEagleは強調する。

この議論はFonagy et al. (1995) による「内省的自己」ないしは「内省機能」への注目に基づいているのだが，この内省機能概念自体Fonagyらがアタ

ッチメント研究の中で見いだしたものである。彼らは世代間伝達において母子のアタッチメント・パターンに不一致が見られる際，母親が子どもの示す行動を心的次元で捉えられるかどうかで，つまり動機や意図，感情，思考がその行動の背後に存在しているものとして取り扱えるかどうかで，子どものアタッチメントの安定性が変わってくることを明らかにした。こうした，子どもを心的存在として捉える母親の機能を Fonagy は内省機能（reflective function）と呼んでいる。子どもは自分の心の状態を映し返す（reflect）母親を内在化することで，次第に自己の心の状態を内省（reflect）できるようになり，それが不連続なアタッチメント・パターンの世代間伝達，特にハイリスクな環境下での安定性の獲得につながる（Fonagy et al., 1995）。

　近年の精神分析的心理療法へのアタッチメント理論の適用を論じる際にはこの内省機能が強調されることが多い。それはこの概念が Bion によるコンテイニング（包容）概念に基づいているためであり，しばしば精神分析的心理療法の治療目標とされる「自分を知ること」とよく一致するためである。また，境界例といった治療困難な症例における内省機能の欠如が報告されており（Fonagy et al., 1996），精神分析的心理療法の治療効果を考える上で，これが重要な指標になるためでもある。アタッチメント理論を取り入れるにあたって，精神分析的心理療法家たちは個人に内的な安全感を獲得させうる治療者の内省機能に注目し，安全基地概念をこれによって再定式化しつつある。

　それは，安全基地に支えられて心理療法的探索が行われるとする Bowlby や他の心理療法家の安全基地概念の位置づけとは距離を置くものである。精神分析的な立場からは，安全基地は心理療法的探索に先立って必要とされるのではなく，逆に，転移によって不安定になる治療関係を（治療者の内省機能を通じて）探索することが安全基地を確立するのである。安全基地は探索の中に存在する。アタッチメント理論の成果はこうした内的世界の探索という文脈に沿った形で適用されている。

　ところで，その際の転移性の不安定な関係が，アタッチメント・パターンにならって分類しうることもしばしば議論される主題である。これに関しては Slade（1999）による個々の治療関係，および治療過程の記述，あるいは

第5章 アタッチメント理論を応用した治療・介入

Holmes (2001) による語りのパターン，および治療目標の違いの記述などがある。これらは治療者に生じる逆転移の議論も含んでいるが，こうした議論は精神分析的な性格類型とは独立しており，この点に関する Blatt & Levy (2003) の統合的な作業が両者を橋渡しするものとして注目されている (Diamond, 2004)。

5-2-4 その他

さらに，一般的なカウンセリングや心理療法，つまり特別な立場によらない心理療法家たちの中にもアタッチメント理論の持つ枠組みを適用するものがいる。Biringen (1994) や Pistole (1989)，Sable (1997, 2000)，Shilkret (2005) がそうした研究者の一部であり，彼らはやはり安全基地としての治療者の役割を強調している。例えば Biringen (1994) では，個人はその発達のどこかの時点で自律性を獲得する必要があるとして，治療の中断や治療者の変更はそうした自律の獲得や個体化のために必要な過程と見なしている。そしてそうした個人が再び治療関係に戻ることを許容することで，治療関係が安全基地として機能するとしている。また，治療者が自らの怒りの感情などを話すことで純粋で統合されたコミュニケーションが図られ，これが過去の不安定な養育者との関係のパターンとは異なる安全の文脈を提供すると述べている。

また，近年，抑うつの治療において有効とされている対人関係療法 (Klerman et al., 1984) もアタッチメント理論との関連が大きい。もともとは Sullivan に代表されるような対人関係学派から生じたこの治療法は，認知行動療法が個人の認知的側面に焦点を当てるのに対し，個人の持つ関係の側面に焦点を当てている。抑うつに陥る際に個人が示す対人関係のあり方に気付き，それをより適応的なパターンにかえていくことをねらう。現在，認知行動療法と同様の治療効果を得ることが報告され，摂食障害など他の疾患への適用もはかられている。

これ以上は紙幅の都合があり触れることが出来ないが，近年境界例の治療として注目を集めている弁証法的行動療法 (Linehan, 1993) において，アタッチメントの形成が重要な地位に置かれていることも付け加えておきたい。

5-2-5　成人の心理療法におけるアタッチメント理論

　成人の心理療法をはじめとする治療・介入へのアタッチメント理論の適用は，こうして見てきたように既存の心理療法の中へと組み込まれる形で行われている。安全基地概念は治療者の安全基地機能として概念化され，さらに家族療法においては家族システムの到達すべき姿として，外傷治療においては関係の崩壊をとどめる治療者の役割として取り入れられている。精神分析的な心理療法では安全基地概念を，解釈をもたらす治療者の内省機能，あるいは解釈そのものによる理解によって再定式化している。また，いずれにおいても治療関係や対人関係が心理療法の焦点となっており，重要な対象との繰り返される関係性としてのアタッチメントの質が注目されている。それは対人関係療法における中心的な要素でもある。アタッチメント理論の提示するアタッチメント・パターンは，このような個人の関係性，あるいはそれを生み出す内的構造のプロトタイプとして適用され，家族療法においては家族成員間の相互作用における関係のパターンとして，外傷治療においてはまとまりの見えにくい個人の治療関係での動きに見通しをもたらすものとして，精神分析的心理療法においては転移関係の類型として位置づけられている。

　このように，アタッチメント理論は様々な心理療法に，関係に基づいた治療的介入の理論的，実証的基盤を提供しており，その中心に「安全基地」概念が置かれているのである。治療における安全基地とは何か，それが個人の安全基地としてどのように獲得され，安全を保障するようになるのかという共通の問題提起を通じて，アタッチメント理論は現代の心理療法への寄与を行っている。

5-3　治療・介入におけるアタッチメント理論

　はじめに述べたように，アタッチメント理論は以上のような重要な視点を提供しながらも統一された独自の心理療法の形をとることはなかった。「臨床家がこの理論の臨床的適用を検討することにあまりに遅々としている」。そう述べた Bowlby の失望は，一方では「治療者であるよりもむしろ本質的には理論

第5章　アタッチメント理論を応用した治療・介入

家であった」(Holmes, 1993) という Bowlby 自身の臨床との関わり方によるところもあった。しかし状況は変化してきており，アタッチメント理論は臨床的実践の中にゆっくりと，しかし確かにその根を下ろそうとしている。第二次大戦後の混乱した社会的背景の中での乳幼児の精神的健康，という臨床的な関心から生まれたアタッチメント理論は，ようやくその基盤となる領域への回帰を果たそうとしている。

　この章では乳幼児，および成人への治療・介入それぞれについて，アタッチメント理論がどのように応用され，どのようにその理論的実際的基盤や枠組みに寄与しているかを概観してきた。乳幼児については乳幼児が安定したアタッチメント行動を獲得するための治療的介入を検討し，成人についてはそれぞれの心理療法の中でのアタッチメント理論の取り入れを安全基地概念を中心に概観してきた。前者では様々な立場を通じて同じ治療目標が掲げられていたが，後者については個々が独立して論じられている印象を持たれたかもしれない。これは，幼児における精神的健康のためのリソースが主に養育者に限られるのに対し，成人におけるそれは，関係の歴史，現在の養育者との関係，現在の対人関係（友人・恋人・家族），形成された内的作業モデル，知的能力，洞察する力，社会経済的支援と様々であり，そのどれを強調するかによって何を安全基地と捉えるか，何を治療目標とし，どのような治療技法を用いるかが変わってくるためではないかと考えられる。

　それは結局のところアタッチメント理論が今でも独自の治療論を持っていないことの帰結でもあるが，しかしアタッチメント理論の示す関係と安全への関心は，様々な心理療法，治療，介入をつなぎとめる安定性と一貫性をもたらすことに貢献してもいる。様々な心理療法を位置づけ，その治療効果を検討するにあたって，安定したアタッチメント，あるいは内的作業モデルという共通した評価基盤がそこに提供されているためである。アタッチメント理論を応用した治療・介入に関する知見の整理・統合はいまだ十分ではないが，その探索は豊かな成熟を期待させる。関係の希薄さ，安全への脅威に警鐘が鳴らされる現代であるからこそ，安定した関係や安全基地を重視するアタッチメント理論はその臨床的意義を増していくに違いない。

第5章 引用文献

Ainsworth, M.D.S., Blehar, M.C., Waters, E., & Wall, S. (1978) *Patterns of attachment: A psychological study of Strange Situation.* Hillsdale, NJ: Erlbaum.

Alexander, P. (1993) The effects of abuse characteristics and attachment in the prediction of long-term effects of sexual abuse. *Journal of Interpersonal Violence*, **8**, 346-362.

Alexander, P.C., & Anderson, C.L. (1994) An attachment approach to psychotherapy with the incest survivor. *Psychotherapy: Theory, Research, Practice, Training*, **31**, 665-675.

Anisfeld, E., Casper, V., Nozyee, M., & Cunningham, N. (1990) Does infant carrying promote attachment?: An experimental study of the effects of increased physical contact on the development of attachment. *Child Development*, **61**, 1617-1627.

Atkinson, L., & Goldberg, S. (2004) Applications of attachment: The integration of developmental and clinical traditions. In L. Atkinson & S. Goldberg (Eds.), *Attachment issues in psychopathology and intervention* (pp. 3-25). Mahwah, NJ: Lawrence Erlbaum.

Bakermans-Kranenburg, M.J., van IJzendoorn, M.H., & Juffer, F. (2003) Less is more: Meta-analyses of sensitivity and attachment interventions in early childhood. *Psychological Bulletin*, **129**, 195-215.

Bakermans-Kranenburg, M.J., van IJzendoorn, M.H., & Juffer, F. (2005) Disorganized infant attachment and preventive interventions: A review and meta-analysis. *Infant Mental Health Journal*, **26**, 191-216.

Ball, S., & Legow, N.E. (1996) Attachment theory as a working model for the therapist transitioning from early to later recovery substance abuse treatment. *American Journal of Drug and Alcohol Abuse*, **22**, 533-547.

Barnard, K.E., Magyary, D., Sumner, G., Booth, C.L., Mitchell, S.K., & Spieker, S. (1988) Prevention of parenting alterations for women with low social support. *Psychiatry*, **51**, 248-253.

Bion, W.R. (1977) *Seven Servants: Four Works by Wilfred Bion.* New York: Jason Aronson. [福本　修（訳）（1999）精神分析の方法Ｉ：セヴン・サーヴァンツ　法政大学出版局]

Biringen, Z. (1994) Attachment theory and research: application to clinical practice. *American Journal of Orthopsychiatry*, **64**, 404-420.

Blanton, G., & Yingling, L. (1996) Effects of a group treatment model for the predivorced on participants' level of ambivalence. *Family Journal: Counseling & Therapy for Couples & Families*, **4**, 22-29.

Blatt, S.J. (1995) Representational structures in psychopathology. In D. Cicchetti, & S. Toth (Eds.), *Rochester symposium on developmental psychopathology, Vol. 6: Emotion, cognition, and representation* (pp. 1-33). NY : University of Rochester Press.

Blatt, S.J., & Levy, K.N. (2003) Attachment theory, psychoanalysis, personality development, and psychopathology. *Psychoanalytic Inquiry*, **23**, 102-150.

Blizard, R.A. (2001) Masochistic and sadistic ego states : Dissociative solutions to the dilemma of attachment to an abusive caretaker. *Journal of Trauma & Dissociation*, **2**, 37-58.

Bowlby, J. (1969/1982) *Attachment and loss, Vol. 1 : Attachment*. New York : Basic Books. [黒田実郎・大羽 蓁・岡田洋子・黒田聖一（訳）（1991）新版 母子関係の理論Ⅰ：愛着行動 岩崎学術出版社]

Bowlby, J. (1988) *A secure base : Clinical applications of attachment theory*. London : Routledge. [仁木 武（監訳）（1993）母と子のアタッチメント：心の安全基地 医歯薬出版]

Brofenbrenner, U. (1977) Toward an experimental ecology of human development. *American Psychologist*, **32**, 513-531.

Burgess, A.W., & Roberts, A.R. (1996) Family violence against women and children : Prevalence of assaults and fatalities, family dynamics, and intervention. *Crisis Intervention & Time-Limited Treatment*, **3**, 65-80.

Byng-Hall, J. (1995) Creating a secure family base : Some implications of attachment theory for family therapy. *Family Process*, **34**, 45-58.

Cicchetti, D., & Toth, S.L. (1995) Child maltreatment and attachment organization : Implications for intervention. In S. Goldberg, R. Muir & J. Kerr (Eds.), *Attachment theory: Social, development, and clinical perspectives* (pp. 270-308). Hillsdale, NJ : Analytic Press.

Cicchetti, D., Rogosch, F.A., & Toth, S.L. (2000) The efficacy of toddler-parent psychotherapy for fostering cognitive development in offspring of depressed mothers. *Journal of Abnormal Child Psychology*, **28**, 135-148.

Cicchetti, D., Rogosch, F.A., & Toth, S.L. (2006) Fostering secure attachment in infants in maltreating families through preventive interventions. *Development and Psychopathology*, **18**, 623-649.

Cicchetti, D., Toth, S.L., & Rogosch, F.A. (1999) The efficacy of toddler-parent psychotherapy to increase attachment security in offspring of depressed mothers. *Attachment & Human Development*, **1**, 34-66.

Cicchetti, D., Toth, S.L., & Rogosch, F.A. (2004) An antidote to posttraumatic stress disorder the creation of secure attachment in couple therapy. In L. Atkinson & S. Goldberg (Eds.), *Attachment issues in psychopathology and intervention* (pp. 229-275). Mahwah, NJ: Lawrence Erlbaum.

Cohen, J. (1988) *Statistical power analysis for the behavioral sciences*. New York: Academic Press.

Cramer, B. (1989) *Profession Bébé*. Calmann-Levy. [小此木啓吾・福崎裕子（訳）（1994）ママと赤ちゃんの心理療法 朝日新聞社]

Dallos, R. (2003) Using narrative and attachment theory in systemic family therapy with eating disorders. *Clinical Child Psychology and Psychiatry*, **8**, 521-535.

Dallos, R. (2004) Attachment narrative therapy: Integrating ideas from narrative and attachment theory in systemic family therapy with eating disorders. *Journal of Family Therapy*, **26**, 40-65.

De Wolff, M.S., & van IJzendoorn, M.H. (1997) Sensitivity and attachment: A meta-analysis on parental antecedents of infant attachment. *Child Development*, **68**, 571-591.

Diamond, D. (2004) Attachment disorganization: The reunion of attachment theory and psychoanalysis. *Psychoanalytic Psychology*, **21**, 276-299.

Diamond, D., Clarkin, J., Levine, H., Levy, K., Foelsch, P., & Yeomans, F. (1999) Borderline conditions and attachment: A preliminary report. *Psychoanalytic Inquiry*, **19**, 839-884.

Diamond, G., & Siqueland, L. (1995) Family-therapy for the treatment of the depressed adolescents. *Psychotherapy*, **32**, 77-90.

Diamond, G., Reis, B., Diamond, G.M., Siqueland, L., & Isaacs, L. (2002) Attachment-based family therapy for depressed adolescents: A treatment development study. *Journal of the American Academy of Child and Adolescent Psychiatry*, **41**, 1190-1196.

DiNunno, J.H. (2000) Long-term group psychotherapy for women who are survivors of childhood abuse. *Psychoanalytic Inquiry*, **20**, 330-349.

Eagle, M. (2003) Clinical implications of attachment theory. *Psychoanalytic Inquiry*, **23**, 27-53.

Egeland, B., & Erickson, M.F. (1993) Attachment theory and findings: Implications for prevention and intervention. In S. Kramer & H. Parens (Eds.), *Prevention in mental health: Now, tomorrow, ever?* (pp. 21-50). Northvale, NJ: Aronson.

Egeland, B., & Erickson, M.F. (2004) Lessons from STEEP™: Linking theory, Reserarch, and practice for the well-being of infants and parents. In A.J. Sameroff, S.C. McDonough & K.L. Rosenblum (Eds.), *Treating parent-infant relationship problems* (pp. 213-233). New York: Guilford Press.

Egeland, B., Weinfield, N.S., Bosquet, M., & Cheng, V.K. (2000) Remembering, repeating, and working through: Lessons from attachment-based interventions. In J.D. Osofsky & H.E. Fitzgerald (Eds.), *Handbook of infant mental health, Vol. 4: Infant mental health in groups at high risk* (pp. 35-89). New York: Wiley.

Erickson, M.F., & Kurz-Riemer, K. (1999) *Infants, toddlers, and families: A framework for support and intervention.* New York: Guilford Press.

Erickson, M.F., Korfmacher, J., & Egeland, B. (1992) Attachments past and present : Implications for the therapeutic intervention with mother-infant dyads. *Developmental and Psychopathology*, **4**, 495-507.

Erickson, M.F., Endersbe, J., & Simon, J. (1999a) *Seeing is believing: Videotaping families and using guided self-observation to build on parenting strengths.* Minneapolis: Regents of the University of Minnesota.

Erickson, M.F., Egeland, B., Rose, T.K., & Simon, J. (1999b) *STEEP facilitator's guide.* Minneapolis: Regents of the University of Minnesota.

Eysenck, H.J. (1986) *The Decline and fall of the Freudian empire.* London: Penguin Books. [宮内　勝・中野明徳・藤山直樹・小澤道雄・中込和幸・金生由紀子・海老沢尚・岩波　明（訳）（1988）精神分析に別れを告げよう：フロイト帝国の衰退と没落　批評社]

Fonagy, P. (2001) *Attachment theory and psychoanalysis.* New York: Other Press.

Fonagy, P., Steele, M., Steele, H., Leigh, T., Kennedy, R., Mattoon, G., & Target, M. (1995) Attachment, the reflective self, and borderline states: The predictive specificity of the Adult Attachment Interview and pathological emotional development. In S. Goldberg, R. Muir & J. Kerr (Eds.), *Attachment theory: Social, developmental, and clinical perspectives* (pp. 233-278). Hillsdale, NJ: Analytic Press.

Fonagy, P., Leigh, T., Steele, M., Steele, H., Kennedy, R., Mattoon, G., Target, M., & Gerber, A. (1996) The relation of attachment status, psychiatric classification and response to psychotherapy. *Journal of Consulting and Clinical Psychology*, **64**,

22-31.

Fraiberg, S. (1980) *Clinical studies in infant mental health: The first year of life.* New York: Basic Books.

Fraiberg, S., Adelson, E., & Shapiro, V. (1975) Ghosts in the nursery: A psychoanalytic approach to the problems of impaired infant-mother relationships. *Journal of the American Academy of Child Psychiatry*, **14**, 1387-1422.

Gold, S.N. (2000) *Not Trauma Alone: Therapy for Child Abuse Survivors in Family and Social Context.* New York: Brunner-Routledge.

Gormley, B. (2004) Application of adult attachment theory to treatment of chronically suicidal, traumatized women. *Psychotherapy: Theory, Research, Practice, Training*, **41**, 136-143.

Greenberg, L., & Johnson, S.M. (1988) *Emotionally Focused Therapy for Couples.* New York: Guilford Press.

Gullestad, S.E. (2001) Attachment theory and psychoanalysis: controversial issues. *The Scandinavian Psychoanalytic Review*, **24**, 3-16.

Harman, J.L. (1992/1997) *Trauma and recovery revised edition.* New York: Basic Books. [中井久夫（訳）（1999）心的外傷と回復　みすず書房]

Holmes, J. (1993) *John Bowlby and attachment theory.* London: Routledge. [黒田実郎・黒田聖一（訳）（1996）ボウルビィとアタッチメント理論　岩崎学術出版社]

Holmes, J. (2001) *The search for the secure base: Attachment theory and psychotherapy.* London: Brunner Routledge.

Johnson, S.M. (1996) *The practice of emotionally focused marital therapy.* New York: Brunner/Mazel.

Johnson, S.M. (2004) An antidote to posttraumatic stress disorder: The creation of secure attachment in couples therapy. In L. Atkinson & S. Goldberg (Eds.), *Attachment issues in psychopathology and intervention* (pp. 207-228). Mahwah, NJ: Lawrence Erlbaum.

Johnson, S.M., Maddeaux, C., & Blouin, J. (1998) Emotionally focused family therapy for bulimia: Changing attachment patterns. *Psychotherapy: Theory, Research, Practice, Training*, **35**, 238-247.

北川　恵（2008）The Circle of Security におけるイメージの活用：アタッチメント研究と臨床実践の橋渡し，専門家と養育者の橋渡し　藤原勝紀・皆藤　章・田中康裕（編）京大心理臨床シリーズ6　心理臨床における臨床イメージ体験（pp. 463-473）　創元社

Klerman, G.L., Weissman, M.M., Rounsaville, B.J., & Chevron, E.S. (1984) *Interpersonal Psychotherapy of Depression.* New York: Basic Books. [水島広子・嶋田　誠・大野　裕（訳）(1997) うつ病の対人関係療法　岩崎学術出版社]

工藤晋平（2005）リサーチと精神分析臨床の間：アタッチメント理論を中心に　臨床心理学, **5**, 643-648.

Larrieu, J.A., & Zeanah, C.H. (2004) Treating parent-infant relationships in the context of maltreatment: An integrated systems approach. In A.J. Sameroff, S.C. McDonough & K.L. Rosenblum (Eds.), *Treating parent-infant relationship problems* (pp. 267-264). New York: Guilford Press.

Lieberman, A.F. (1991) Attachment theory and infant-parent psychotherapy: Some conceptual, clinical and research issues. In D. Cicchetti & S. Toth (Eds.), *Rochester symposium on developmental psychopathology, Vol. 3: Models and integrations* (pp. 261-288). Hillsdale, NJ: Erlbaum.

Lieberman, A.F., & Zeanah C.H. (1999) Contributions of attachment theory to infant-parent psychotherapy and other interventions with infants and young children. In J. Cassidy & P.R. Shaver (Eds.), *Handbook of attachment: Theory, research, and clinical applications* (pp. 555-574). New York: Guilford Press.

Lieberman A.F., Weston, D., & Pawl, J. (1991) Preventive intervention and outcome with anxiously attached dyads. *Child Development*, **62**, 199-209.

Lieberman, A.F., van Horn, P., Grandison, C.M., & Pekarsky, J.H. (1997) Mental health assessment of infants, toddlers and preschoolers in a service program and a treatment outcome research program. *Journal of Infant Mental Health*, **18**, 158-170.

Linehan, M.M. (1993) *Cognitive behavioral treatment of borderline personality disorder.* New York: Guilford Press.

Liotti, G. (1995) Disorganized/disoriented attachment in the psychotherapy of the dissociative disorders. In S. Goldberg, R. Muir & J. Kerr (Eds.), *Attachment theory: Social developmental and clinical perspectives* (pp. 343-363). Hillsdale, NJ: Analytic Press.

Liotti, G. (2004) Trauma, dissociation, and disorganized attachment: Three strands of a single braid. *Psychotherapy: Theory, Research, Practice, Training*, **41**, 472-486.

Loring, M., Clark, S., & Frost, C. (1994) A model of therapy for emotionally abused women. *Psychology: A Journal of Human Behavior*, **31**, 9-16.

Lyons-Ruth, K., Melnick, S., Bronfman, E., Sherry, S., & Llanas, L. (2004) Hostile-helpless relational models and disorganized attachment patterns between parents and their young children: Review of research and implications for clinical work. In L. Atkinson & S. Goldberg (Eds.), *Attachment issues in psychopathology and intervention* (pp. 65-94). Mahwah, NJ: Lawrence Erlbaum.

Parks, C.M. (1972) *Bereavement*. London: Tavistock Publications.

Patton, G.C., Glover, S., Bond, L., Butler, H., Godfrey, C., Di Pietro, G., & Bowes, G. (2000) The gatehouse project: A systematic approach to mental health promotion in secondary schools. *Australian & New Zealand Journal of Psychiatry*, **34**, 586-593.

Pistole, C.M. (1989) Attachment: Implications for counselors. *Journal of Counseling and Development*, **68**, 190-193.

Rosenthal, R. (1991) *Meta-analytic procedures for social research*. Beverly Hills, California: Sage.

Sable, P. (1997) Disorders of adult attachment. *Psychotherapy*, **34**, 286-296.

Sable, P. (2000) *Attachment and Adult Psychotherapy*. Northvale, NJ: Jason Aronson.

Shilkret, C.J. (2005) Some clinical applications of attachment theory in adult psychotherapy. *Clinical Social Work Journal*, **33**, 55-68.

Silberg, J.L. (2004) The treatment of dissociation in sexually abused children from a family/ Attachment perspective. *Psychotherapy: Theory, Research, Practice, Training*, **41**, 487-495.

Slade, A. (1999) Attachment theory and research: Implications for the theory and practice of individual psychotherapy with adults. In J. Cassidy & P. R. Shaver (Eds.), *Handbook of attachment: Theory, research, and clinical applications* (pp. 575-594). New York: Guilford Press.

Steele, K., van der Hart, O., & Nijenhuis, E.R.S. (2001) Dependency in the treatment of complex posttraumatic stress disorder and dissociative disorders. *Journal of Trauma & Dissociation*, **2**, 79-116.

Stern, D.N. (1995) *The motherhood constellation: a unified view of parent-infant psychotherapy*. New York: Basic Books. [馬場禮子・青木紀久代（訳）（2000）親－乳幼児心理療法：母性のコンステレーション　岩崎学術出版社]

Thomas, P.M. (2005) Dissociation and internal models of protection: Psychotherapy with child abuse survivors. *Psychotherapy: Theory, Research, Practice, Training*, **42**, 20-36.

Toth, S.L., Maughan, A., Manly, J.T., Spagnola, M., & Cicchetti, D. (2002). The relative efficacy of two interventions in altering maltreated preschool children's representational models: Implications for attachment theory. *Development and Psychopathology*, **14**, 877-908.

van den Boom, D.C. (1994) The influence of temperament and mothering on attachment and exploration: An experimental manipulation of sensitive responsiveness among lower-class mothers with irritable infants. *Child Development*, **65**, 1457-1477.

van IJzendoorn, M.H., Juffer, F., & Duyvesteyn, M.G.C. (1995) Breaking the intergenerational cycle of insecure attachment: A review of the effects of attachment-based interventions on maternal sensitivity and infant security. *Journal of Child Psychology and Psychiatry*, **36**, 225-248.

van IJzendoorn, M.H., Schuengel, C., & Bakermans-Kranenburg, M.J. (1999) Disorganized attachment in early childhood: Meta-analysis of precursors, concomitants, and sequelae. *Development and Psychopathology*, **11**, 225-249.

渡辺久子（2000）母子臨床と世代間伝達　金剛出版

Winnicott, D.W. (1965) The theory of the parent-infant relationship. In *The maturational processes and the facilitating environment* (pp. 37-55). London: Hogarth. ［牛島定信（訳）(1977) 親と幼児の関係に関する理論：情緒発達の精神分析理論　岩崎学術出版社］

Zeanah, C.H., & Larrieu, J.A. (1998) Intensive intervention for maltreated infants and toddlers in foster care. *Child and Adolescent Psychiatric Clinics of North America*, **7**, 357-371.

Zeanah, C.H., Larrieu, J.A., Heller, S.S., Valliere, J., Hinshaw-Fuselier, S., Aoki, Y., & Drilling, M. (2001) Evaluation of a preventive intervention for maltreated infants and toddlers in foster care. *Journal of the American Academy of Child and Adolescent Psychiatry*, **40**, 214-221.

Zeanah, C.H., Boris, N.W., Heller, S.S., Hinshaw-Fuselier, S., Larrieu, J., Lewis, M., Palomino, R., Rovaris, M., & Valliere, J. (1997) Relationship assessment in infant mental health. *Infant Mental Health Journal*, **18**, 182-197.

第6章 ストレンジ・シチュエーション法から見た 幼児期自閉症の対人関係障碍と関係発達支援

小林隆児

　「関係（性）」を軸に子ども（に限らず人間）の発達を捉え直していこうとする時，子どもの発達障碍についてわれわれがいかにこれまでその障碍のみに着目してきたかを痛感せずにはおれない。その最も象徴的なものが臨床診断の国際化である。この診断基準全体に流れているのは，中立的立場からの徹底した行動記述の姿勢である。定型発達からみて遅れた，あるいは歪んだ行動特徴が抽出されている。

　自閉症が乳幼児期早期に顕在化してくる対人関係の問題を中核とした発達障碍であるにもかかわらず，対人関係そのものを積極的に取り上げることなく，子どもの側の特徴ばかりに注目してきたことは，今考えても不思議なことである。対人関係の問題を考えるとするならば，例えば二者関係の場合であればもう一方の当事者である養育者を初めとするわれわれの側にも，あるいは2人の関係そのものにも言及するのは当然のことのように思われる。

　これまでわれわれは関係発達臨床の立場から発達障碍の子どもたちの発達のありようについて「関係」を軸に検討してきた。そこで本章では，われわれの臨床の場であるMother-Infant Unit（MIU）（小林，2000）でこれまでに経験してきた事例を通して，乳幼児期の自閉症の（あるいはそのリスクを持つ）子どもにみられる対人関係障碍の実態について，「関係」の視点から再検討を試みてみよう。

　関係の特徴を捉える際に，1つの枠組みとして，われわれはMIUで初回セッションの際に，ストレンジ・シチュエーション法（Strange Situation Pro-

第6章　ストレンジ・シチュエーション法から見た幼児期自閉症の対人関係障碍と関係発達支援

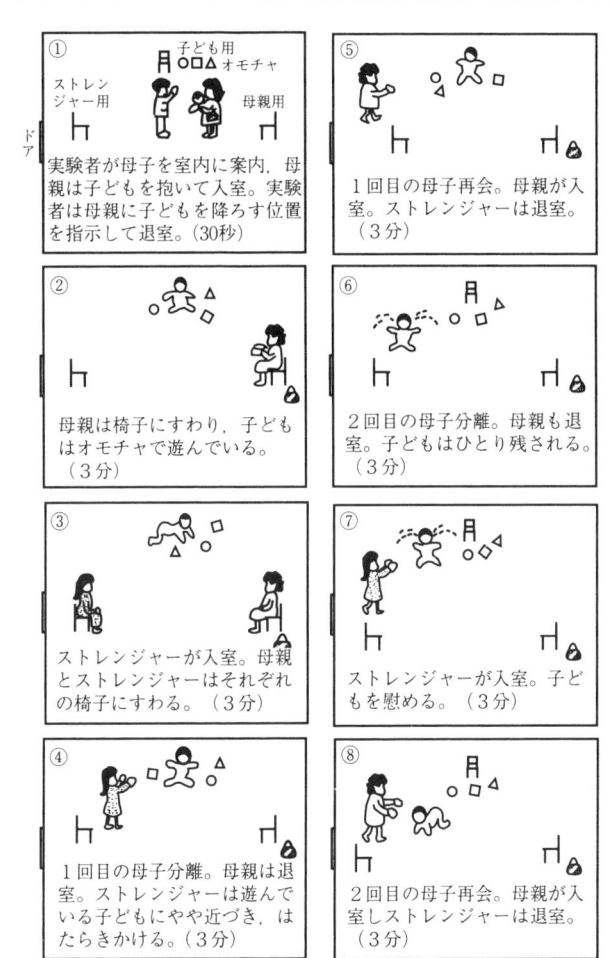

①　実験者が母子を室内に案内。母親は子どもを抱いて入室。実験者は母親に子どもを降ろす位置を指示して退室。(30秒)

②　母親は椅子にすわり，子どもはオモチャで遊んでいる。(3分)

③　ストレンジャーが入室。母親とストレンジャーはそれぞれの椅子にすわる。(3分)

④　1回目の母子分離。母親は退室。ストレンジャーは遊んでいる子どもにやや近づき，はたらきかける。(3分)

⑤　1回目の母子再会。母親が入室。ストレンジャーは退室。(3分)

⑥　2回目の母子分離。母親も退室。子どもはひとり残される。(3分)

⑦　ストレンジャーが入室。子どもを慰める。(3分)

⑧　2回目の母子再会。母親が入室しストレンジャーは退室。(3分)

図6-1　ストレンジ・シチュエーション法（SSP）の8場面

Ainsworth et al (1978) を繁多 (1987) が要約。

cedure: 以下，SSP)（図6-1）を実施している。そこではアタッチメント・パターンの評価とともに，母子の分離と再会の際に認められる母子相互の微妙な反応のありように着目している。そこでの母子相互の反応を通して関係の内実を捉えることができるのではないかと考えているからであるが，そこにわれわれは自閉症にみられる対人関係障碍の特徴が示されていると思う。そこで，本

167

章では乳幼児期の自閉症ないしそのリスクを持つ子どもたちを対象に，SSP を通してその対人関係障碍について検討してみよう。

6-1　事例呈示

6-1-1　A男　1歳0か月　（知的発達水準）正常　発達指数83（津守式精神発達検査）

主訴　泣いてばかりであやしても笑わない，抱きづらく抱くとのけぞる，視線が合わない，人見知りが激しく人を寄せ付けない

臨床診断　高機能広汎性発達障碍リスクの高い子ども

家族構成　父，母（専業主婦），A男の3人家族

発達歴

仮死，吸引分娩。新生期，授乳中にのけぞったり母の手をふりはらう，視線が合わないなど母子間においてA男がしっとりと甘えるといった関係が乏しかった。A男はよく泣き，母乳を飲んだあとも泣き続けることが多かった。あやしても笑わない，抱いてもすぐにのけぞるので母は全身が凝って疲れやすかった。生後5か月，指しゃぶりが始まる。指しゃぶりによって泣き叫ぶことが減った。寝る時泣くので抱っこをするが，指しゃぶりをしている指がはずれると泣いていた。A男は，抱かれることを嫌がり，抱かれてものけぞってすぐに降りることが多かった。そして，1人で横になって指しゃぶりをして寝てしまうこともあった。夜は，30分～1時間おきに起きては激しい泣きを繰り返しているという。また，子どもの多い場所へ連れて行くと嫌がって泣いてしまう。実家に帰省した時，車に乗せると車が止まるたびに泣いて嫌がり，動いていないと不機嫌なこともあった。最近やっと歩き始めたばかりである。真似をまったくしようとしない，人見知りが激しいなど，周囲への警戒の強さや過敏さがA男にはあり，初回面接にて，母は，「A男を赤ちゃんらしく感じたことがない」と語った。

1歳0か月，筆者の外来を受診し，MIUでの支援が開始された。

第6章　ストレンジ・シチュエーション法から見た幼児期自閉症の対人関係障碍と関係発達支援

SSPの特徴

　①SSPの説明のため筆者が入室し，母の側へ行き母と話し始めた。A男は，それまでと同じように1人でボールを転がすなどして遊んでいたが，話をしている筆者と母が気になるのか離れた場所から時々様子を窺うように見ていた。少しして筆者がA男の側に行き抱き上げようとすると，筆者の手をふりはらうようにして嫌がった。母はその様子を見て，「A男ちゃん，大丈夫だよ」と声をかけたが，A男が母を求めて近寄って行くことはなかった。

　②（筆者と父，退室）：滑り台で1人ボールを転がし遊んでいたところ，途中筆者が入室した。A男はそのことに気付くと，手ではボールを転がしながらも筆者の存在をとても気にして入室から退室までの間ずっと目で追い続けた。場面①で認められた時よりもさらに強く注意を引きつけられている様子だった。筆者が退室すると，A男はまた1人でボールを転がし遊び始めた。母は，A男が遊んでいる滑り台からは少し離れ，SSPのため用意された椅子に腰をかけた。その場から「滑り台，ヒュー」などと繰り返しA男に声をかけていた。すると，まもなく突然A男が母を求めるような声を出して，両手を上げた。母はすぐにA男のところに行き，A男の手を取って遊ぼうとするが，場面①での筆者の時と同じように嫌がったため，母はあやすようにA男を抱き上げた。しかし，抱き上げるとA男はすぐに他のものに視線を反らし身体をずらすため，母は抱き続けることができずA男を降ろさざるをえなくなった。その後，母はだんだんとA男に対して働きかけることが少なくなり，腰に手をあて一歩引いたところからA男の表情を窺うようになった。母の呼びかけに対してなかなか期待したような反応をしないA男に対して「どうしたらよいのか」といった母の困惑した思いが伝わってきた。

　③（ST入室）：ストレンジャー（ST）が入室するとA男は目で追い愛想笑いをしていた。母は，A男がSTに対して目をやる度にしきりに「"こんにちは"って」と挨拶を促したり，不自然に頭をなでている。その一方で，A男の顔にボールが当たっても反応しない。それまでA男と一緒にボールテントのところで腰を降ろして遊んでいたにもかかわらず，母はA男から離れてSTの横に用意された椅子へと移動した。その時，A男は母に目をやったが，母は気付かず

A男がSTを見るたび先程と同じように,「こんにちは」と挨拶を促すように声をかけていた。A男もSTを気にして度々見ていたが,母自身もSTの存在をとても気にかけていた。

④（母退室,母子分離1回目）：A男は母が出て行ったのに気づき目で追うが,すぐにSTに注意を向けて微笑んだ。しかし,しだいに不安が高まり全身を固くしてSTが車のクラクションを鳴らすと一瞬笑顔を見せた後,次の瞬間には突然泣き始めた。表情は平常を装い不安な思いを抑えていたが,車のクラクションをきっかけにどっと不安な思いが込み上げてきた様子だった。そして,母が出て行ったドアの方に向かって両手を上げ徐々に激しく泣き始めたので,STが抱き上げようとした。しかし,STの手をふりはらって嫌がり1人で泣き続けていた。その後,泣き続けるA男をSTが抱き上げ他の玩具であやそうとしても興味を示さず,身体を動かすので床に降ろすと,両手を上げて抱っこを求めていた。突然母がいなくなり,不安で誰かに頼りたいのに,それもできないといった様子であった。

⑤（母入室,ST退室,母子再会1回目）：入室するとすぐに母はA男を抱いて,しきりに「ごめんね」と言いながら頭をなで,A男の顔を覗き込んでいた。一方A男は顔をそむけ目を合わせずに母の胸との隙間に肘を入れて母と身体を密着するのを避けるようにして指しゃぶりをしていた。しかし,しばらくすると泣き止み,母の胸に顔を埋め視線も合うようになっていた。しばらくA男は母の胸に顔を埋めていたが,A男の関心が玩具の方にいったので母はA男を床に降ろした。A男は近くに転がっていた小さいボールを手にして再び遊び始めると,まもなく母は退室した。

⑥（母退室,母子分離2回目）：1回目の母子分離同様退室していく母に目をやったが後追いはなく,A男は身体を固くして周囲に警戒的な視線を送り,しばらくして（15秒後）泣き始めた。それは,④の時よりも強い泣き方だった。

⑦⑧実施前であったが,スタッフの判断により母は入室し,泣いているA男のもとに急いで駆け寄り抱き上げた。A男を抱きながら繰り返し「A男ちゃん,ごめんね」と顔を覗き込む姿が印象的であった。その後,A男が遊びを始めても「大丈夫？　もう機嫌なおった？」と浮かない表情で話しかけていた。

第6章　ストレンジ・シチュエーション法から見た幼児期自閉症の対人関係障碍と関係発達支援

アタッチメント・パターン評価　安定型

母子関係の特徴　母は不安と緊張のためか，どこかぎこちない動きである。A男は他者を食い入るようにじっと見つめ，強い警戒的な構えを見せている。A男が何かで遊んでいても，他者の動きに注意が吸い寄せられるようにして他者を眼で追いかけてしまう。母はA男に挨拶を促したり，さかんに頭を撫でて褒めたりし，周囲に対する強い気遣いがある。その一方でA男にボールが当たって痛そうに感じられるような場面で，母はA男を慰めるような行動をとらないし，A男も痛そうな反応は表だってはしない。

分離不安が起きる状況になってもすぐに不安は見せず，STに愛想笑いさえ浮かべる。まもなく不安が表出されるようになる。快，不快の情動反応が判然としないのが特徴的である。抱っこに対してはアンビバレントで，抱かれたそうだが，いざ抱っこされるとすぐにむずかり降りる。抱かれていても，左手で自分の指をしゃぶり，右手を母の胸の前に置いて身体的密着を避けている。母はボールや滑り台を見つけてはA男に盛んに声を掛けて玩具を使った遊びに誘い込もうとする。

6-1-2　Y子　1歳9か月　（知的発達水準）境界域　発達指数70（津守式精神発達検査）

主訴　視線が合いにくい，呼びかけに反応しない，喃語のような発声ばかりで有意語はない，独り言のようにぶつぶつつぶやく，気移りがはげしい

臨床診断　自閉症

家族構成　父，母（専業主婦），Y子の3人家族

発達歴

乳児期，Y子は母乳を飲みたがらなかった。飲ませようとするとY子は母の胸に手をあてて押しのけ，授乳されるのを拒否したという。そのため母は搾乳して哺乳瓶で飲ませた。抱かれることは嫌がらなかったので，よく抱いていた。生後5か月の時，母が手首を怪我し，治療のため安静にするように言われて，Y子を抱くことを極力減らすようにした。泣けば抱くようにしていたが，抱いてやれない時は激しくずっと泣き続けた。生後8か月には母に対する後追いが

はっきり認められた。11か月で歩き始めると周りの物への関心がふえ，あちこち歩き回るようになり，抱っこを求めなくなった。1歳ごろ，外に出て行くと変なものにばかり気を取られるようになった。例えば，動物園では動物を見ないで風車を見たり，非常口のマークを眺めるなど，目を向けるところが他児と違っていた。1歳2か月ごろ，ビデオを見せるようにしたら，アニメや英語等のビデオを1日数時間見るようになった。当時からアルファベットには興味を示し，母のシャツの文字を見て指差した。また，家の中に貼られていた「あいうえお」の表を見続けたり，車のナンバープレートの数字を見続けたりしていた。1歳6か月ごろから，呼びかけても反応しなくなり，視線も合いにくくなった。1歳6か月健診で，多動で，明らかに他児と違うことに母は気づき，以後，Y子に対する接し方をいろいろと工夫するように心がけた。父も母と一緒になって，夜，遊びの相手をしてやると，喜んで楽しみにするようになった。母が手遊びをしてやると，よく見て真似をするようなところも出てきた。

1歳9か月の時，筆者を紹介され受診し，MIUでの支援が開始された。

SSPの特徴

①SSPの説明のため筆者が入室し，母子のそばに行って母と話し始めると，それまでほとんど笑顔を見せなかったY子が急にニコニコして筆者の方を見たのが印象的であった。初対面の人に対する警戒的な様子は見られなかった。

②ボールテントの中に入っているY子に，母はボールを手にして，「Yちゃん，どうぞ」と渡し，すぐに「ちょうだい」と言って，やりとり遊びで一生懸命関わろうとした。Y子は母の働きかけに応じるような様子を見せたが，徐々に回避的な態度になり，少しずつ母に背を向け始めると，母は関わることをやめてY子から遠く離れて座り，困ったような表情をしてY子が遊ぶ様子を見つめていた。

③（ST入室）：筆者が入室した時に見せた笑顔とは対照的にSTが入室して椅子に座ると，非常に警戒する様子を見せ，ボールテント越しにSTをじっと見つめ，様子を窺っている。Y子はSTから目を離すと，自分に話しかけるように盛んに喃語のような発声をしながらボールの感触を楽しむように扱いはじめた。

第6章　ストレンジ・シチュエーション法から見た幼児期自閉症の対人関係障碍と関係発達支援

④（母退室，母子分離1回目）：母が退室すると，それまでボールテントの中で，ボールの感触を楽しんで1人で遊んでいたが，Y子は母の退室に気付き，しばらくの間（19秒間）固まったように身動きをせず，まったく声も出さなかった。STはボールテントの中のY子に，ボールを送るように押しやりながらY子の遊びの相手をしようとしたが，Y子は次第に身体を回転してそれを拒否するようにSTに背を向けてしまった。しかし，Y子がソフトブロックに興味を示した時に，Y子が扱っているものと同型のブロックを手渡すと，回避することなく受け取った。

⑤（母入室，ST退室，母子再会1回目）：母が入室すると，Y子は母を目で追ったが，母がY子の前に座って遊びの相手をしようとすると，母の視線を避けるように下を向いてしまった。Y子は近くにあったボールを拾って立ち上がり，ボールテントの中へ入って母に背を向けて遊び始めた。母もボールを拾ってY子の背後に接近したが，ボールをテントに入れると，Y子には働きかけずに後ろにさがって座った。Y子が別の遊びを始めても母は動かず，Y子に関わることをどこか避けていた。

⑥（母退室，母子分離2回目）：母が退室すると，Y子はドアの音でそれに気付き，遊びが手につかなくなり，不安そうな声を出しながら何度もドアの方を見ていた。Y子は自分に話しかけるような発声をしながら室内をウロウロ歩き回り，目に留まった玩具を手に取ったり，振り回したりしていたが，心ここにあらずといった様子であった。

⑦（ST入室）：STが入室し，声をかけると，Y子はSTの手を取ってドアのところへ連れて行き，「ん〜」と言って，母のところへ連れて行って欲しいと訴えるような発声をした。その後もぐずるような発声をしていたが，泣くことはなく，その声は弱弱しくて，こちらに訴えるような強さは感じられなかった。STがなだめるように声をかけると，Y子はそれ以上訴えることはせずに，ボールテントの中へ入って行った。

⑧（母入室，母子再会2回目）：STが退室し母が再入室すると，Y子はうれしそうに微笑みながら母の手を取り，ボールテントのところへ連れていった。Y子はボールテントの中に入り，母を自分の遊びに誘うようにボールと戯れだ

した。母も微笑みながらボールを手に取り、「どうぞ」とＹ子に渡した。Ｙ子が受け取るとすぐに「Ｙちゃん、ちょうだい」と言って手を差し出した。Ｙ子はそれに応じて母にボールを渡したが、母が同じ遊びを続けようとすると、Ｙ子は回避するように背を向けてしまった。

アタッチメント・パターン評価　回避型

母子関係の特徴　Ｙ子にはいまだ母との間でやりとり遊びを楽しむ様子は見られず、どことなくボールの感触を楽しむような感覚遊びに近い状態にあったが、母はＹ子に対してボールのやりとりを促すような働きかけが目立っていた。Ｙ子は母と遊びたいという気持ちはあるようなのだが、いざ母が関わろうとするとＹ子はおもむろに背を向けて回避してしまっている。母もＹ子の遊びの相手をしなければという思いは感じられるが、どこかＹ子との直接的な関わりに対して回避的な構えも見られている。両者ともに互いに相手に対してアンビバレントな心的状態にあるのが特徴的であった。その端的な表れがＹ子の発声に見られた。何かを盛んに口ずさんでいるが、自分自身あるいは他の何かに向かって話しかけているようで、傍にいる母に向かって話しかけているようには見えない。独り言をつぶやいているように見えた。

6-1-3　Ｋ男　4歳0か月　（知的発達水準）正常　発達指数80（津守式精神発達検査）

主訴　ことばの遅れ、視線回避、会話が一方通行、オウム返し、独語、偏った好み。子どもの診断と治療を求めて受診

臨床診断　自閉症

家族構成　父方祖父母、両親、3歳上の姉の6人家族

発達歴

胎生期は特に問題はなかった。乳幼児期は、喘息がひどく、生後1年は寝てばかりであった。そのころから視線回避、無表情、もの静かな子であった。人見知りがなかったために、手のかからない子だと思っていた。生後10か月か11か月の時にハイハイをせずにいきなり歩けるようになった。1歳6か月健診では保健師からは特に異常は指摘されなかった。2歳健診の時、初めてことばの

第6章　ストレンジ・シチュエーション法から見た幼児期自閉症の対人関係障碍と関係発達支援

遅れを指摘された。ことばはなかなか出てこなく，2歳半になってようやく発語。3歳健診時，保健師から母子通級の活動を勧められて数回参加した。しかし，K男は泣いて全く参加しなかった。

その後，スプーンやフォークをお守り代わりのように四六時中握って放そうとしない時期があったが，いつの間にかそれほどそれらに執着しなくなった。3歳半の時に，県立こども病院小児神経精神科を受診。脳波と聴力の検査を受けたが異常なし。発達検査で2歳程度と言われた。

幼児期から現在まで，自分の世界に没頭することが多く，天井を見て笑い出したり，手をヒラヒラさせたり，ブツブツと1人で物語をつくってつぶやくことがしばしば見受けられる。こちらの言っていることは伝わっているが，自分が伝えたいことはうまく表現できず，彼流の独特なことばを使うことが多い。聞かれたことに対してオウム返しで答えることも多い。

現在は自宅から少々離れたところにあるモンテッソーリ教育を実践している保育園に通園している。35人の園児に対して保育士が2人。入園後，初めの3か月は泣くことが多く，母となかなか離れられなかった。しかし，保育園に慣れるにつれて，今まで家庭ではできなかったこと（順番を守るなど）ができるようになり進歩が見られた。集団行動にはまだまだ沿えないが，本人なりに少しずつ参加できるようになってきている。簡単な遊びやゲームには参加したがらず，高度なテクニックを要求する遊びやゲームにばかり興味を示して参加したがる。難しくて他の子どもたちも苦労しているようなゲームを，この子は上手にやりこなすことができる。

睡眠は良好。偏食はさほど強くない。

SSPの特徴

①スタッフが母にSSPについて説明した。母ははきはきと返事をしながら聞いていて，とても協力的な態度である。

②K男は入室するなり机の上に置かれた細々とした遊具を手で扱い，物色している。母も一緒になってK男の興味を引くものがないか探している。「K男ちゃん，消防自動車あるよ！」「K男ちゃん，トーマス（機関車）あるよ！」と次々にK男に見せる。それに付き合うようにしてK男は母のくれた玩具を手

にとって扱うが，興味が引かれないのか少しだけ扱ってはすぐに他の物に気が移ってしまう。母はなんとかK男の関心を引きつけようと懸命になってK男の名前を呼びながら，玩具を次々に手にとって見せる。K男が野菜や果物を手にとって包丁で切り始めると，K男の動きに合わせて「よいしょ！」などと声を懸命に掛けている。母の懸命さがとても伝わってくる。しかし，どこかK男の気持ちは乗らず，引いてしまっているように見える。

③（ST入室）：STが入室すると，すぐに母が気づいて挨拶をする。K男は先ほどから野菜や果物を手にとって包丁で切っている。母はK男に「K男ちゃん，"こんにちは"は？」と挨拶をするように促す。するとK男は包丁を扱いながら「こんにちは」と小声で気のない返事。母はK男の顔をSTの方に向けさせようとする。しばらくして，K男が包丁で野菜を切っていると，それに合わせて「よいしょ」とかけ声をかける。そしてすぐに，切った野菜を「今後は切ったのを（先生に）はいどうぞ」とSTに差し上げるようにとK男に促す。K男はなんら抵抗無く手にとってSTの方に近づいて手渡す。

母子2人でままごと遊びをしているように見えるが，母の活発な働きかけが前景に出て，K男の動きはどことなく控えめで楽しそうな感じは受けない。母の誘いや促しに素直に従っているように見えるが，K男はどことなく動かされている印象が強い。母のK男へのことばがけがとても多いのに比して，K男の発語はほとんど見られない。

④（母退室，母子分離1回目）：母はスタッフの誘導にすぐに反応して「はい，すみません」と言いながら退室。K男に対して特に合図を送ることはない。K男も特に目立った反応をすることなく，同じように野菜の包丁切りを黙々と続けていたが，30秒ほど経過すると突然，野菜を持っていた前腕に力が入ってひきつけるような動き（不規則な不随意運動と思われる）が数回出現する。さらにまもなく唐突に意味不明な独り言をつぶやき始める（この発声も声のチックと同様の不随意運動と思われる）。STはずっと黙って椅子に座って眺めている。2人のあいだになんとも言えない緊張した雰囲気が感じ取れる。

⑤（母入室，ST退室，母子再会1回目）：母は黙って入室。K男はすぐに母に気づいてドアの方に視線を向けるが，再び野菜の方に視線を移す。K男がしば

第6章　ストレンジ・シチュエーション法から見た幼児期自閉症の対人関係障碍と関係発達支援

らく何もしないで立っていると，母はおもちゃを扱いながら積極的にK男を遊びに促し始める。相変わらず，K男の発語はまったく聞かれない。

　⑥（母退室，母子分離2回目）：スタッフに促されて母は黙って退室。K男は母の出て行く後ろ姿を目で追っているが，後追いすることはない。ただ呆然と見送っている。10秒ほどすると突然先ほどと同様の独り言をつぶやき始めるが，先ほどよりもかなり大きな声で緊張の高いのが印象的である。机から離れて積み上げられたブロックの上に登り，ブロックを手で思い切り叩いては独り言を発してブロックから降りる。するとつぎに大きなボールに近づくが，少し触れるだけで今度は机の方に再び戻る。先ほどやっていた野菜の包丁切りである。このように何をやっていても集中することはできず，落ち着かない様子である。母が退室して3分近く経過したころに突然，ドアの方に接近しながら独り言をつぶやく。しかし，ドアを開けようとはしない。まもなくSTが入室。

　⑦（ST入室）：STは椅子に座って静かにK男を見守っている。K男はSTに特に関心を示すことはなく，先ほどと同様に1人で黙々と包丁切り。しかし，1分半ほど経過すると，突然独り言をつぶやき始める。K男は天井の方に前腕を差し上げながら何か語りかけるように大声を発しているが，全く意味不明。STはそれにどのように応答してよいか困惑気味で，じっとしているだけである。

　⑧（母入室，母子再会2回目）：母との再会。母の入室に気づいてドアの方を見るが，すぐに先ほど扱っていた玩具の方に視線を移す。玩具を扱っているK男に近づいた母は，「K男ちゃん，何していた？」と尋ねながらK男と一緒に何かをしようと語りかける。K男の方は先ほどから机の上の玩具ばかりに注意が向いていたが，まもなく母は部屋にあった滑り台を指さして「K男，滑り台があるよ」とK男に誘い始める。すると驚いたことに，K男は玩具を両手に持ったままで，勢いよく（というよりも唐突に）滑り台の方に走っていき，滑り台の階段を登っていく。母は両手に持っていた玩具を見て，「あぶないよ，1つちょうだい」と促すと，すぐに母に1つ手渡してから滑る。1回滑っただけで，ふたたび先ほどの玩具を扱い始める。まるで，他の遊びをしていてもここに戻ることによってK男は多少なりとも安心しているように見える。机に置か

れた玩具を見ていて，K男が知っていると思われるものだと母はそれを取り出して「これなに？」と幾度も尋ねている。K男が反応しないと執拗に何度も尋ねている。K男は「なに」とオウム返しで反応しているばかりである。ただ，K男が自分で玩具を扱いながら突然「できた！」と大声で叫ぶ。しかし，母はさきほどと同様に「これなに？」と繰り返し尋ねている。母はK男に働きかけることに懸命になっていて，K男が何をしようとしているかを感じ取るゆとりがないのが印象的である。

　アタッチメント・パターン評価　　回避型

　母子関係の特徴　SSP開始前の説明時，母は自分が不在になってもK男は何の反応もしないだろうと予測していたが，実はそうではなく，K男は後追いをしたり，泣いたりしないだけであった。母の不在に対して情動面の激しい混乱を示し，ついには不随意運動と思われるような奇妙な反応（チック様発声，前腕の痙攣様運動）を見せている。さらには1人でつぶやくようにして空を見つめている。一見すると奇妙な印象を受けるが，近くで見ていると非常に痛々しい感じのする反応である。母の熱心なK男への働きかけには回避的な態度を示しながらも，いざ母が不在になると，明らかに不安は高まっている。しかし，母を求めるような直接的行動を取ることはできない。非常に強い動因的葛藤が認められ，ついには葛藤行動としての不随意運動を思わせる反応が生じている。

6-2　SSPから見た対人関係障碍の諸相

6-2-1　関係欲求をめぐるアンビバレンス

　3つの事例について，子どもに焦点を当てた際に最も特徴的なことは，彼らに心細い思いが生じているにもかかわらず，母に積極的に保護を求めようとしないことである。母が目の前にいる時にはさほどの積極的な関心を示さず，むしろ回避的である。母が目の前から消えていなくなっても，積極的に後追いをすることもほとんどない。しかし，一見母を必要としないかのように思われた彼らの様子をつぶさに観察していると，極度に不安と緊張が高まっていること

第6章　ストレンジ・シチュエーション法から見た幼児期自閉症の対人関係障碍と関係発達支援

が全身の動き（vitality affects）からひしひしと感じ取られるのである。

　さらに彼らの母への直接的な関わり方を見ていくと，非常に繊細な反応を示していることがわかる。たとえば，A男は抱っこされても身体接触を極力避けるかのようにして自分の手を母と自分の身体の間に挟むようにして入れている。Y子は母の退室に対してじっと身を固くして周囲の様子をうかがっている。非常に強い警戒的な構えである。ただ，母に対する思いが2回目の母子再会ではわかりやすく表現され，母との再会にうれしそうな反応を見せるまでになっている。しかし，なぜか最初からそのような反応は見せないのである。K男ではより一層回避的傾向が強く，母の退室によって異様とも思えるような奇妙な不随意運動が生じている。

　彼らにこのような養育者に対する回避的行動が生じるのは，おそらくは生来的な異常なほどの＜知覚－情動＞過敏によるところが大きいと思われるが，その背後（内面）に強い関係欲求が潜んでいることが窺われる。他者（主に養育者）と関わり合いたいという思いが高まっても，それと同時に，関わり合うことによって自分が傷つく恐れが生じ，つい回避的反応が誘発されてしまう。このような心的状態をわれわれは関係欲求をめぐるアンビバレンス（両価性）と称している（図6-2）。彼らの対人関係障碍の基盤に，心理的に強いアンビバレンス，ないし強い葛藤（ジレンマ）が働いているということである。

　ここで生じる葛藤は関係の悪循環によって増強の一途をたどることになり，その反応として様々な行動上の問題を呈することになる（図6-3）。自閉症に見られる多くの行動上の問題の背景にはこのような葛藤と関係の悪循環を想定することができる（小林, 2001）。

　このような関わり合うことの困難な子どもたちに日常的に関わらざるをえない養育者は，強い不安を抱えながら養育に従事せざるをえない。そのため，どうしても子どもに指示的な関わりをもたざるをえなくなる。こうした関わりは養育者にも様々な迷いを生み，アンビバレントな気持ちをもたらすことになる。その結果，両者間に不安や緊張がより一層生まれやすく，それが両者の不安をさらに助長するという関係の悪循環を生む。われわれはこのような関係の難しさを関係障碍としてとらえ，支援の方策を練っている。

図 6-2 関係欲求をめぐるアンビバレンス　　　図 6-3 動因的葛藤行動

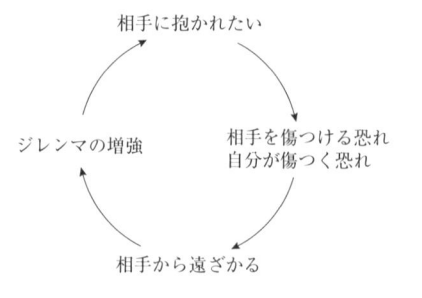

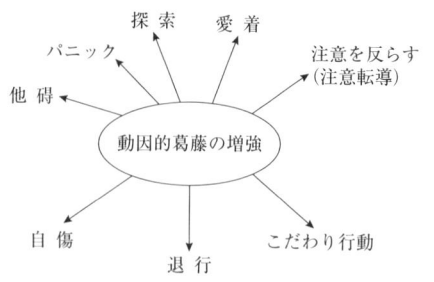

　3つの事例に見られる養育者のぎこちない関わりを生み出しているのは，多くの場合，けっして養育者自身のもともとの特徴ではなく，関係の悪循環によってもたらされたものとして捉えることが大切である。このように，生来的な敏感さを持つ子どもとの関わり合いは多くの場合，関係障碍をもたらし，母子双方により一層生きづらい状態を生むことになるのである。

6-2-2　強い警戒的な構えがさらに知覚過敏を増強させる

　母が退室してひとりぽっちになった時に，彼らが周囲に対して非常に強い警戒的な構えを取っているのは，そばにいるだけでわれわれにもひしひしと伝わってくる。急に身体の動きが止まり，高感度のアンテナを全身に張り巡らせて周囲の様子を用心深く窺っている。いかに彼らの不安と緊張が強いかが想像される。このような強い警戒心がもたらされるのは，いつまでも彼らに安心感が生まれないためであるが，それは関係欲求をめぐるアンビバレンスによってアタッチメント形成が阻害されていることによる。

　先に述べたように，彼らには生来的に独特な＜知覚－情動＞過敏が認められることは確かであろうが，今現在の彼らに見られる＜知覚－情動＞過敏が単に生来的なものだと単純に結論づけることには慎重でなくてはならない。アタッチメント形成の障碍は彼らに安心感を育むことを困難にするため，いつまでも安心感は生まれず，周囲に対してますます警戒的になり，刺激に対してより一層過敏に反応するようになる。ここにアンビバレンス→アタッチメント障碍→安心感のなさ→警戒心の増強→＜知覚－情動＞過敏の増強→……という悪循環

第6章 ストレンジ・シチュエーション法から見た幼児期自閉症の対人関係障碍と関係発達支援

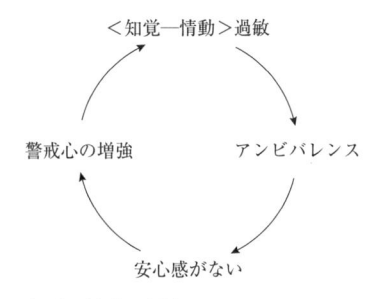

```
        ＜知覚―情動＞過敏
       ↗              ↘
警戒心の増強          アンビバレンス
       ↖              ↙
         安心感がない
```

図6-4 ＜知覚－情動＞過敏とアンビバレンスによる悪循環

(図6-4)が生じてしまう。関係という視点で捉えることの重要性をここでも指摘できるのである。

6-2-3　周囲の刺激によって注意や関心が引き寄せられる

次に指摘したいのは,彼らの強い警戒的な構えは,あらゆる刺激に対する異常なほどの敏感な反応を生むということである。そのため,たとえ彼らの関心や注意が何かに向けられていたとしても,他の何らかの刺激によって容易にそれに引き寄せられてしまう。一見すると彼らは1人で何かの遊びに夢中になっているように思われるが,彼らの内面を想像すると,おそらく彼らは遊びに夢中になるどころか,心ここにあらず,といった状態におかれているのではないかと推測されるのである。

彼らは他者に対して多くの場合回避的であることが多いが,周囲の刺激によって容易に動かされやすいために,他者からの働きかけに意外なほど容易に反応(応答)してしまうことにもなる。したがって,他者からの働きかけに対する彼らの応答を自発的行為として受け止めることには慎重でなくてならない。彼らが自らの意志で,主体的に行動するということは極めて困難なのである。青年期・成人期に至って自閉症の人々が主体性に関わる深刻な精神病理を呈する(小林, 2003)背景には,乳幼児期のアタッチメント形成の問題が深く関わっているのである(小林, 2005)。

6-2-4 快／不快の未分化な情動表出

　関係欲求をめぐる強いアンビバレンスは彼らの情動面にも深刻な影響をもたらす。快／不快の情動表出さえ抑制を受けるため，情動の分化が起こりにくい。われわれが彼らと関わって楽しい時を過ごそうとしたり，彼らの気持ちに沿って関わろうとしても，それが難しいのはわれわれの関わり方そのものの質のみによるものではない。その大きな要因として，互いの情動が容易には響き合わないということが考えられる。とりわけアンビバレンスが強い状態にあっては，彼らの情動興奮が自然な流れの中で生まれることは極めて少ない。時に情動興奮が起こったとしても唐突かつ鋭角的で，非連続的である。彼らとの間で連続的な情動興奮が起こるような関わり合いは生まれにくい。そのため，快／不快というもっとも原初的な情動の分化さえ容易には起こりにくい。

6-3　自閉症に見られる障碍や症状をどのように理解するか

　そもそも，発達障碍という時の障碍は，発達の途上で生じてくるものである。そうである以上，それはその後の発達過程に影響を及ぼし，周囲との関わり合いのありよう如何では，二次的，付加的に障碍を増幅させる可能性をもつとともに，逆にそれまでの障碍（症状）が軽減される可能性をもつものである。つまり，その障碍（症状）(disorder/disability) は，生得的，器質的な障碍（基礎障碍 impairment）から直接派生したというよりは，その成長過程において形成・発現し，またその後も多様に変化していく性格のものである。実際，この種の障碍の子どもに認められる種々の能力障碍は，生誕直後から顕在化することはまずなく，養育者を初めとする他者との濃密な関わり合いの体験とその基礎障碍とが絡み合うことによって形成される（小林，2001, 2004）。この点がきちんと理解されていないために，理解困難な多彩な行動面や精神面の障碍（症状）が短絡的に自閉症，あるいは発達障碍と結びつけられてしまいがちになる。

　このような混乱は，これまで自閉症を初めとする発達障碍の問題が行動面や能力面の障碍 (disorder/disability) に焦点づけられ，こころの問題が外縁に追

第6章 ストレンジ・シチュエーション法から見た幼児期自閉症の対人関係障碍と関係発達支援

いやられてきたことによるところが大きい。たしかに，生得的な基礎障碍に基づく能力障碍はあるにしても，発達障碍の子どもの育てにくさは育てる者にも不安や焦燥感を喚起させずにはおかない。そこでは両者の関係は負の循環を生みやすくなる。このような問題が自閉症における対人関係においてもっとも深刻化しやすい。そのような関係の難しさをわれわれは関係障碍として捉えながら支援を実践しているが，発達障碍におけるこころの発達の問題の大半は，このような関係障碍とそれに基づく負の循環が次々に重なり合って引き起こされているとみなす必要がある。

6-4 どのように彼らを支援するか——関係発達支援

　彼らへの支援を考える上で重要なことは，発達障碍においては，土台が育ってその上に上部が組み立てられるという一般の発達の動きが阻害されているということである。乳幼児期早期に子どもと養育者の間でなんらかのボタンの掛け違いが起こり，そこに関わり合うことの難しさ（関係障碍）が生まれ，それをもとに対人交流が蓄積されていくことによって，関係障碍は拡大再生産され，その結果子どもに多様な障碍がもたらされていくということである。よって，自閉症を初めとする発達障碍の子どもたちへの支援は必然的に子どもたちと養育者との関係を育むという視点からの支援が重要となる。最後に，われわれが実践している支援の概略について簡潔に述べておく。
　自閉症の子どもと関与する人との間に関わり合いの難しさがもたらされる最大の要因は，これまで述べてきたように，子どもの関係欲求をめぐるアンビバレンスと，それと結びついて現れる養育者の側の子どもに関わるのが難しいという感じである。それゆえ，臨床の要となるのは，このアンビバレンスを緩和するように働きかけることと，養育者の側の負の感情および負の関わりの低減である。言い換えれば，両者の間に生まれた悪循環を断ち切ることである。アンビバレンスを緩和する働きかけの中心は，それまでの過干渉的な対応をできるだけ控え，子どもの関心の向かうところを丁寧に受け止めることである。本章で取り上げた3事例に対してもこのような考え方に基づいて支援を行ってい

る。

　この対応が功を奏すると，子どもの関係欲求が前面に現れやすくなり，その結果，子どもの気持ちの動きを掴みやすくなる。子どもの気持ちが養育者に掴みやすくなることによって，養育者も子どもの気持ちを受け止めることが比較的容易になり，当初の関わりが難しいという感じが薄れ，好循環が生まれる端緒が切り開かれる。その中で子どもに少しずつ安心感が育まれていくようになると，子どもは外界に対して好奇心を持ち始め，積極的に外界との関係を持ち始めるようになる。

　子どものそうした肯定的な姿は養育者の喜びとなり，養育者の前向きな育児姿勢を強めて，子どもとのあいだで何かを共有しよう，子どもの気持ちに添おうという姿が増えてくる。こうして好循環が本格的に巡り始めるが，その中で，関係欲求の高まりとの関連で，子どもの側に様々な表現意欲が湧いてくる。

　このような「関係」に焦点を当てて行う支援をわれわれは「関係発達支援」と呼んでいる。

6-5　おわりに

　SSPで認められる母子の関わり合いの特徴から，自閉症の子どもたちが示す繊細かつ微妙な反応について取り上げてきた。アタッチメント・パターンの評価に留まらず，そこで展開している関わり合いの質的検討を通して，自閉症の子どもたちの対人関係障碍の特徴をある程度明らかにすることができたように思う。

　自閉症に認められる多様な障碍や症状は，ここに取り上げた乳幼児期に生じた関係障碍とその後の関係の悪循環の積み重ねによって，生み出されたものが決して少なくない。今後も関係発達支援の蓄積を通してさらに明らかにしていく必要がある。

第6章　引用文献

繁多　進（1987）愛着の発達：母と子の心の結びつき　大日本図書
小林隆児（2000）自閉症の関係障害臨床：母と子のあいだを治療する　ミネルヴァ書房
小林隆児（2001）自閉症と行動障害：関係障害臨床からの接近　岩崎学術出版社
小林隆児（2003）広汎性発達障害にみられる「自明性の喪失」に関する発達論的検討　精神神経学雑誌, **105**(8), 1045-1062.
小林隆児（2004）自閉症とことばの成り立ち：関係発達臨床からみた原初的コミュニケーションの世界　ミネルヴァ書房
小林隆児（2005）主体性をはぐくむことの困難さと大切さ：幼児期と青年期をつなぐもの　そだちの科学, **5**, 35-41.

第7章　児童福祉ケアの子どもが持つ
アタッチメントの問題に対する援助

森田展彰

　Bowlbyが孤児院の子どもの研究を行ったように，元来アタッチメント研究において児童福祉ケアの子どもは主要なテーマであったと考えられる。特に近年は，虐待やネグレクトを受けた児童がその影響からの回復を目的に児童福祉施設に入るようになり，アタッチメント対象の喪失のみでなく安全基地の歪みの問題について評価し，ケアを考える必要が出てきている。本章では，児童福祉ケアにおける子どもが抱えるアタッチメントに関係する問題の評価や援助について従来の知見を整理すると共に，自験例の呈示を行うことで，アタッチメント理論が児童福祉にどのように応用されているかについて1つの試みを報告していく。

7-1　児童福祉ケアを受ける子どもの抱える心理社会的問題

7-1-1　施設ケアの児童

　孤児院など大規模な施設での処遇は，養子や里親によるケアよりも問題の多い環境であることが強調される。もともと反応性アタッチメント障害（Reactive Attachment Disorder: 以下，RAD）という概念のもとになっているのが，Tizard & Hodges (1978) による施設入所児童に関する研究であった。彼女らは出生時あるいはその直後から居住型の施設に措置され，その後も施設に残された幼児26人を調べ，4歳時の観察において，8人が感情的に引きこも

り的で，反応性が乏しく，普通でない社会的行動を示す一方，関係特異的なアタッチメントの徴候を認めなかったという。別の10人は，比較的見知らぬ人に無差別的に近づき注意をひこうとし，残りの8人は施設の養育者に特異的なアタッチメントを発達させていた。この最初の2群がRADの2類型のもとになったとされる。さらに最近の入寮施設児童の研究で中心となっているのは，ルーマニアの孤児院の子ども達の研究である（第1章1-11参照）。これらの孤児院では，アタッチメント体験を含む栄養的，身体的，心理的ケアが徹底的に剥奪されていた状況にあった。孤児院から8か月以上で養子になった場合，4歳の時点でも，無秩序・無方向型のアタッチメントが優勢であった（Chisholm, 1998）。最近では，ルーマニアの12～31か月児で，施設入所群と入所経験のない家庭養育群を比較したところ無秩序・無方向型やRADの症状が，施設群の方で有意に多いということがわかった（Zeanah et al., 2005）。また，アタッチメントの問題以外にも施設入所群は内分泌的な変化（Carlson & Earls, 1997）や認知機能の発達の遅れ（Rutter, 1998）が報告されている。こうした問題は施設で長期の剥奪的な状況にいた期間が長いほど顕著であったという（O'Connor & Rutter, 2000）。ギリシャにおける集団ケア施設の研究（Vorria et al., 2003）では，施設入所の86人の乳児と，昼間保育所にきていた家庭養育群41人の乳児の2群を比較し，施設群の方がアタッチメントの無秩序・無方向型が多く安定型が少ないことを示した。またそうしたアタッチメントのタイプと認知機能の低下，臆病さ，社会的行動における陰性感情の表出が関連していた。さらにRoy et al.（2004）は，施設児童では里子よりも多動や注意欠陥の特徴を多く認め，そうした傾向と無差別的なアタッチメントが関連していることを示した。

7-1-2 里親・養子ケアを受ける児童

里親・養子のケアを受ける子どもにおいても，一般の児童に比べ，心理社会的な障害を認めることが多いことが報告されている（Lindholm & Touliatos, 1981; Brodzinsky & Schechter, 1990; Miller et al., 2000）。Jones（1997）は，養子に出された子どもは，そうでない子どもに比べ，その後の人生において心理社

会的問題を生じる確率が2倍であり，また行為障害になる確率が2，3倍であることを見出している。しかし，これは里親・養子に出されたことそのものが悪影響を及ぼしているのではなく，そうしたケアを受ける前の妊娠時の体験や虐待やネグレクトの状況，アタッチメントを含む生育史の違いが反映しているだろう。むしろ，施設ケアから里親や養子のケアに移り，長期的な個別的な対応が行われる場合には，生みの親に育てられても片親であるなどの不利な状況の場合以上に認知的・感情的な発達が良好であることが示されており（Fergusson & Horwood, 1995），「養子縁組は，予防的因子である」とさえ言われている（Bimmel et al., 2003）。一方で，そうした長期的な枠組みができないままに，養親や里親あるいは実の親や親戚などとの間で，短期に行き来するような場合には，施設ケアと同様に子どもに問題を生じるとされる。

7-2 なぜ児童福祉ケアを受ける児童にアタッチメントの問題が多く生じるか？

児童福祉ケアを受ける児童，特に施設ケアの児童に関して，アタッチメントに関する問題をはじめ多くの心理社会的問題が生じている原因について，遺伝的要因や出生前後の要因，代理の養育者のケアにおける問題，ケアを受ける前の家庭における虐待やネグレクトの問題，ケアの移行過程の問題（喪失体験など）などが指摘されている。

7-2-1 遺伝的要因や出生前後の要因

Rutter et al.（1999）は，児童福祉ケアの子どものその後の適応や犯罪性などにおいて遺伝的な危険因子がその役割を果たしていることを強調している。親の行動や性格，精神病理，発達上の問題が子どもにも受け継がれること，親子関係の破綻を招きやすくなりアタッチメントの問題に結びつく可能性が指摘されている。遺伝的な要因以外にも，出生前における親の栄養不全，薬物やアルコールへの暴露，妊娠期における親の不安定な感情状態が胎児にもたらす影響が指摘されている（The St. Petersburg-USA Orphanage Research Team, 2005）。

7-2-2 児童福祉ケア（特に施設ケア）がもたらす問題

　施設ケアでは，多くの職員が入れ替わりケアをおこなう方法（serial care）が，安定したアタッチメント形成を阻害しているとされる（Roy et al., 2004）。Smyke et al.（2002）によれば，ルーマニア孤児の研究で，施設の中にいても，1週間の間に1人の子どもに対応する養育者の数を17人から4人にした棟の子どもは，アタッチメント障害の症状が有意に減少したことを報告しており，これは裏を返せば serial care がいかにアタッチメント障害に関与しているかを示す所見といえる。

　ロシアの孤児院の研究（The St. Petersburg-USA Orphanage Research Team, 2005）では，施設職員が情緒的な関わりを持とうとしない態度や，子どもの欲求を聞かない大人中心の養育によりアタッチメントの形成が阻害されていることを示した。里親，施設職員など代理の親となる者による養育の質や養育者自身のアタッチメントの安定性が，子どものアタッチメントの安定性やこれに関係する子どもの心理社会的な問題に影響するという多くの報告がある（Dozier et al., 2001；Stovall-McClough & Dozier, 2004；Vorria et al., 2003）。

　日本の児童養護施設の場合，5人に1人程度は担当職員がついており，また小舎制の施設も増えてきており，決して剥奪的な状況とはいえない。しかし，継続的に同じ職員が個別的なケアを各児童に行う態勢を保つことが困難であることもまた事実であり，アタッチメントの問題が発生する危険性は存在するのである。

7-2-3 児童福祉ケアを受ける前の虐待やネグレクトの問題

　虐待などのマルトリートメントを受けた児童では，安定したアタッチメントの形成が阻害されるため，不安定型のアタッチメントを生じやすいことが指摘されてきた。特に，虐待の場合，安全基地である養育者がむしろ脅威を与えることから近接と回避の混じった矛盾する行動をとるようになり，回避－アンビヴァレント（A/C）型（Crittenden, 1985）と呼ばれる無秩序・無方向型のアタッチメント・パターンを生じるとされる。こうした児童では，ストレスに対

して一貫した反応を組織化できず,解体した行動をとり,これが PTSD への脆弱性や解離性障害やその他の精神病理につながるという（Hertsgaard et al., 1995; Egeland & Carlson, 2003; 北川, 2005）。

このようにして成立した不安定または未組織のアタッチメント・パターンは,児童福祉機関に保護された後にも継続し,新しい養育者が安定した関係を作ることを困難にする。特に,長期間虐待などの経験にさらされた処遇年齢の高い児童で,その傾向が強いことが報告されている。例えば,乳児で養子にされた子どもで養子縁組が破綻したケースは3％のみであったのに対して,より遅い年齢で英国の里親ケアから処遇された子どもの7〜21％が破綻したという（Rushton et al., 1995）。アタッチメント障害を生じている子どもに対する里親は,燃えつき,絶望,無力感に苛まれ,二次性トラウマティック・ストレス障害（PTSD 患者の援助者に生じる症候群）と同等の状態に陥る場合がある。一方,安定したアタッチメント・パターンを持つ里親では,そうした里子の抵抗を乗り越え,安定したアタッチメント関係を発達させることに成功していた（Dozier et al., 2001）。

7-2-4 処遇の過程がもたらす影響

児童福祉ケアへの移行自体が影響を及ぼすこともある。その1つは親との分離体験がもたらす混乱性アタッチメント障害（disrupted attachment disorder）である。また,新しい養育者との間に一旦関係を結んでも,様々な事情で処遇変更が繰り返されることで喪失体験を重ねる場合も多い。こうした状況が続くと,子どもが新しい養育者に愛情のこもった関係を期待せず無関心になり,受ける側の里親や施設職員も関係が中断することの痛みをおそれて深く関わらなくなることが指摘されている（Smyke et al., 2004）。

7-3 アタッチメントとアタッチメント障害の評価と援助

7-3-1 評　　価

　アタッチメントに関わる問題の評価を行う際には，発達の観点と病理パターンの2つの見方が必要と考えられる。

　①子どもにおけるアタッチメントに関する発達の段階の査定　Macfie et al.(2001)は，アタッチメントの問題を持つ子どもに対する介入を考える上で，実年齢ではなく，その子の発達段階にあわせた方法を考えることが必要であることを指摘している。例えば，不安定なアタッチメントの就学年齢の児童が繰り返し他児に乱暴を行う場合，その児童に他の子どもの痛みがわかるはずだと叱責しても通用しないことが多い。そういう場合，他者への共感性を持つ段階以前にあると考え，まず安定したアタッチメント体験を与えることで自分自身の安全感が確立する働きかけが必要となる。

　②アタッチメントにおける病理的なパターンの評価　①アタッチメント障害：特定のアタッチメント対象が存在しない環境で生育した場合に，DSM-Ⅳ-TR（American Psychiatric Association, 2000）のRADを生じやすい。表7-1にDSM-ⅣのRADの診断基準を示した。Zeanah et al. は，RADのように特定のアタッチメント対象をまったく持たないタイプ（アタッチメント未成立型）に，そうした対象を持つがこれに対する混乱した行動が定着しているタイプ（安全基地の歪曲型）と，関係の中断によるアタッチメントの混乱（混乱性アタッチメント障害）とを加え，この3つを含むものを「アタッチメント障害」として定義し直している（Zeanah et al, 1993; Lieberman & Zeanah, 1995）。安全基地の歪曲型はさらに，「自己を危険にさらす」，「抑制された」，「強迫的な遵守」，「役割逆転」に分けられる（詳しくは青木他［2005］，北川［2005］を参照）。その後もこの診断基準は改定が繰り返され，Zeanah & Boris（2000）では，アタッチメント未成立の特徴と安全基地の歪曲型の特徴が並存する場合があることから，これらを2つの次元として再定義して，それらの特徴が外的な状況により一時的に表れる場合にdisturbanceとし，持続的な場合にdisorderとする案を出し

表7-1 DSM-Ⅳ-TRにおける幼児期または小児期早期の反応性愛着障害の診断基準

A．5歳以前に始まり，ほとんどの状況において著しく障害され十分に発達していない対人関係で，以下の（1）または（2）によって示される。
（1）対人的相互反応のほとんどで，発達的に適切な形で開始したり反応したりできないことが持続しており，それは過度に抑制された，非常に警戒した，または非常に両価的で矛盾した反応という形で明らかになる（例：子供は世話人に対して接近，回避および気楽にさせることへの抵抗の混合で反応する，または固く緊張した警戒を示すかもしれない）。
（2）拡散した愛着で，それは適切に選択的な愛着を示す能力の著しい欠如を伴う無分別な社交性という形で明らかになる（例：あまりよく知らない人に対しての過度のなれなれしさ，または愛着の対象人物選びにおける選択力の欠如）。

B．基準Aの障害は発達の遅れ（精神遅滞のような）のみではうまく説明されず，広汎性発達障害の診断基準も満たさない。

C．以下の少なくとも1つによって示される病的な養育：
（1）安楽，刺激，および愛着に対する子供の基準的な情緒的欲求の持続的無視
（2）子供の基本的な身体的欲求の無視
（3）主要な世話人が繰り返し変わることによる，安定した愛着形成の阻害（例：養父母が頻繁にかわること）

D．基準Cにあげた養育が基準Aにあげた行動障害の原因であるとみなされる（例：基準Aにあげた障害が基準Cにあげた病的な養育に続いて始まった）。

病型を特定せよ：
抑制型　基準A1が臨床像で優勢な場合
脱抑制型　基準A2が臨床像で優勢な場合

ている。アメリカ児童青年期精神医学会（American Academy of Child and Adolescent Psychiatry：以下，AACAP）によるアタッチメント障害の臨床ガイドライン（2005）では，診断を行う手順としては，生活上の行動に関する養育者からの情報に加え，構造化された場面において，子ども達にとって面識のない臨床家と養育者に対する反応の違いをみることが推奨されている。鑑別を要するものとして，広汎性発達障害（Pervasive Developmental Disorders：以下，PDD）やトラウマ反応がある。PDDは，アタッチメント障害に比べ，状況とは関係しない，反復的で，常同的な行動・興味・活動が持続的に認められることが指摘されている。PTSD等のトラウマ反応は合併することもあるが（e.g. 中島他，2007），問題となる行動が一過性の環境の問題から生じている場合にはトラウマ反応として捉える方が適当なこともあるとされる。

②その他のアタッチメント・パターンに関する包括的な評価：RADは，特定されたアタッチメント対象の経験がない場合に成立する比較的まれなもので

第7章　児童福祉ケアの子どもが持つアタッチメントの問題に対する援助

表7-2　児童福祉施設入所児童におけるアタッチメントのパターンからみた対応のポイント

親からの安定したケアの提供	親による脅威	アタッチメントの状態	乳児の自己調律機能	親の情緒的利用可能性	子どもへの対応	親への対応
＋（感受性と一貫性のあるケア）	−	安定型	良	高い	・施設入所や退所の移行がアタッチメントの混乱にならない配慮。	親自身には問題がないとすれば、環境的なサポートを行い、親元に戻るまでの過程を支える。
±（感受性の低い養育や一貫性のない養育）	−	不安定型（組織化）	不安定	低い　改善の可能性がある	・親との関係修復を念頭におく。子ども、親の双方に対する安定的な関係を形成し、橋渡しをしていている。・施設入所や退所の移行がアタッチメントの混乱にならない配慮。	親が安定してアタッチメント対象として機能するように、感受性の向上やスキルの向上をはかる。
±（感受性の低い養育や一貫性のない養育）	＋	無秩序・無方向型（未組織化）（A/C）、安全基地歪曲型	不安定　不適切な方法による調律（例：攻撃、自傷）	低い　改善の可能性はあるが、むしろ侵襲性や混乱している点が難しい	・職員・里親・セラピストが新しい安定した関係を作り、子どもの感情や認知の制御力を伸ばす。・養育者に懲罰的またはコントロールする態度をとらせる可能性があるがこれに振り回されない態度をとることが大事。親との分離後にトラウマ反応への解除にも取り組む。・長期間ケアが望めない場合でも、家族への再統合などをめざす場合も、一旦は代理の養育者との間で内的作業モデルの安定化をはかり、これを維持していけるような体制を検討する。	親にすぐによい関わりを期待することは難しい。外出や宿泊など家族との接触には注意を要する。家族との接触前後におけるトラウマの解除に心理ケアを要する場合もある。親自身の内面に向けた心理ケアを要する場合もある。
−（極端なネグレクト状態）	−	アタッチメント未成立型	不良（機能が未発達）	なし	新しい養育者（職員・里親）が、子どもとの間に個別的な安定したアタッチメント関係を築くことにより「あなたなんでも要求がある」という感じを抱かせる可能性がある。無差別的な反応を抑制的に感じるという感じを抱かせる可能性がある。特定の養育者であることを継続してもらうことに配慮する。元の親に戻せる可能性は低く、できるだけ長期に同じアタッチメント対象との関係を維持する。	元の親に、よい関わりを期待することは難しく、直接の養育は制限・断念してもらう場合が多い。それでも子どもの安定化のあと、タイミングをみて親子で気持ちをやりとりする機会を持つことにも意味があると思われる。

ある。従って，介入に向けた評価を行う上では，この診断を満たすか否かだけでなく，a) 以前の養育者によるケアの有無とその質，および，b) 以前の養育者から受けた脅威の有無などの観点からアタッチメント・パターンを分類し，その子どもが関係性についてどういうモデルを持っているかを検討することが必要である。これらの観点をもとに，児童福祉施設入所児童におけるアタッチメントの問題とその対応について表7-2に整理した。

7-3-2 援　　助

①**安定したアタッチメント対象の提供**　AACAPのガイドラインでは「反応性アタッチメント障害と診断され，特定の養育者へのアタッチメントが欠如している低年齢の児童において最も重要な介入は，臨床家が感情的に利用可能なアタッチメント対象をその子どもに提供する援助をすることである」(AACAP, 2005, p.1215) としている。親以外の者でも，特定の養育者と関わる体験を積むことで，アタッチメントの安定化やアタッチメント障害の症状が減少することが確かめられている (Zeanah & Boris, 2000)。また，里親のアダルト・アタッチメント・インタビュー (Adult Attachment Interview: AAI) によるアタッチメント表象の分類と担当児童のストレンジ・シチュエーション法 (Strange Situation Procedure: SSP) によるアタッチメント行動の分類の間に，実の親子と同様の，対応が認められており，血縁関係のない代理親でもアタッチメント対象になり得ることが示されている (Dozier et al., 2001)。そこで援助方針を考える上で，誰がそのアタッチメント対象となるかということが問題であり，その候補としては元の親，施設職員・里親，セラピストの3つが考えられる。各々の場合について以下に示す。

　(i)元の親との関係を再構築する場合：この場合，親のアタッチメント対象者としての機能を高め，子どもとの関係を再構築する働きかけを行う。セラピストや施設職員は一時的な移行対象として機能し，a) 子どもとの間に安定したアタッチメント関係を作り，内的作業モデル (internal working model) の修正をはかる，b) 援助者と親との間に，安定したアタッチメント関係を作り，親自身のアタッチメントや養育に関する内的作業モデルを修正する，c) 親子同

席の場などで，両者の相互作用を具体的に助け，両者の間の内的作業モデル・養育の作業モデルの活性化・安定化をはかる，という課題を行うことになる。子どもを家庭から引き取らないままの介入や児童養護施設における一時的な保護や母子自立支援施設の場合に，この方法が中心となる。実の親子関係を扱う意味で最も本来的であるが，元の親の関わりに歪みが大きい場合には，かえって子どもが不安定化する場合もあるので，そのあたりの見極めが難しい。また，移行対象としての職員やセラピストの働きかけが，親の方法と極端に異なっている場合，子どもを混乱させてしまう可能性がある。

(ⅱ)施設職員や里親をアタッチメント対象とする場合：元の親における虐待傾向が変わらず，安定したケアの能力が期待できない場合には，施設職員や里親がアタッチメント対象として機能し，安定した関係をもとに，子どものアタッチメント・パターンの組織化やアタッチメント障害の回復を目指すことになる。問題のある親から分離し，セラピストや職員などの専門家がアタッチメント対象の役割を行うことは，一貫性をもった対応ができる点や，親の悪影響を最小限に食い止められる点ではメリットがある。一方，困難な点としては，実の親との分離の取り扱いや，実の親との分離がかえって親の理想化につながることなどがあげられる。また，里親の場合は長期ケアが可能であるが，施設職員の場合には入所期間は限定されており，長期的なケアを行うことが難しい場合が多い。さらに，日本の児童福祉施設の体制では施設職員が1人の子にかける感情的投資は限定されてしまい，結果的に施設児童は無差別的な側面や無力感・自尊心の低下を払拭できない可能性がある。

(ⅲ)アタッチメント・パターンの修正をセラピストが主に担う場合：精神的に不安定な児童の場合など，職員が個別的安定的な関わりを続けることが難しい場合には，セラピストがアタッチメント対象として長期に治療関係を行っていくこともありえる。

実際には，これらのどの方針が有効かを決められないまま，措置変更などにより介入が中途半端に終わる場合も少なくない。児童相談所など処遇機関がアタッチメントの観点での目標を施設側と共有して，原家族への対応などのケースワークを行っていく必要がある。

②児童福祉ケアにおける移行を援助すること　里親・養子や施設への移行がアタッチメントの混乱を招かないように援助する必要がある。その際に取り組むべき課題は，以前の養育者との分離・喪失の受け入れと，新しい養育者との間にアタッチメント関係を作ることの2つである。喪失については，子どもは必ずしもこれに伴う感情を外に表現しない場合があることが指摘されており，新しい養育者が喪失を表現できる場を与える必要性が指摘されている。新しい関係を作る課題については，不適切な養育をされていた場合，子どもは内的作業モデルの歪みにより新しい養育者に対し同様のことが起きると予測しがちである。新しい養育者が，そうした歪んだ信念に振り回されず，安定的な対応をすることで，子どものアタッチメントの安定化が達成できることが報告されている。Ackerman & Dozier (2005) は，里親が十分に子どもに関われない場合，分離やマルトリートメントの影響による否定的な自己や親の表象が修正されないが，受容的で感情的な関わりを提供してくれる場合にはこれが肯定的なものに変化することを示した。Stovall-McClough & Dozier (2004) は里親自身が安定自律型のアタッチメントを持つ場合に，担当する子どもが安定したアタッチメントを形成できることを示した。このように養育者の感情的な関わり方が，措置された子どもの状態に大きな違いを生むことが確かめられている。

③アタッチメントに焦点をあてた心理療法　アタッチメント対象の提供のみでは関係形成が困難な場合，これをサポートする心理療法が行われている。以下にそうした働きかけの概要を児童福祉機関の試みを中心に取りあげるが，一口にアタッチメントに焦点をあてた心理療法といっても，養育者が子どもを扱うスキルを直接指導する場合や，養育者や子どもの内的作業モデルを中心に介入する場合など治療の焦点や手法は様々である。そうした中には「アタッチメント療法」と称しながら，本来のアタッチメントの考え方に反する危険性のある治療法があることも指摘されており，注意を要する[1]。青木・松本 (2006) が指摘するように，被虐待児童におけるアタッチメント障害の診断やPTSDとの関連などの議論がまだ十分でなく，これらに対する心理療法はまだ端緒についたばかりといえ，どのような対象にどのような働きかけが有効であったかについて詳細に検討していくことが必要と思われる。

(i)養育者や養育者−子ども関係に対する介入：乳幼児の場合には，養育者や養育者−子どものペアに対する介入が行われることが多い（Lieberman & Zeanah, 1999）。具体的には，親の養育スキルへの介入を中心にした働きかけ（van den Boom, 1994）と親や子どもの内的作業モデルへの働きかけ（Fraiberg et al., 1975; Lieberman et al., 1991），及びその両方に介入するもの（Egeland et al., 1983）がある（養育者−子ども関係への介入については第5章を参照）。

里親や施設職員など代理の養育者に対する介入プログラムも施行されている。Howes et al. (1998) は児童福祉機関で子どもの世話をしている職員に対する養育における敏感性を高める訓練を行った結果，職員の敏感性の向上や子どものアタッチメントの安定化がみられたことを報告している。また，Juffer et al. (2005) は，無秩序・無方向型のアタッチメントを持つ子どもとその養親に対して，ペアレンティングに関するワークブックやビデオを用いたフィードバックを行い，これが無秩序・無方向型の行動を減らす効果があったことを無作為対照調査で確認している。日本では，森田ら（2006）が児童養護施設における未就学児童と担当ケアワーカーの間でのアタッチメントを促進するプログラムの試みを報告している。

(ii)子どもに対する介入：子どもにおいてアタッチメントの問題に関係する行動・心身の問題が強く表れている場合，セラピストによる個人療法が行われることがある。AACAPの治療ガイドラインでは，「RADの診断基準を満たし，さらに攻撃的で反抗的な行動を示す子どもには，付加的な治療を行う必要がある。」（AACAP, 2005, p.1216）とされている。青少年や成人における個人療法では，自分のアタッチメントに関する記憶や表象に対する内省を進めていくことになる。Bowlby（1988）は個人療法におけるセラピストの役割について，a) クライアントが過去を探索できるような安全基地の提供，b) 現在の対人関係

（1）AACAP（2005）では，「アタッチメント療法」や「抱っこ療法」などと名づけられた治療の中の，子どもを強制的に拘束する「だっこ」をして退行・育て直しをする方法の有効性が証明されておらず，かえって子どもに対するダメージを与える危険性があることを指摘している。

における自己や他者に関する期待を調べ，潜在するバイアスを見いだすことの援助，c）これらの期待を現在の治療関係に適用して，その影響を調べる，d）現在の期待や知覚が子ども時代の両親との体験にどのように影響を受けているかを調べる，e）これらのイメージや期待が現在の関係に不適当であることが理解できるようになる，という5つの課題にまとめている。

④ケアによる内的作業モデルの変化という援助目標　援助の目標は，実際の養育者－子ども間の交流の促進のみでなく，それを通じて子どもや養育者の内的作業モデルを安定化させ，感情や認知を制御する能力（Main [1995] のいう "metacognitive monitoring" や Fonagy et al. [1995] のいう "mentalizing"）を獲得することが重要である。縦断研究で，早期の虐待体験によるアタッチメント・パターンが，以降与えられた養育体験や家族の機能によりタイプ間で移行することが確認されている（Weinfield et al., 2000 ; Roisman et al., 2002）。心理療法によりこうした変化を進められれば，アタッチメント対象との直接の交流が終結しても，これを受け止め，以降は子ども自身の力で修正・回復を継続していけると考えられる。Ackerman & Dozier (2005) は，里親ケアの効果をみた縦断研究において，2歳時に里親がよい関わりを持っていた子どもが，5歳時にアタッチメント対象との分離に適切に対処できる能力を獲得できていたことを示している。また，このような安定的なアタッチメントの内在化は将来におけるうつなどの精神病理の予防にもつながることが指摘されている。但し，介入が常に有効であるとは限らず，不安定型から安定型に移行した「獲得された安定型」では表象モデルの組織化は進んでも，「継続的な安定型」に比べ成人後に抑うつになりやすい傾向は残存するという報告がある（Roisman et al., 2006）。また，乳幼児期のアタッチメント体験が，脳機能の発達に影響するという報告があり（Schore, 2002），介入の時期や方法によりどの程度の予後が期待できるかについて今後検討が必要である。

　養育者への介入も，内的作業モデルの観点から，その治療の経過や有効性を検討することが有用である。George (1996) は養育者の内的作業モデルについて，アタッチメントに関する内的作業モデルとは別に，養育に関する内的作業モデルがあることを示し，前者は「ケアを獲得する方略」にあたり，後者は

「ケアを提供する方略」にあたるとした。これらは，独立したモデルでありながらも相互に関連していると考えられている。この観点から「虐待の連鎖」が生じる機序を整理すると，虐待による親自身のアタッチメントの内的作業モデルの不安定化→養育に関する内的作業モデルの不安定化→実際の養育行動上の問題（虐待行動）という流れで理解できる。この連鎖を止めるためには，養育者の持つアタッチメントや養育の内的表象の安定化をはかることが援助目標となる。Stern（1995）は，養育者の行動と表象および子どもの行動と表象という4つの要素は相互に影響しあうので，どの要素への介入でも他の要素への効果が期待できるというモデルを提唱しており，Lieberman（2004）やKeren et al.（2005）はこのモデルをもとに多様な介入の可能性を論じている。

次の事例では，母子施設入所中の母子に対するアタッチメントを中心とした介入の過程を示す。介入計画の策定や治療過程の理解において，養育者のアタッチメントや養育の内的作業モデルと子どもの内的作業モデルの間の相互作用に注目することが重要であった。これにより，児童福祉ケアの子どもに対するアタッチメントの観点に基づく介入の有用性を示したい。

7-4　事例提示

母子自立支援施設入所中の3歳女児Aと母30歳

　主な問題　母親が精神的に不安定で，女児Aの子育てがうまくいかないこと。女児Aが施設内の他児とうまく遊べないこと（玩具の独占や他児への攻撃）。

　家族・成育歴　母親は20歳時に前夫と結婚し長女を出産するが，26歳時に離婚。長女は前夫の元に引き取られたが，27歳で内縁の夫との間に第二子を出産。内縁の夫が母親に対し妊娠中から暴力を行ったため，28歳時に子Aを抱えて逃亡し，母子自立支援施設に入所。母は入所後も，被害時記憶の再体験やイライラを生じ，子Aをかわいく思えずに激しく叱り付け，時には叩いてしまう。そのことで施設職員から心理療法担当者に相談があり，母の面接を行った。その際に，子Aの問題も浮上し，母子それぞれに別のセラピストがついて，両者と

も月2回のセッションが行われた。

母の評価と治療　ドメスティック・バイオレンス（Domestic Violence：以下，DV）の再体験がもとで人混みがこわく，イライラしやすいなど回避，過覚醒の問題が認められた。子Aに対すると長女のことを思い出し，応答的な対応ができず，イライラをぶつけてしまう。以上より，母の子どもに対するbondingの問題とトラウマの問題を治療目標として，月2回の個人面接を開始した。

当初はセラピスト（以下，Th）に対する緊張感が認められたが，就労・育児のストレスを受けとめるうちにThとの間で安定した関係が形成され，子Aへの葛藤やDV被害のことを話せるようになった。DVによるトラウマは，リラクゼーションや心理教育のみで症状はかなり改善した。一方，子Aへの養育に関して職員の指導がプレッシャーを与える悪循環を生じていたので，職員に支持的対応を依頼した。虐待行為が増加した時には，児童相談所における子育て相談の枠を数回利用し，働きかけを行った結果，少しずつ子Aに対する受容性がみられるようになった。セッションを通じて，母自身が幼少期に母親と別れた時の感情の整理がついておらず，そうした思いと長女を置いてきたという罪悪感が重なっているということが明確になった。セッションを開始して半年頃に，長女との再会が偶然にも実現し，そこで和解できたことを契機に，イライラが減少し，子Aへの養育態度も徐々に安定化していった。

子Aの評価と治療　保育室での行動観察では，玩具を独占し，他児が取ろうとすると泣き喚き，噛むなどの行動をとっていた。母親が帰ってくると，さらに不安定になり，玩具を投げつけ，ぐずる様子が認められ，それにより母親がイライラして叱ることが繰り返されていた。一方，初回観察では，Thに玩具をさわらせず，ずっと1人で遊ぶ様子が認められた。評価としては，アタッチメント障害のうち安全基地の歪曲型（特にアタッチメント対象がいる時の危険行動）の特徴が中心であると考えられた。月2回のプレイ・セラピーを行った上で，母子合同面接を2回試みた。

セラピー導入後数か月　当初緊張が強く1人遊びが中心であったが，怒りが強く出る時期を経て，次第にThと一緒に遊べるようになる。

開始後4〜6か月　母が長女と会うことに関し職員と意見が合わず，そうし

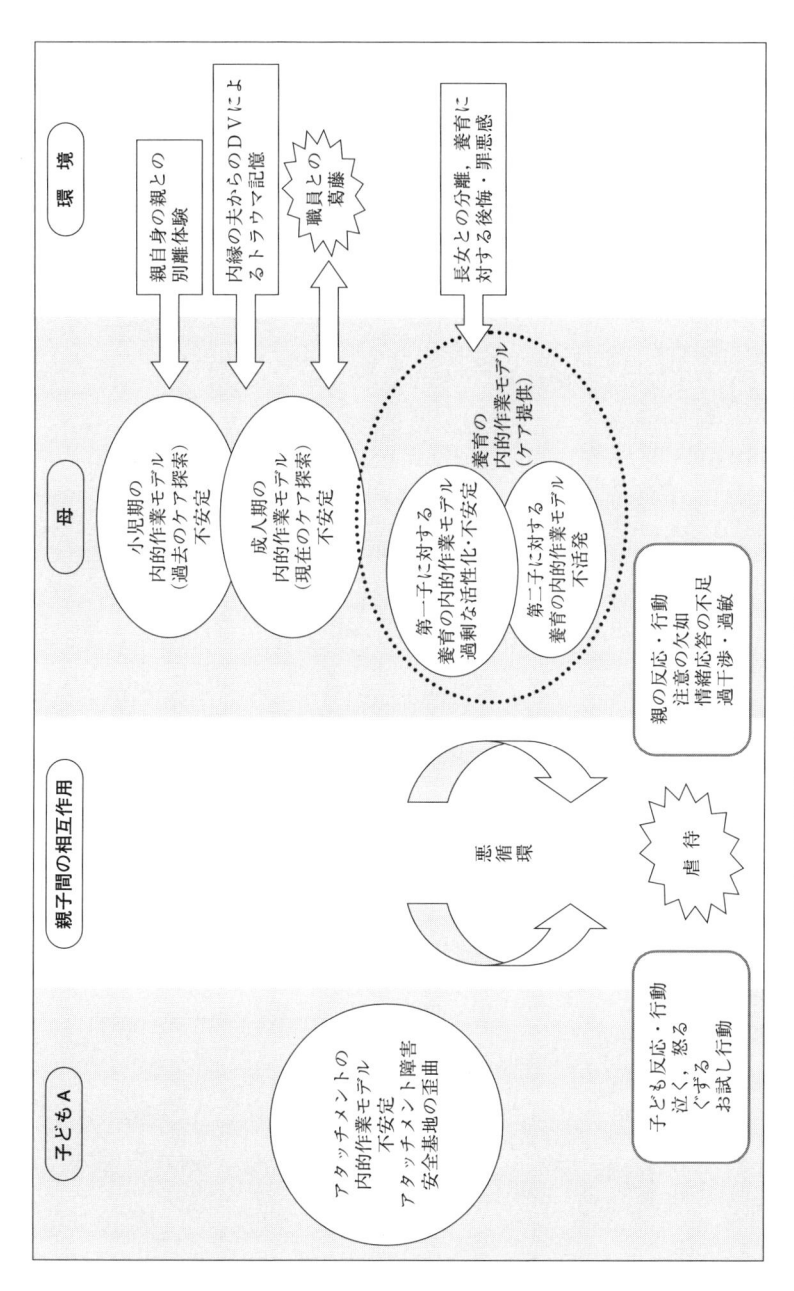

第7章　児童福祉ケアの子どもが持つアタッチメントの問題に対する援助

環境
- 親自身の親との別離体験
- 内縁の夫からのDVによるトラウマ記憶
- 職員との葛藤
- 長女との分離、養育に対する後悔・罪悪感

母
- 小児期の内的作業モデル（過去のケア探索）不安定
- 成人期の内的作業モデル（現在のケア探索）不安定
- 第一子に対する養育の内的作業モデル 過剰な活性化・不安定
- 第二子に対する養育の内的作業モデル 不活発
- 養育の内的作業モデル（ケア提供）

親子間の相互作用

親の反応・行動
- 注意の欠如
- 情緒応答の不足
- 過干渉・過敏

悪循環

虐待

子どもA
- アタッチメントの内的作業モデル不安定
- アタッチメント障害
- 安全基地の歪曲

子ども反応・行動
- 泣く、怒る
- ぐずる
- お試し行動

図 7-1　内的作業モデルからみた事例の理解（介入前の状態）

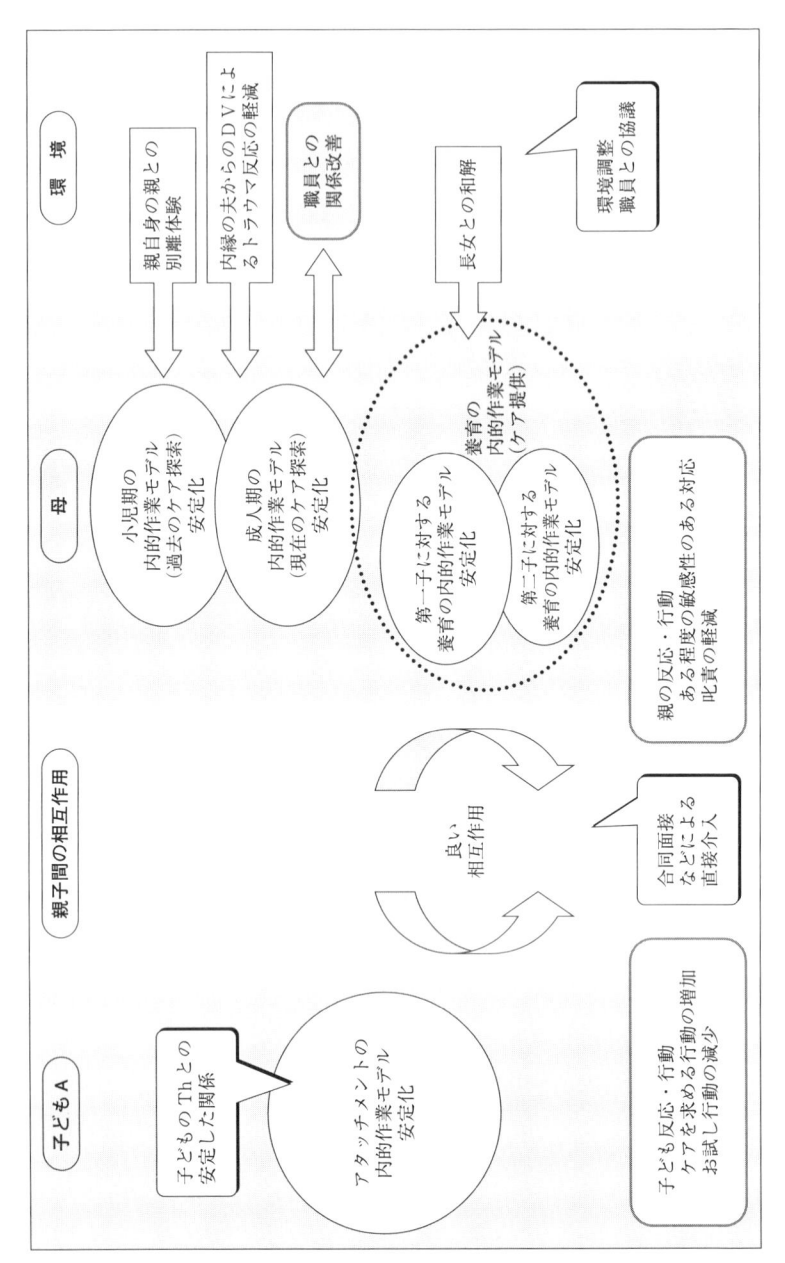

図7-2 内的作業モデルからみた事例の理解（介入後の状態）

た緊張関係や母親の動揺を背景に，生活場面でもトラブルが再び増え，セラピー場面でも「人形を殺す」など荒れた遊びが一旦増えた。

開始後7～10か月　母親の安定化と平行して，落ち着きを取り戻し，Thとごっこ遊びをするなど大きな変化を生じる。保育室でも，玩具の独占がなくなる。

開始後11～13か月　お医者さんセットを使った治療の遊び（ケアのテーマ）が見られる。初めは，人形を治療していたが，Thを「治療」するようになる。母親自身の安定もあり，母親に対して穏やかな様子で接することが増える。

親子同時面接　治療開始直後と半年後に親子とThが一緒にプレイをする機会を作った。1回目は子Aは母と遊びたがるも，母はThと話すばかりだったが，2回目は子Aが作った「ケーキ」を母が食べるなど自然に一緒に遊ぶ。子Aは母親に抱きつき，少しするとまた遊ぶという母親を安全基地として使うという安定型のアタッチメント行動が認められた。

考　察　図7-1は，介入前の状況について，アタッチメントおよび養育に関する内的作業モデルを中心にまとめたものである。母は長女が気にかかり，子Aに対してケアを与える構えに入れないという様子が認められたが，その背景には母が持つ養育やアタッチメントに関する内的作業モデルの不安定性が関与していると推測された。つまり，母自身が十分なケアをもらえず「捨てられた」記憶と，自分が長女を「捨てた」ことが同一化され，これが解決されないと安定したケアの提供が困難であったと考えられる。介入により，母はThとの間でケアを受ける体験を持つことができ，また長女との和解のチャンスを得て，母自身のケア探索に関する内的作業モデルが安定化した後に，子Aとの関係が安定化へ向かったといえる（図7-2参照）。一方で，子Aは母が安定したアタッチメント対象として機能しなかったため，母親を試す行動が認められたが，Thとのプレイでアタッチメント体験をある程度積み，母のケア提供能力の改善が加わったことで，アタッチメント障害の行動が減少していったと思われる。

7-5　まとめ

阻害されたアタッチメントを抱える者の場合，安定したアタッチメントの形

成のためには集団ケアのみでは不十分であり，特定の養育者が敏感性の高いケアを継続的に提供することが必要である。欧米の児童福祉ケアにおいても，処遇が一時的な形で行われ，安定した養育体験を持てないためにアタッチメントの問題を生じる場合があり，永続的なケアを念頭においた介入計画の必要性が指摘されている（Steward & O'Day, 2000）。

　Ackerman & Dozier（2005）は，福祉的な処遇におけるアタッチメントの問題を最小限にする方法として，①生みの親やその親類に返せる可能性の少ない子どもの場合には，養親になる可能性のある里親のもとに措置すること，②里親がある子どもを一時的に預かるのみで手放すことになっても，その後に世話をした子と（godparent や aunt として）関係を続けられるようにすること，③生みの親や親戚に戻す場合にも，里親が戻る家庭の親と関係を持ってその移行を援助し，移行を子どもに見捨てられたと感じさせないようにすることをあげている。

　日本では，里親・養子の制度が十分機能しておらず，①はすぐには難しいが，②③の提案にあるような複数の成人が長期的に断絶なく関わる体制を組むことはある程度可能であろう。また施設でも，職員が同じ子どもを継続的に担当することは難しくても，数人が組となり特定の子どもの担当を継続することで，子どもが担当者数人と特別な関係を持てていると意識させることは可能だろう。さらに，短い時間でもアタッチメント形成に重要な夜間などに個別的なふれあいを持ち，施設から出てもいざと言う時に相談にのれる体制作り，などの工夫を行うことができるだろう。また，担当を固定した場合に，その職員が困難な子どもの対応に煮詰まることがないよう，安定化までのプロセスの理解や職員間でのサポート体制ももちろん重要である。

　Ackerman & Dozier（2005）は，アタッチメントの問題を有する子どものケアで最も重要なことは，主たる養育者が代わっても，その子どもに対し「あなたは愛されていて価値のある人間である」ということを一貫して示すことであると結論づけているが，こうした認識を児童福祉関係者が共通して持ち長期的な援助体制を構築することが結果として子どもをアタッチメントの問題から救い出すことになるだろう。

尚，今回とりあげた事例研究は，杉本希映（筑波大学大学院人間総合科学研究科），井口藤子（池田病院）らとの共同研究の一部である（井口他，2005；杉本他，2005）。

第7章 引用文献

Ackerman, J.P., & Dozier, M. (2005) The influence of foster parent investment on children's representations of self and attachment figures. *Journal of Applied Developmental Psychology*, **26**, 507-520.

American Academy of Child and Adolescent Psychiatry (2005) Practice parameter for the assessment and treatment of children and adolescents with reactive attachment disorder of infancy and early childhood. *Journal of the American Academy of Child and Adolescent Psychiatry*, **44**, 1206-1219.

American Psychiatric Association (2000) *Diagnostic and statistical manual of mental disorders DSM-IV-TR, 4th ed (Text Revision)*. Washington, D.C.: American Psychiatric Association.

青木　豊・松本英夫（2006）愛着研究・理論に基礎付けられた乳幼児虐待に対するアプローチについて　児童青年精神医学とその近接領域，**47**, 1-15.

青木　豊・松本英夫・寺岡菜穂子・中村優里・大園啓子・井上美鈴・石井朋子（2005）乳幼児の愛着障害：3症例による診断基準の検討　児童青年精神医学とその近接領域，**46**, 318-337.

Bimmel, N., Juffer, F., van IJzendoorn, M.H., & Bakermans-Kranenburg, M.J. (2003) Problem behavior of internationally adopted adolescents: a review and meta-analysis. *Harvard Review of Psychiatry*, **11**, 64-77.

Bowlby, J. (1988) *A secure base: Parent-child attachment and healthy human development*. New York: Basic Books.

Brodzinsky, D.M., & Schechter, M.D. (1990) *The psychology of adoption*. New York: Oxford University Press.

Carlson, M., & Earls, F. (1997) Psychological and neuroendocrinological sequelae of early social deprivation in institutionalized children in Romania. *Annals of the New York Academy of Science*, **807**, 419-428.

Chisholm, K. (1998) A three year follow-up of attachment and indiscriminate friendliness in children adopted from Romanian orphanages. *Child Development*, **69**, 1092-1106.

Crittenden, P.M. (1985) Maltreated infants: Vulnerability and resilience. *Journal of Child Psychology and Psychiatry and Allied Disciplines*, **26**, 85-96.

Dozier, M., Stovall, K.C., Albus, K.E., & Bates, B. (2001) Attachment for infants in foster care: the role of caregiver state of mind. *Child Development*, **72**, 1467-1477.

Egeland, B., & Carlson, E.A. (2003) Attachment and Psychopathology. In L.

Atkinson & S. Goldberg (Eds.), *Attachment issues in psychopathology and intervention* (pp. 27-48). Mahwah, NJ: Lawrence Erlbaum Associates.

Egeland, B., Sroufe, L.A., & Erickson, M. (1983) The developmental consequence of different patterns of maltreatment. *Child Abuse & Neglect*, **7**, 459-469.

Fergusson, D.M., & Horwood, L.J. (1995) Early disruptive behavior, IQ, and later school achievement and delinquent behavior. *Journal of Abnormal Child Psychology*, **23**, 183-199.

Fonagy, P., Steele, M., Steele, H., Leigh, T., Kennedy, R., Mattoon, G., & Target, M. (1995) Attachment, the reflective self, and borderline states: the predictive speicificity of the Adult Attachment Interview and pathological emotional development. In S. Goldberg, R. Muir & J. Kerr (Eds.), *Attachment theory: Social, developmental, and clinical perspective* (pp. 233-278). Hillsdale, NJ: Analytic Press.

Fraiberg, S., Adelson, E., & Shapiro, V. (1975) Ghosts in the nursery. A psychoanalytic approach to the problems of impaired infant-mother relationships. *Journal of the American Academy of Child and Adolescent Psychiatry*, **14**, 1387-1422.

George, C. (1996) A representational perspective of child abuse and prevention: internal working models of attachment and caregiving. *Child Abuse Neglect*, **20**, 411-424.

Hertsgaard, L., Gunnar, M., Erickson, M.F. et al. (1995) Adrenocortical responses to the strange situation in infants with disorganized/disoriented attachment relationships. *Child Development*, **66**, 1100-1106.

Howes, C., Galinsky, E., & Kontos, S. (1998) Child care caregiver sensitivity and attachment. *Social Development*, **7**, 25-36.

井口藤子・杉本希映・橋爪きょう子・森田展彰・佐藤親次・有園博子・簑下成子 (2005) 母子生活支援施設における DV 被害者への心理療法Ⅰ：母親への援助を中心に 茨城県臨床医学雑誌, **41**, 40.

Jones, A. (1997) Issues relevant therapy with adoptees. *Psychotherapy*, **34**, 64-68.

Juffer, F., Bakermans-Karenburg, M.J., & van IJzendoorn, M.H. (2005) The importance of parenting in the development of disorganized attachment: Evidence from a preventive intervention study in adoptive families. *Journal of Child Psychology and Psychiatry*, **46**, 263-274.

Keren, M., Feldman. R., Namdari-Weinbaum. I., Spitzer. S., & Tyano. S. (2005) Relations between parents' interactive style in dyadic and triadic play and toddlers' symbolic capacity. *American Journal of Orthopsychiatry*, **75**, 599-607.

北川　恵（2005）アタッチメントと病理・障害　数井みゆき・遠藤利彦（編著）アタッチメント：生涯にわたる絆（pp.245-275）ミネルヴァ書房

Lieberman, A.F. (2004) Child-parent psychotherapy. In A.J. Sameroff, S.C. McDonough & K.L. Rosenblum (Eds.), *Treating parent-infant relationship problems* (pp. 97-122). New York: Guilford Press.

Lieberman, A., & Zeanah, C.H. (1995) Disorders of attachment in infancy. *Child and Adolescent Psychiatric Clinics of North America*, **4**, 571-587.

Lieberman, A.F., & Zeanah, C.H. (1999) Contributions of attachment theory to infant-parent psychotherapy and other intervention with infants and young children. In J. Cassidy & P.R. Shaver (Eds.), *Handbook of attachment: Theory, research, and clinical applications* (pp. 555-574). New York: Guilford Press.

Lieberman, A.F., Weston, D.R., & Pawl, J.H. (1991) Preventive intervention and outcome with anxiously attached dyads. *Child Development*, **62**, 199-209.

Lindholm, B.W., & Touliatos, J. (1981) Development of children's behavior problems. *Journal of Genetic Psychology*, **139**, 47-53.

Macfie, J., Cicchetti, D., & Toth, S.L. (2001) Dissociation in maltreated versus nonmaltreated preschool-aged children. *Child Abuse and Neglect*, **25**, 1253-1267.

Main, M. (1995) Recent studies in attachment ; overview with selected implications for clinical work. In S.Goldberg, R. Muir & J. Kerr (Eds.), *Attachment theory: Social, developmental, and clinical perspectives* (pp. 407-475). Hillsdale, NJ: Analytic Press.

Miller, B.C., Fan, X., Christensen, M., Grotevant, H.D., & Van Dulmen, M. (2000) Comparisons of adopted and nonadopted adolescents in a large, nationally representative sample. *Child Development*, **71**, 1458-1473.

森田展彰・樋野志帆・丹羽健太郎・白川美也子・松葉大直・数井みゆき（2006）子どものトラウマ研究：虐待による長期トラウマの影響に関する評価と介入・治療　厚生労働科学研究費補助金こころの健康科学研究事業「重症ストレス障害の精神的影響並びに急性期の治療介入に関する追跡研究（主任研究員：金吉晴）」平成17年度総括・分担研究報告書

中島聡美・森田展彰・数井みゆき（2007）関係性から考える乳幼児のPTSD発症のメカニズム　児童青年精神医学とその近接領域（印刷中）

O'Connor, T.G., & Rutter, M. (2000) Attachment disorder behavior following early severe deprivation: extension and longitudinal follow-up. *Journal of the American Academy of Child and Adolescent Psychiatry*, **39**, 703-712.

Roisman, G.I., Fortuna, K., & Holland, A. (2006) An experimental manipulation of retrospectively defined earned and continuous attachment security. *Child Development*, **77**, 59-71.

Roisman, G.I., Padrón, E., Sroufe, L.A., & Egeland, B. (2002) Earned-secure attachment status in retrospect and prospect. *Child Development*, **73** (4), 1204-1219.

Roy, P., Rutter, M., & Pickles. A. (2004) Institutional care: Associations between overactivity and lack of selectivity in social relationships. *Journal of Child Psychology and Psychiatry*, **45**, 866-873.

Rushton, A., Treseder, J., & Quinton, D. (1995) An eight-year prospective study of older boys placed in permanent substitute families: a research note. *Journal of Child Psychology and Psychiatry*, **36**, 687-695.

Rutter, M. (1998) Developmental catch-up, and delay, following adoption after severe global early privation. *Journal of Child Psychology and Psychiatry*, **39**, 465-476.

Rutter, M., Silberg, J., O'Corner, T., & Simonoff, E. (1999) Genetics and child psychiatry: II empirical research findings. *Journal of Child Psychology and Psychiatry*, **40**, 19-55.

Schore, A.N. (2002) Dysregulation of the right brain: A fundamental mechanism of traumatic attachment and the psychopathogenesis of posttraumatic stress disorder. *Australian and New Zealand Journal of Psychiatry*, **36**, 9-30.

Smyke, A., Wajda-Johnston, V., & Zeanah, C.H. (2004) Working with traumatized infants and toddlers in the child welfare system. In J.D. Osofsky (Ed.), *Young children and trauma: Intervention and treatment* (pp. 260-284). New York: Guilford Press.

Smyke, A.T., Dumitrescu, A., & Zeanah, C.H. (2002) Attachment disturbances in young children. I: The continuum of caretaking casualty. *Journal of the American Academy of Child and Adolescent Psychiatry*, **41**, 972-982.

Stern, D. (1995) *The motherhood constellation: A unified view of parent-child psychotherapy*. New York: Basic Books.

Steward, D.S., & O'Day, K.R. (2000) Permanency planning and attachment: a guide for agency practice. In T.M. Levy (Ed.), *Handbook of attachment interventions* (pp. 147-166). San Diego: Academic Press.

Stovall-McClough, K.C., & Dozier, M. (2004) Forming attachments in foster care: Infant attachment behaviors during the first 2 months of placement. *Development* and *Psychopathology*, **16**, 253-271.

杉本希映・森田展彰・井口藤子 (2005) 母子生活支援施設における DV 被害者への心理療法Ⅱ:子どもへの援助を中心に 茨城県臨床医学雑誌, **41**, 40.

The St. Petersburg-USA Orphanage Research Team (2005) Characteritics of children, caregivers,and orphanages for young children in St. Peretersburg, Russian Federation. *Applied Developmental Psychology*, **26**, 477-506.

Tizard, B., & Hodges, J. (1978) The effect of early institutional rearing on the development of eight year old children. *Journal of Child Psychology and Psychiatry*, **19**, 99-118.

van den Boom, D.C. (1994) The influence of temperament and mothering on attachment and exploration: An experimental manipulation of sensitive responsiveness among lower-class mothers with irritable infants. *Child Development*, **65**, 1457-1477.

Vorria, P., Papaligoura, Z., Dunn, J., van IJzendoorn, M.H., Steele, H., Kontopoulou, A., & Sarafidou, Y. (2003) Early experiences and attachment relationships of Greek infants raised in residential group care. *Journal of Child Psychology and Psychiatry*, **44**, 1208-1220.

Weinfield, N.S., Sroufe, L.A., & Egeland, B. (2000) Attachment from infancy to early adulthood in a high-risk sample: Continuity, discontinuity, and their correlates. *Child Development*, **71**, 695-702.

Zeanah, C H., & Boris, N.W. (2000) Disturbances and disorders of attachment in early childhood. In C.H. Zeanah (Ed.), *Handbook of infant mental health, 2nd ed.* (pp. 353-368). New York: Guilford Press.

Zeanah, C.H., Mammen, O., & Lieberman, A. (1993) Disorders of attachment in early childhood. In C.H. Zeanah (Ed.), *Handbook of infant mental health* (pp. 332-349). New York: Guilford Press.

Zeanah, C.H., Smyke, A.T., Koga, S.F., Carlson, E., & The Bucharest Early Intervention Project Core Group (2005) Attachment in institutionalized and community children in Romania. *Child Development*, **76**, 1015-1028.

第8章　不登校の長期化と母親のアタッチメント

林もも子

8-1　長期化した不登校と母親のアタッチメント

　不登校は，1932年に Broadwin が恐れと不安による学校の欠席について報告し，1941年に Johnson らが「学校恐怖」と名づけて以来，欧米で精神科医および臨床心理学者の間で注目されてきた。日本でも，「登校拒否」として1960年代から注目され始め，1966年には文部省が学校基本調査報告に「学校ぎらい」の項目を入れた。文部省の「学校ぎらい」の定義は「心理的理由などから登校をきらって長期欠席した者」である。

　現在の日本において，不登校とは，文部科学省の定義に従えば，病気や経済的な理由以外の心理的な理由などから年間30日以上欠席した児童生徒を指す。「不登校」という用語は，文部科学省により1998年から用いられている。不登校児童数は，年々増加の一途をたどってきたが，平成13年度の，小学生2万7,000人（0.36％），中学生11万2,000人（2.81％）をピークとして，平成14年度から実数がわずかに減少し始めた。しかし，不登校児童数が全生徒に占める割合は，小学生では，平成14年度0.36％，15年度0.33％，16年度0.32％，17年度0.32％であり，中学生は平成14年度から16年度まで2.73％の横ばい状態で，17年度は2.75％と再び若干増加した。小学生1,000人のうち3人，中学生の1,000のうち28人が不登校であるという現状は，この問題の大きさを示している。

　文部科学省は，「児童生徒の問題行動等生徒指導上の諸問題に関する調査」において不登校のきっかけは「学校生活に起因」35.9％，「本人の問題に起因」

34.9%,「家庭生活に起因」19.2%としている。しかし,保坂(2002)や加野(2001)が論じるように,学校を対象としたアンケート調査によって長期欠席者の欠席理由を厳密に見きわめることは困難である。

不登校の原因は子どもの精神病理,家族の関係性の病理,学校におけるストレスなど重層的であると言われる(Berg, 1992; Elliott,1999)。欧米においては,1970年代より,認知行動療法による,不登校の問題への介入の効果をうたった研究が数多く出されている(Kearney & Silverman, 1990, 1996; Meyer et al., 1999; Bernstein et al., 2001; Masi et al., 2001; Layne et al., 2003)。しかし,それらの研究を見ると,不登校の問題が発生してから,いずれも半年以内に早期介入が行われた短期の不登校の事例である。不登校が長期化しない,短期のうちに早期介入を行うことは,確かに重要である。日本においても,不登校の問題への早期介入による取り組みとして,行動療法による介入事例,スクールカウンセラーが学校システムの中で機能する事例などが報告されている。不登校についての一般書の出版,新聞・ラジオ・テレビなどのマスコミでの報道,インターネットにおける不登校に関する当事者,専門家,家族などが作るホーム・ページなど,不登校に関する情報が増加したため,子どもが不登校になった時に,親や教師が専門家に相談することについての心理的な敷居が低くなったことからも,今後もますます,不登校の問題への早期の対応が増加することが予想される。

しかし,一方で,心理相談の現場では,残念ながら,早期の対応が適切でなかったのであろうと思われるような,長期化した不登校の問題を抱えている親子に出会うことも,まだ珍しくない。そして,不登校が1年以上継続しているような,いわゆる長期化した不登校の事例は,長期化すればするほど,問題が複雑化し,対応が困難になる場合が多い(Lauchlan, 2003)。

不登校の問題が長期化する要因として,子ども自身,専門家,親という3つの要因があると考えられる。子ども自身の要因として,1つは,子どもが長期治療を必要とするような精神疾患(たとえば,うつ病や統合失調症,また,境界性人格障害をはじめとする種々の人格障害など)を抱えている場合がある。また,Okuyama et al. (1999)は調査研究によって長期化した不登校の子どもには内

向性，神経症傾向，登校意志の低さなどの特徴があると述べている。第二に，早期に対応した専門家の問題の理解や介入が不適切であったという要因が考えられる。第三に，親が，子どもを適切にサポートすることができなかったという要因が考えられる。これら3つの要因が重なる場合も多い。

　早期に対応，介入した専門家の見立てが適切でなかった場合としては，次のような例がある。高機能自閉性障害など，軽度発達障害を持つ子どもには，他者の気持ちを理解することが苦手であるという特徴を持っている子ども達がいる。それらの軽度発達障害を持つ子どもが，対人関係において円滑な行動を取ることができなくて生じた友達との摩擦について，教師が軽度発達障害の可能性に思いがいたらず，家のしつけが悪いからだと親に説教をし，説教された親は子どもを厳しく叱るが，そのために親子関係がこじれ，子どもの友人関係のトラブルも改善せず，子どもと教師の関係も改善しない。そうこうするうちに，子どもの不登校が長期化するという例である。また，次のような例もある。両親の夫婦関係の葛藤にまきこまれて，子どもが学校に行けなくなっている時に，カウンセラーが，子どもの発達に伴う内的葛藤による不登校と見立てて，家族システムの問題が見えないまま，「様子を見ましょう」とだけ親や教師にアドバイスして問題を遷延化させる例である。他にも様々な場合があるが，このような，関係者の対応や専門家の見立ての不適切さに対しては，専門家や専門家の教育にたずさわるものが，専門性を高める努力が必要である。

　親が子どもを適切にサポートすることができなかった場合としては，次のような例がある。たとえば，母親との分離が不十分であるために，仲間集団において適応できず，不登校になった子どもに対して，不登校は怠惰のなせるわざだと信じる父親が子どもを叱咤激励する。一方で，不登校についての本を読み，そこに書かれていた登校刺激はひかえるようにという指示を信じた母親が，父親の子どもへの関わりを責める。そして，夫婦間の葛藤が強くなる中で，ある時点で父親が子どもへの関わりを放棄し，母親がその父親への怒りの反動から子どもの欲求をいわれるままに満たす行動を取って，結果として子どもを家庭にひきとめ，不登校が長期化する，という例である。また，次のような例もある。子どもが学校でいじめられたという訴えをして不登校になった時に，両親

が教師との話し合いの席で教師を責めて教師との関係が悪化し，学校や教師への不信感や怒りを親子が共有して嘆きあい，問題を外在化して行き詰まった状況の中で，不登校が長期化するという例である。他にも，親が子どもを適切にサポートできない事象には様々な事例が見られるが，これらの例のかなり大きな範囲で共通してみられるのは，子どもを適切にサポートできない親自身の，対人関係におけるサポートを求めることが苦手または困難であるという特徴である。対人援助の専門家や教師など，不登校の子どもの親に関わる機会の多い専門家から「親との関わりが難しい」と言う声をよく聞くが，それは，親がサポートを求めることを拒否したり回避したりするような対人関係の特徴を指しているのではないかと考える。不登校の子どもとの直接の関わりで，成功して効果があがった事例はしばしば報告されている（e.g.小野，2001；岩倉，2003）が，その一方で，子どもとは接触することすら不可能である場合も多い。そのような場合に，親を援助することにより，間接的に子どもがよい方向に変化したという事例も数多く報告されている（e.g.渡辺，2002；Felton, 2002）。しかし，このような間接的なアプローチにしても，報告されるのは援助に成功した事例であることが多く，その陰には，親との接触に失敗したり，援助の継続に失敗したりした失敗事例が数知れず横たわっている。不登校の無用な長期化を阻むためには，親の対人関係の特徴をとらえて，その特徴に応じたアプローチを行うことが必要なのではないかと考える。

　対人関係の特徴をとらえる視点として，アタッチメントが有効であると考えた。不登校の子どものアタッチメントの型については，いくつかの研究があるが（佐藤，1993；岡部，2001；酒井，2001；五十嵐・萩原，2004），親のアタッチメントの型をとらえる研究はほとんどなされていない。そこで，Hayashi et al.（2007）は，思春期の長期化した不登校の子どもを持つ母親のアタッチメント・スタイルの調査研究を行った。当初，父親も対象として研究を行いたいと考えたが，仕事で多忙な日本の父親から研究に協力を得ることは実際には不可能であった。日本において，子どもの問題で相談機関に援助を求めて来談するのは9割以上が母親であるという現状に照らして，まず母親の対人関係の特徴とそれに応じたアプローチを探索することにも意味があると考えた。

8-2　アタッチメント・スタイル面接

　研究には，アタッチメント・スタイル面接（Attachment Style Interview：以下，ASI）という，半構造化面接法を用いた。この ASI は，Bifulco et al. が1998年に産後うつ病の危険因子としてアタッチメントの不安定性があるという仮説を検証する研究において開発した方法である（Bifulco et al., 1998；Bifulco et al., 2002a；Bifulco et al., 2002b；Bifulco et al., 2002c）。吉田が，Bifulco のもとで，ASI のトレーニングを受けて ASI トレーナーの資格を取得して，1998年，ASI を日本に導入し，紹介した（吉田，2001）。筆者（林）は，吉田により ASI のトレーニングを受け，吉田と林と Bifulco が，日本における ASI の信頼性を確認した（吉田他，2003）。ASI においては，子どもの頃に重要な身近な他者との間で形成された内的作業モデルが，成人になって，重要な身近な他者との対人関係に反映される，という仮説に基づいて，アタッチメントのスタイルを測定している。ASI は，パートナーや身近な他者との現在の対人関係について，半構造化面接を行い，面接内容の関係の文脈における被面接者が答えた態度や行動の叙述に基づいて，評定者がマニュアルにより評定を行う方法であり，Bartholomew & Horowitz（1991）の社会人格心理学的研究の延長線上に位置するものである。

　Bartholomew & Horowitz は，成人のアタッチメントを，自己と他者に対する主観的信頼感の高低の組み合わせにより，4つのカテゴリーに分けた。すなわち，自己信頼が高く，他者信頼も高い「Secure：安定型」，自己信頼が高く，他者信頼が低い「Dismissive：拒絶回避型」，自己信頼が低く，他者信頼が高い「Enmeshed：とらわれ型」，自己信頼が低く，他者信頼も低い「Fearful：対人恐怖的回避型」である。安定型は，基本的に自立しているが，他者が求めれば助けてくれると信じているので安心して人に頼ることもできる。拒絶回避型は，人と親しくならないようにして自立していることで自尊心を守ろうとする。とらわれ型は，自分が愛されないのではないかという不安を抱える一方で他者に頼りたい気持ちが強い。対人恐怖回避型は，他者に不信感があり，人との関係を避けることで見捨てられる不安を回避しようとする。

Bifulco et al. は，Bartholomew の 4 カテゴリーの中で，拒絶回避型について，うつ病の発症因子として検討した先行研究（Gerlsma & Luteijn, 2000; Murphy & Bates, 1997; McCarthy, 1999; Mickelson et al., 1997）の結果が矛盾したものであった理由として，身近な対人関係の中での葛藤の有無に関わる攻撃性の高さの違いが加味されていなかったからであると論じた（Bifulco et al., 2002a）。そして，拒絶回避型を，怒りや攻撃性が高い「Angry Dismissive：怒り・拒否型」と，怒りや攻撃性が低い「Withdrawal：ひっこみ型」の 2 つにさらに分類し，「Clearly Secure：明らかな安定型」（Bartholomew et al. の安定型に対応する），「Enmeshed：とらわれ型」（Bartholomew et al. のとらわれ型に対応する）「Fearful：恐れ型」（Bartholomew et al. の対人恐怖的回避型に対応する），「Angry Dismissive：怒り・拒否型」と「Withdrawal：ひっこみ型」（この 2 つが，Bartholomew et al. の拒絶回避型に対応する），の 5 つのプロトタイプにより，産後うつ病の発症の危険因子の研究を行なった。その結果，「怒り・拒否型」のアタッチメント・スタイルは産後うつ病の発症の危険因子であるが，「ひっこみ型」のアタッチメント・スタイルはそうではなかった。したがって，うつ病の危険因子としてアタッチメント・スタイルを検討する際には，拒絶回避型を，怒り・拒否型とひっこみ型というプロトタイプに分けることが有効であることが裏付けられた。

　ASI のプロトタイプでは，恐れ型は，攻撃性は低いと仮定されている。しかし，筆者らが，日本において実施した150あまりの ASI 面接の結果から見ると，恐れ型のアタッチメント・スタイルであっても，現在の対人関係や人生上の問題での葛藤を抱えている場合には，攻撃性が高くなる場合も多くみられる。ASI のアタッチメントのプロトコルはまだ検討の余地があるといえよう。

　次に，ASI による面接の概要を紹介する。最初に，いざという時には心のうちを全てうちあける，そして，月に一度以上は直接会うような，「非常に親しい人」（Very Close Others：以下，VCO）を，質問によって特定する。すなわち，被面接者が，意識的に安全基地として認識し，近接欲求をもち，実際に近接を維持している他者をアタッチメント対象として報告してもらうのである。VCO がパートナーと重なる場合もある。

そして，パートナーおよび，上記の質問で被面接者が報告した2人までのVCOのそれぞれについて，以下のような質問によって，その関係の質を測定する。質問は，その人とどんな話をし，どの程度，それに対して相手からの情緒的なサポートを得ているのか，その人に対してアタッチメントの感覚がどの程度あるのか（分離抵抗，安全基地，確実な避難所），その人とどんな相互作用をしているか，すなわち，どんな風に楽しみを共有したり，喧嘩したりしているのか，という質問を軸にしたものである。これらの質問の結果から，評定者は，パートナー，VCOとの間でその人が築いている人間関係について，それぞれ，サポートがあるかどうか，身近であるかどうか，葛藤があるかどうか，という3つの視点を総合して，総合的にサポーティブな人間関係であるかという，関係の質を評定する。

　次に，アタッチメントの型が反映されていると考えられる，その人の一般的な対人関係における態度と行動について質問する。質問は，他者に対してどの程度不信感があるか，他人と親密になる時に緊張する態度がどの程度あるか，自己への信頼感がどの程度あるか，他者との関わりへの欲求がどの程度あり，それに伴う他者にしがみつくような行動がどの程度あるか，他者との別れの耐え難さをどの程度感じているか，親密さへの恐れがどの程度あるか，人間関係における敵意をどの程度感じ，表出しているか，という7つの側面を軸としたものである。それらの質問の結果と，先述の，パートナーやVCOとの関係の質の評定を総合し，その人の「人と関係を作り，維持する能力」を4段階で判断する。これが，アタッチメント・スタイルの安定性の程度を表すものと考えられる。そして，安定性が高い方の2段階が安定型，低い方の2段階が不安定型と判断される。

　さらに，上記のアタッチメントの型についての質問への答えのパターンに基づいて，その人のアタッチメント・スタイルが，明らかな安定型，とらわれ型，ひっこみ型，怒り・拒否型，恐れ型のプロトタイプのいずれにあてはまるかを判断する。

　次に，それぞれのプロトタイプを簡単に説明する。

　「明らかな安定型」のプロトタイプの人は，パートナーやVCOのうち，最

低2人以上の人との間で，サポートがあり，親密で，葛藤の少ない，よい関係を作っており，さらに，友人や知人，親戚など，ある程度，広がりのある対人関係を持っている。他者への不信感，対人緊張，分離不安，人間関係へのとらわれ，攻撃性のいずれも低く，自己信頼と他者への依存は中程度である。

「とらわれ型」のプロトタイプの中には，単純な依存型と両価型の2つのサブタイプがある。サブタイプである単純な依存型は，攻撃性が低いのに対して，両価型は攻撃性が高い。

「ひっこみ型」のプロトタイプは，他者への不信感，分離不安，人間関係へのとらわれ，攻撃性は低く，自己信頼は中程度か高く，対人緊張が高いことが特徴である。

「怒り・拒否型」のプロトタイプは，他者への不信感，対人緊張，自己信頼，攻撃性が高く，人間関係へのとらわれと分離不安が低い。

「恐れ型」のプロトタイプは，対人緊張，親密さへの恐れが高く，攻撃性が低いという特徴がある。

これらのプロトタイプと，安定性の程度の4段階を組み合わせて，被面接者のアタッチメント・スタイルを，「明らかな安定型」「軽く不安定－とらわれ型」「軽く不安定－ひっこみ型」「軽く不安定－怒り・拒否型」「軽く不安定－恐れ型」「中程度に不安定－とらわれ型」「中程度に不安定－ひっこみ型」「中程度に不安定－怒り・拒否型」「中程度に不安定－恐れ型」「非常に不安定－とらわれ型」「非常に不安定―ひっこみ型」「非常に不安定―怒り・拒否型」「非常に不安定－恐れ型」「無秩序型」のいずれかに分類する。無秩序型というのは，とらわれ型，ひっこみ型，怒り・拒否型，恐れ型，の中の複数の型に同時にあてはまる非常に不安定および中程度に不安定な型である。安定型においては，型が複数あてはまる可能性がある場合も，無秩序型とは分類しない。経験的には，ASIにおける無秩序型としてはイギリスにおいても日本においても，「恐れ型と怒り・拒否型の並存」「恐れ型ととらわれ型の並存」の2つが多く見られる。

理論的には，ASIの「明らかな安定型」のプロトタイプは，アダルト・アタッチメント・インタビュー（Adult Attachment Interview: 以下，AAI）の「安定自律型」に対応し，ASIの「とらわれ型」と「恐れ型」はAAIの「とらわれ型」に対応

するだろうと考えられる。そして，ASI の「ひっこみ型」と「怒り・拒否型」の プロトタイプが，AAI の「アタッチメント軽視型」に対応するだろうと考えられる。ASI の無秩序型と，AAI の未解決型とは必ずしも対応していないようである。AAI の型と ASI のプロトタイプの対応については，今後の検討が待たれる。

8-3 母親のアタッチメント・スタイルと臨床的介入

　研究の結果，子どもが適応している母親の半分以上が，安定型のアタッチメント・スタイルであり，子どもの不登校が長期化している母親の半分以上が不安定なアタッチメント・スタイルだった。母親のアタッチメント・スタイルと子どもの不登校の長期化という現象の間に何らかの関係があることがわかった。どういう関係があるのかは今後の検討課題であるが，不登校が長期化した子どもを持つ母親の多くが不安定なアタッチメント・スタイルを持つと推測される。そこで，長期化した不登校の子どもを持つ親の対人関係の特徴をとらえて，その特徴にふさわしいアプローチを行うことが，臨床的な援助をより効果的に行うことの一助となると考える。

　安定型のアタッチメント・スタイルである母親達は，他者に対する信頼感があり，自分についてもある程度安定した自信を持っており，対人緊張があまり高くない。また，対人関係の中で過度に依存的になったり，人と親密になることを恐れたり，人に敵意を向けたりすることも少ない。すなわち，必要なサポートが得られる場や人に接近し，その関係を維持する対人関係能力がある。そういう安定したアタッチメント型の親達は，比較的早期に様々な専門家に援助を求め，その援助を利用して問題への対処に成功することが多い。ある安定したアタッチメント型の母親は，不登校が始まって 1 週間で相談機関を訪れ，2 か月，5 回の面接で子どもの不登校が解消し，適応水準が元に戻った。また，安定したアタッチメント型の親の中には，親の会を作ったり，入ったりするなど，コミュニティにおけるセルフヘルプ・グループの場において，サポートを得て，不登校についての極端に否定的な見方をやわらげ，柔軟な親機能を取り戻していく人も多くみられる。

しかし，不安定なアタッチメント・スタイルの親は，他者に対する不信感，恐れ，敵意などに妨げられて，サポートや援助を求め，得ることが困難である。コミュニティにおけるセルフヘルプ・グループの場から声をかけられても，そういう集団に入ることを拒否したり，回避したり，関係の継続が困難であったりする。教育社会学の立場からは，オルタナティブな学び舎が急激に増大しつつあることを指摘し，諸外国の例にならって，選択肢，受け皿を増やすという不登校への対応策の提言も出されている（菊池・永田，2001）。しかし，不安定なアタッチメント・スタイルの親にとってはそのようなオルタナティブな学び舎の情報を得ること，そのような機関を利用する行動を起こすことが，そもそも困難である場合が多いと考えられる。

　そこで，次に，このような不安定型のアタッチメント・スタイルの母親の特徴に応じたアプローチについて論じる。まず，それぞれの型の特徴，見分け方を記述し，次にアプローチについて論じる。筆者は，不登校児の親に対する親面接においては，基本的に親ガイダンス（Chethik, 1989）を行っており，親の内的表象の変化を目的とする洞察志向の心理療法ではなく，教育的，支持的心理療法によりアプローチしている。研究に用いた ASI は，現在の対人関係についての情報に基づいてアタッチメント・スタイルを判断するので，親面接の中で少し意識的に質問をするなどの工夫により，臨床的な応用が可能である。そこで，それぞれのアタッチメント・スタイルを臨床現場で見分ける時にポイントとなる着眼点と鍵になる質問の仕方を紹介し，次に，各アタッチメント・スタイルに応じたアプローチについて述べる。

8-3-1　怒り・拒否型アタッチメント・スタイルの母親

　怒り・拒否型のアタッチメント・スタイルを持つ母親を見分ける着眼点は，自信があり，他者に対して不信感が高いこと，対人緊張があり，固い印象や，距離が遠い印象を受けること，敵意を含んだ他者への批判や自らの攻撃的な行動についての話が多いことである。この型の母親の話す量には個人差がある。多くを語る場合には，自分が何でもわかっている，という調子で子どもについて滔滔と語る。また，淡々と語りつつ，こちらからの質問にはあまり答えずに

第8章　不登校の長期化と母親のアタッチメント

自分の言いたいことをマイペースで話す場合もある。あるいは，話しても仕方ない，他者から役に立つ援助を得ることなど期待してなどいない，という雰囲気でわずかしか語らない場合もある。いずれにしても，この型の母親を見分けるには，話を聞いている専門家の中に起きてくる，一方的に話をされて圧倒されそうな感じや，見下げられた感覚と怒り，相手にされない苛立ちなどが手がかりになる。また，この型の母親を見分けるには，どのような仕方で物事を決めたかについて質問をすることが役に立つ場合がある。この型の母親は，人に相談したとしても最終的には自分自身で物事を決定することが多い。今までに関わった関係者，機関に対する批判や疑念を語ることが多いのも特徴である。また，夫に対しても，自分の意見が正しいと考えて批判的であったり，疑念を抱いていたりすることが多い。

　この，怒り・拒否型の母親の自信に対抗的，批判的な姿勢で臨むと，早期に関係が切れやすい。この型の母親であると判断した場合には意識的に聞く側の心の中に生じる批判の声を小さくし，姿勢を低くする構えでアプローチする必要がある。この型の母親で多弁なタイプに対しては，よく勉強している専門家ほど，議論をしたくなる誘惑にかられがちである。しかし，この型の母親は，議論に負ければ面白くないので，関係を切ろうとする。議論に勝てば，自分に負けるような相手に援助を求めても無駄だと思って関係を切ろうとする。いずれにしても，関係を切る方向に動く可能性があるので，できれば議論にならないように冷静に対応することが望ましい。

　冷静に控えめに関係を継続しながら，こちらの専門性を認めてもらうチャンスをとらえて，少しずつ信頼を獲得していくというアプローチを取る。ただ，姿勢を低くしすぎると，信頼を獲得するチャンスをとらえる前に関係を切られることがある。怒り・拒否型の母親は他者への不信感や疑念が強いために，専門家の姿勢の低さを，自信のなさや専門性の低さと認知して，関係を断ってしまうことがあるからである。姿勢を低くしつつも，こちらの専門性が相手に伝わるように，問題の理解，解釈，子どもとの関わりについての示唆などを毎回きちんと伝えて，援助関係が役に立つと母親が実感するようなアプローチが必要である。

さらに，怒り・拒否型の母親は，拒否することが基本的なスタイルであるため，関係を断ち切られた時に専門家がすぐにあきらめよく引いてしまわないことも必要である。そもそも，この型の母親は，自分から助けを求めず，声をかけても応じないことが多い。この型の母親に対しては，粘り強く関係作りの働きかけを継続する根気が必要である。

8-3-2　とらわれ型アタッチメント・スタイルの母親

　とらわれ型アタッチメント・スタイルの母親は，先述の怒り・拒否型の母親と様々な点で対照的である。この型の母親を見分ける着眼点は，自信がなく，依存傾向が強いこと，対人緊張は基本的にあまり高くなく，最初から距離が近い印象があること，分離不安が強いことである。

　とらわれ型の母親は，距離感が近く，人懐っこい感じや，親しみやすい感じや，人によってはなれなれしいと感じるような印象を与えることが多い。この型の母親は，多弁であることが多いが，多くを語らない場合にも表情豊かであり，感情の波が大きく，感情の動きがよく伝わってくる。依存関係をめぐる話が多く，今までに依存してきた相手との関係を理想化して語るか，依存させてもらえなかったり，依存して失敗したりした相手との関係について怒りや失望をこめて語る話から，この型の母親にとっての依存することの大きさが伝わってくる。この型の母親を見分けるには，話を聞いている専門家の中に起きてくる，何とかこの人の力になってあげたいという身を乗り出すような感覚，また逆に，ベタッとよりかかられたり，のしかかられたりするように感じて面倒だとか重たいと感じて，逃げるように身をひきたくなるような感覚が手がかりになる。

　さらに，とらわれ型の母親は，分離不安が強い。分離不安の程度は，子どもや夫が不在の時や帰りが予定よりも遅い時にどう感じてどのように行動するか具体的に質問することにより，確認することができる。実際にそういうエピソードが話に出ない場合は，もしも子どもや夫の帰りが遅くなったら心配するか，もしもいなくなったらどう感じるかなど，仮定法の質問をすることにより，分離不安の程度を知ることができる。

とらわれ型の母親は，頼れる相手であると判断すると，しがみつき，依存してきて，急速に接近してくる。一方，拒絶されることに敏感で傷つきやすく，自分が拒絶されたと感じると，関係を切ってしまう可能性がある。母親が勢いにまかせて接近してきてしがみついてくるのに対して，一生懸命に期待に応えようとはりきったり，また，受身で見通しのないままに応え続けていたりすると，専門家の側のずぶとさやふところの深さにもよるが，しばらくして，ともすると，母親の依存を重く感じたり，いらだちを感じたりすることが起きる場合がある。この型の母親は，相手の中に生まれたそういう否定的な感情を察知すると，たとえそれが微かなものであっても，拒否されたように感じたり，見捨てられたように感じたりして傷つくことが多い。したがって，この型の母親が接近してくるのに対して，適当な距離を意識的に保ち，一貫性のある姿勢を保つことが必要である。具体的には，母親の性急な質問や要求にすべて応えようとはしないで，真剣に耳を傾ける姿勢を維持する。支持や示唆は，少し控えめにしてほどほどの依存関係を維持する距離感が必要である。

また，最初からとらわれ型の母親の依存に対してやっかいだと感じて身をひいて逃げたくなる感情を感じた場合には，まず，母親のなだれこんでくる勢いに待ったをかけて止める必要がある。止めるには，少しものわかりが悪い聞き手になって，立ち止まって問題を整理したり，事実関係をゆっくりと確認したりする作業を始める方法，こちらができること，できないことをまず伝えるという方法など様々な方法がある。いずれにせよ，聞き手の陣地を確保し，逃げないで踏みとどまることが，この型の母親の見捨てられる不安を喚起しないために大切である。

そして，とらわれ型の母親は自信がなく，自分について言われたことを，たとえそれが中立的な示唆であっても，叱られたとか非難されたとか拒否されたとかのように，否定的に歪曲して受け取って傷つき，沈んだりむくれたり怒ったり，気分が変化する場合が多い。そういう母親の気分の浮き沈みを，感じ取りつつもまきこまれずに一貫して支持的な姿勢をもって関わりを続けるどっしりとした姿勢が必要である。

8-3-3　恐れ型アタッチメント・スタイルの母親

　恐れ型アタッチメント・スタイルの母親を見分ける着眼点は，不安や緊張が高いこと，今までの対人関係の中で傷ついた経験を持っていることである。不安や緊張が前面に出ている時にはこの型の母親は，近づきにくい印象を与えるが，基本的には人と親密になりたいという欲求を持っているため，怒り・拒否型の母親ほど固い壁のようなものは感じられない。不安や緊張を表に出さない時には，一見，とらわれ型の母親に近い親しみやすさを感じさせる場合もある。ただ，不安や緊張からあまり多くを積極的に語ろうとしないので，聞いている専門家の側に，どこかよくわからない感じが起きることが多い。だが，この型の母親は，安心してリラックスできるようになると，自分の抱えている問題を語って援助やサポートを求めることができるようになる。安心できるような場を作ることが必要である。

　恐れ型の母親は，次に述べる，ひっこみ型の母親とも似ている。恐れ型の母親かどうかを見分けるには，人と親しくなるのが苦手かどうか，苦手であるとしたら，それは怖いとか不安な感じを持つからであるのか，ということについて質問するのが近道である。また，恐れ型の母親である可能性を感じたら，自然に話が出てくる場合も多いが，今までに人との関係の中で傷つけられたり，裏切られたりしたことがあるかどうかというエピソードを質問することによって，恐れ型かどうかを確認することができる。

　恐れ型の母親は人に頼りたい気持ちがありながら，頼ろうとして裏切られたり拒絶されたりした経験があるために，頼ることを恐れてもいる。したがって，専門家の方から，裏切ったり拒絶したりすることはないということを少し積極的に伝える必要がある。すなわち，支持的な関わりや示唆などを積極的にするなど，関係をこちらから作っていくような姿勢が必要になることが多い。さらに，恐れ型の母親は，周囲の人に対して自分から頼る行動を起こすことについて恐れを抱き，サポートを求めないために得られずにいることも多いので，具体的にサポートを求める行動を示唆する関わりが役に立つこともある。

　恐れ型の母親も，とらわれ型の母親と同様に，傷つきやすさが高い。専門家

が一貫した姿勢を持って安定感のある安心感を与える関わりをすることが大切である。

8-3-4　ひっこみ型アタッチメント・スタイルの母親

　ひっこみ型の母親は，対人緊張が高く，人との関わりからひっこみがちであること以外は，明らかな安定型の特徴に近く，他者への不信感，分離不安，人間関係へのとらわれ，攻撃性は低い。一見，安定型の母親のような印象であることが多い。安定型とひっこみ型を見分けるためには，心をうちあけて相談する人が誰であるのか，その人とは1か月に1度以上会うかどうか，どの程度何を話すのか，などの質問によって，アタッチメント対象との関係を吟味する。ひっこみ型の母親は，相談する人がいるといっていても，1か月に1度よりも少ない頻度しか会うことがない関係であったり，相談するといっても事実を話すだけで気持ちをうちあけることはしていなかったりするという意味で，安定したアタッチメント対象とは言えない場合がある。または，安定したアタッチメント対象がいても1人だけであり，それ以外の人間関係の広がりに乏しいことがある。さらに，人と親しくなることや人に助けを求めることが難しいかどうかを質問することによっても，ひっこみ型の母親かどうかを知る手がかりになる。ひっこみ型の母親は，不安や緊張があるために人と親しくなるのは難しいと感じることが多く，また，自分から人に助けを求めるのは苦手であり，実際にあまり求めないことが多い。

　ひっこみ型の母親に対して関わる専門家は，恐れ型の母親に対して感じるのと似た，どこかよくわからない人だという印象を持つ場合が多い。恐れ型と異なるのは，ひっこみ型の母親は，人と関わりたいという欲求があまり強くないので，関係が継続しても，あまり頼ろうとする姿勢が出てこないところである。ある一定の距離以上には人に近づこうとしないことが多い。この型の母親は基本的に自信があり，怒り・拒否型の母親と同様に回避的なスタイルであるが，攻撃性が低く感情の起伏が大きくあらわれないために，怒り・拒否型の母親に対して専門家が感じるような対抗したくなる姿勢や見下げられたような苛立ちは生じないことが多い。しかし，一見援助関係が良好に形成されているように

見えながら，実際には，人の助けを借りる必要はないという自信があるために，専門家からの示唆を聞き流して利用しようとしないこともある。また，聞かれたこと以外は答えないという形で援助関係に必要な重要な情報を語らない場合もある。専門家がそのような母親の姿勢に気づいた時に，苛立ちや失望により距離を遠ざけることは，ひっこみ型の母親のアタッチメント・スタイルを強化することになる。怒り・拒否型の母親に対してと同様に，根気よく粘り強く援助関係を継続する姿勢が必要である。

8-3-5 無秩序型アタッチメント・スタイル (恐れ型と怒り・拒否型の並存) の母親

　無秩序 (恐れと怒り・拒否) 型の母親は他者に傷つけられたり裏切られたりした経験があり，それに対する怒りを強く感じている場合が多い。この型の母親の特徴は，強い信念とも言うべき，他者が自分を傷つけるだろうという不信感と恐れの高さである。この型の母親は緊張が高く，警戒心をもって他者を見るので，専門家が，援助関係を作ろうとしても拒否される感じを強くもつ。専門家がこの型の母親から伝わってくる怒りや疑いなどの情緒に真っ向から向き合おうとすると無力感や怒りを感じる場合が多い。怒りや疑いなど，この型の母親から出てくる否定的な情緒はそのままそっと受け取り，風呂敷に包んで棚に上げておくようなつもりで，まずは子どもの問題についての具体的，現実的な情報収集に集中することで，この型の母親に対して支持的に示唆を与えることが可能になる。

　無秩序 (恐れと怒り・拒否) 型の母親に怒りの源を質問することは，子どもの問題とは異なる母親自身の歴史の問題のふたをあけることになることが多いので，どの程度，収拾をつける力が専門家の側にあるかによるが，最初は避けた方が賢明であろう。自分自身の歴史における怒りや失望のエピソードを語るうちに，不信感が高まり，誰にも自分を助けることなどできはしない，という気持ちが大きくなって，援助関係を切ってしまう母親もいるからである。子どもの問題についての理解がある程度進んだところで，母親が傷つけられたり裏切られたりしたエピソードをゆっくり語る時間を作り，現在の親子関係の問題

との関連を吟味する作業にはいる方が，混乱が少ない。

　この型の母親が怒りや不信感によって関係を早期に切ろうとした時に，それまでにこの型の母親から向けられてきた怒りや疑いなどの否定的な情緒に対する反応を抑圧してきた専門家の中で抑えがはずれて，怒りや無力感がわきおこり，母親との関係を継続する努力を放棄したくなることがある。しかし，成功する確率は低くても，この型の母親に対して手紙などの手段で，専門家の側は援助を提供する用意があることを伝えておくことは，この型の母親の他者に対する不信感の歴史を強化しないために大切である。

8-3-6　無秩序型アタッチメント・スタイル　　　（とらわれ型と恐れ型の並存）の母親

　無秩序（とらわれと恐れ）型の母親の特徴は，自信がなく，依存したい気持ちが強く，ある人に対しては依存し，接近を維持し，分離不安を強く感じたり，怒りを感じたりする一方，人に傷つけられたり裏切られたりした経験があるために他者に対する恐れや緊張も高く，人を回避する行動もみられるという矛盾したものである。この型の母親を見分けるには，とらわれ型の母親同様に，専門家の中に生じる強い，関わりへの衝迫，あるいは関わりから逃げたくなる強い情緒が1つの手がかりである。そして，恐れ型ととらわれ型が並存している母親が，とらわれ型の母親と違うところは，人に助けを求めることに対するためらいや恐れがあることである。

　この型の母親は見捨てられ不安が高く，とらわれ型同様に，専門家からの関わりを否定的に歪曲して受け取ることがよくある。この型の母親は，自己評価が低く，おびえて，叱られたように振舞うのに対して，専門家が，しっかりして，と励ますつもりで関わることが，母親のおびえを強めてしまい，専門家とこの型の母親の間に，加虐的-被虐的な関係が再演されてしまうことがある。この型の母親と関わる場合には，一定の距離を保って，一貫したおだやかな姿勢で関わることが必要である。専門家の中に，強い情緒が動いた時にはその情緒に乗って動かずに，あえて立ち止まることが，この型の母親との間の距離を保つのに有効である。

8-4　不登校児の親のアタッチメントと臨床的介入の今後の課題

　長期化した不登校児の母親の研究および臨床経験から，特に不安定なアタッチメント・スタイルの母親との関わりについて述べてきた。危機的な状況において，保護的な対象との近接を維持して安全感を得ることが苦手な母親に対して，臨床家の側が，その特性に応じて近接を維持する工夫をいかにするかということが，臨床場面におけるアタッチメント理論の応用である。
　この研究のもう1つの注目すべき結果は，長期化した不登校児の母親の夫婦関係の問題の大きさだった。長期化した不登校児の両親の夫婦関係をみると，葛藤的であるか，または相互に無関心で関わりを避けている夫婦が多かった。不登校の問題を抱えた時に，その問題ゆえに，責任の押し付け合いなど，夫婦の葛藤が生じることもあるだろうし，不登校の問題が長期化する中で問題に対処する役割が一方の親に固定化し，孤軍奮闘する役割と問題を回避する親の役割分担ができて相互に無関心・回避的になっていく夫婦もあるだろうと考えられる。しかし，面接によって得られた情報からは，不登校の問題が発生する以前から，葛藤的な夫婦関係，あるいは無関心・回避的な夫婦関係であった事例が多かった。個人の不安定なアタッチメントがその人の夫婦関係の問題に関係しているであろうことが先行研究で論じられている（Feeney, 1999）。個人のアタッチメントの特性と夫婦関係の問題と長期化する不登校の問題とがどのようにからみあっているかを検討することは今後の課題である。
　子どもが思春期になるまでには，夫婦関係の中にも歴史があり，長期化した不登校の事例の場合，長年の恨みや失望が互いにたまっていることも多い。現在の子どもの問題と子どもの将来に焦点をあわせることによって，それらの積年の否定的な情緒を横に置いて，親として子どもの問題に対処することを決心するところから，親機能回復の作業が始まる。不安定なアタッチメント・スタイルの母親との間では，その援助のスタート地点にたどりつくまでに関係が切れてしまう，あるいは，そこにたどりつかない非生産的な関係，たとえば延々と過去についての愚痴などを聞いてしまうような関係が続く可能性が高い。そして，一度はスタート地点に立ったかのように見えても，子どもへの具体的な

対応をめぐって，夫である父親への怒りや失望が再燃する中で関係が切れてしまうこともある。不安定なアタッチメント・スタイルの母親との援助関係においては，安全基地としてのアタッチメント対象との接近の維持の苦手さという行動特性を肝に銘じておく必要があるだろう。向こうから関係を切られた時に，専門家がそのまま関係を放置せず，いつでも必要な時には待っている，私はavailableです（手の届くところにいます），というメッセージを送っておくことにより，アタッチメント対象がここにいますよ，ということを伝えることが大切だと考える。対人関係に不信感，恐れや不安，両価性などがある不安定なアタッチメント・スタイルの母親には，親グループのようなセミ・オープン・グループの形式（小野，1993；伊藤，2001；塩崎，2001；籠橋・中野，2003；冨田・大池，2003；松本，2003；Kadota, 2004）は，複雑な感情を調節しながら参加できるので利用しやすい。また，グループは，安心感のある場を作る機能があるため，安全基地としてのアタッチメント対象となりうる。また，父親にも可能であれば親ガイダンスを提供することが有効である（安村，2004；山本・田上，2004）。父親のアタッチメントと臨床的介入については今後の実践および研究が必要な領域である。

　さらに，不登校の子どもの家族の特徴についての研究が欧米では盛んに行われており，不登校の家族の特徴が記述され，家族への介入が模索されている（Bernstein & Borchardt, 1996；Hansen et al., 1998；Bernstein et al., 1999）。家族全体の特徴と家族を構成する個人のアタッチメント・スタイルの関係については今後，検討が必要である。また，広島において，援助機関の包括的なネットワークにより治療を行うモデルも提言されている（Nishida et al., 2004）。しかし，家族にアプローチする場合も，ネットワーク治療による援助を提供する場合も，最初は，窓口になる親との援助関係を結ぶ必要があり，その時点で個人のアタッチメント・スタイルに応じたアプローチをすることが重要であると考える。

第8章 引用文献

Bartholomew, K., & Horowitz, L.M. (1991) Attachment styles among young adults: A test of a four-category model. *Journal of Personality and Social Psychology*, **61**(2), 226-244.

Berg, I. (1992) Absence from school and mental health. *British Journal of Psychiatry*, **161**, 154-166.

Bernstein, G.A., & Borchardt, C.M. (1996) School refusal: Family constellation and family functioning. *Journal of Anxiety Disorders*, **10**(1), 1-19.

Bernstein, G.A., Hektner, J.M., Borchardt, C.M., & McMillan, M.H. (2001) Treatment of school refusal: One year follow-up. *Journal of the American Academy of Child Adolescent Psychiatry*, **40**(2), 206-213.

Bernstein, G.A., Warren, S.L., Massie, E.D., & Thuras, P.D. (1999) Family dimensions in anxious-depressed school refusers. *Journal of Anxiety Disorders*, **13**(5), 513-528.

Bifulco, A., Lillie, A., Ball, B., & Moran, P. (1998) *Attachment Style Interview (ASI): Training manual.* Royal Holloway, University of London.

Bifulco, A., Moran, P., Ball, B., & Bernazzani, O. (2002a) Adult attachment style. I: Its relationship to clinical depression. *Social Psychiatry and Psychiatric Epidemiology*, **37**, 50-59.

Bifulco, A., Moran, P., Ball, B., & Lillie, A. (2002b) Adult attachment style. II: Its relationship to psychosocial depressive-vulnerability. *Social Psychiatry and Psychiatric Epidemiology*, **37**, 60-67.

Bifulco, A., Moran, P.M., Ball, C., Jacobs, R., Baines, A., Bunn, A., & Cavagin, J. (2002c) Childhood adversity, parental vulnerability and disorder: Examining inter-generational transmission of risk. *Journal of Child Psychology and Psychiatry*, **43**, 1075-1086.

Broadwin, I.T. (1932) A contribution to the study of truancy. *American Journal of Orthopsychiatry*, **2**, 253-259.

Chethik, M. (1989) *Techniques of child therapy: Psychodynamic Strategies.* New York: Guilford Press.

Elliott, J.G. (1999) Practitioner review:school refusal:issues of conceptualisation, assessment, and treatment. *Journal of Child Psychology and Psychiatry and Allied Desciplines.* **40**, 1001-1012.

Feeney, J.A. (1999) Adult romantic attachment and couple relationships. In J.

Cassidy & P.R. Shaver (Eds.), *Handbook of attachment: Theory, research, and clinical applications* (pp. 355-377). New York: Guilford Press.

Felton 晴子（2002）ライフサイクルにおける中年期母親の危機的心性についての一考察：不登校児の事例を通して　応用教育心理学研究, **19**, 5-21.

Gerlsma, C., & Luteijn, F. (2000) Attachment style in the context of clinical and health psychology: A proposal for the assessment of valence,incongruence, and accessibility of attachment representations in various working models. *British journal of medical psychology*, **73**, 15-34.

Hansen, C., Sanders, S.L., Massaro, S., & Last, C.G. (1998) Predictors of severity of absenteeism in children with anxiety-based school refusal. *Journal of Clinical Child Psychology*, **27** (3), 246-254.

Hayashi, M., Minakawa, K., Miyake, Y., Horiuchi, M., Anai, K., & Yoshida, K. (2007) Maternal Attachment Styles of Chronic School Non Attendant Adolescences.（投稿中）

保坂　亨（2002）長期欠席と不登校の実態調査（1989-1997年）千葉大学教育学部研究紀要Ⅰ, **48**, 23-30.

五十嵐哲也・萩原久子（2004）中学生の不登校傾向と幼少期の父親および母親への愛着との関連　教育心理学研究, **52**, 264-276.

伊藤　隆（2001）「不登校を考える会」についてⅡ：保護者と教師の集まり　日本私学研究所紀要, **36**(1), 227-242.

岩倉　拓（2003）スクールカウンセラーの訪問相談：不登校の男子中学生3事例の検討から　心理臨床学研究, **20**(6),568-579.

Johnson, A.M., Falstein, E., Szurek, S.A., & Svenson, M. (1941) A school phobia. *American Journal of Orthopsychiatry*. **11**, 702-711.

Kadota, K. (2004) Group work practice for mothers of children with school refusal. *Science of social welfare*, **45**(2), 81-90.

籠橋美知子・中野明徳（2003）不登校児をもつ親へのサポートについての研究：大学相談室「親グループ」の活動から　福島大学教育実践研究紀要, **44**, 113-120.

加野芳正（2001）不登校問題の社会学に向けて　教育社会学研究, **68**, 5-23.

Kearney, C.A., & Silverman, W.K. (1990) A preliminary analysis of a function model of assessment and treatment for school refusal behavior. *Behavior modification*, **14**(3), 340-366.

Kearney, C.A., & Silverman, W.K. (1996) The evolution and reconciliation of taxonomic strategies for school refusal behavior. *Clinical Psychology: Science and*

Practice, **3**(4), 339-354.

菊池栄治・永田佳之(2001)オルタナティブな学び舎の社会学:教育の<公共性>を再考する 教育社会学研究, **68**, 65-84.

Lauchlan, F. (2003) Responding to chronic non-attendance: A review of intervention approaches. *Educational Psychology in Practice*, **19**(2), 133-146.

Layne, A.E., Bernstein, G.A., Egan, E. A., & Kushner, M.G. (2003) Predictors of treatment response in anxious-depressed adolescents with school refusal. *Journal of the American Academy of Child Adolescents Psychiatry*, **42**(3), 319-326.

Masi, G., Mucci, M., & Mellepiedi, S. (2001) Separation anxiety disorder in children and adolescents: Epidemiology diagnosis and management. *CNS Drugs*, **5**(2), 93-104.

松本訓枝(2003)母親が語る「不登校」問題と対処:「親の会」における学習と相互作用過程 市大社会学, **4**, 63-80.

McCarthy, G. (1999) Attachment style and adult love relationships and friendships: A study of a group of women at risk of experiencing relationship difficulties. *British Journal of Medical Psychology*, **72**, 305-321.

Meyer, E.A., Hagopian, L.P., & Paclawskyj, T.R. (1999) A function-based treatment for school refusal behavior using shaping and fading. *Research in Developmental Disabilities*, **20**(6), 401-410.

Mickelson, K.D., Kessler, R.C., & Shaver, P.R. (1997) Adult attachment in a nationally representative sample. *Journal of Personality and Social Psychology*, **73**(5), 1092-1106.

Murphy, B., & Bates, G.W. (1997) Adult attachment styles and vulnerability to depression. *Personality and Individual Differences*, **22**, 835-844.

Nishida, A., Sugiyam, S., Aoki, S., & Kuroda, S. (2004) Characteristics and outcomes of school refusal in Hiroshima, Japan. *Proposals for Network Therapy*, **58**(5), 241-249.

岡部彩子(2001)愛着スタイル別にみた中学生の親子関係と友達関係 人間文化論叢, **4**, 269-279.

Okuyama, M., Okada, M., Kuribayashi, M., & Kaneko, S. (1999) Factors responsible for the prolongation of school refusal. *Psychiatry and Clinical Neurosis*, **53**, 461-469.

小野昌彦(2001)男子小学生不登校への午後登校法適用による援助 カウンセリング研究, **34**, 311-317.

小野　修（1993）不登校児の親の変化過程仮説パーソンセンタードアプローチ　心理臨床学研究，**10**(3), 17-27.

酒井　厚（2001）青年期の愛着関係と就学前の母子関係：内的作業モデル尺度作成の試み　性格心理学研究，**9**, 59-70.

佐藤朗子（1993）青年の対人的構えと親および親以外の対象への愛着の関連　名古屋大学教育学部紀要　教育心理学科，**40**, 215-226.

塩崎尚美（2001）不登校の母親グループにおける対象関係論的アプローチ　御茶ノ水女子大学発達臨床心理学，**3**, 13-24.

冨田宏美・大池ひろ子（2003）高校生不登校児とその周辺の青年・家族への援助：思春期グループと親の会等支援の実践から　生活教育，**47**(4), 18-26.

渡辺未沙（2002）母親面接を中心に担任との連携により展開した事例　心理臨床学研究，**19**(6), 578-588.

山本淳子・田上不二夫（2004）「よく育てる」から「ともに楽しむ」への親子関係の変化が子どもに及ぼす影響：抜毛のみられる不登校女子中学生の事例　教育相談研究，**42**, 19-32.

安村直己（2004）兄弟ともに不登校に陥った両親へのアプローチ：親機能のバランスの解体と回復について　心理臨床学研究，**22**(1), 23-34.

吉田敬子（2001）周産期精神医学の最近の動向：研究方法の広がりと進歩 up to date　精神科診断学，**12**(3), 287-305.

吉田敬子・林もも子・Bifulco, A. (2003)　アタッチメント・スタイル面接による養育者の対人関係能力の評価方法：日本版 Attachment Style Interview (ASI) の信頼性と有用性の検討　精神科診断学，**14**(1), 29-40.

第9章 ドメスティック・バイオレンス被害者への アタッチメント理論によるサポート

高畠克子

　ほぼ50年前に，Bowlby は *Attachment and loss* を世に出したが，今なぜアタッチメント理論が見直され注目されているのだろうか。第一に，戦争や虐待や殺人などという凄惨な暴力問題がグローバルな規模で起こり，しかも暴力の被害者が女性や子どもに集中しているという社会的な背景のためであろう。第二に，多くの人々の想像を超えた深刻な事態に対して，生物学的存在・心理学的存在・社会学的存在・スピリチュアルな存在としての人間を捉えなおすのに，Bowlby のアタッチメント理論が有効だと考えられるためであろう。そして第三に，アタッチメント理論が愛着理論と理解されており，母子の愛情の絆が維持されればこのような問題は起こらないと誤解されているためであろう。特に第三に関しては，アタッチメント研究者からの反論も含めて，アタッチメント理論に関する正確な理解を促す意味で，『アタッチメント：生涯にわたる絆』が，数井・遠藤両氏の編著で2005年4月に出版された。この本には，アタッチメント理論についての膨大な研究がレビューされ，また多くの研究者や実践家がアタッチメント理論を理解するうえでの助けになっており，筆者もまたその恩恵に浴しているのである。

　さてこの章では，筆者が今までに実践してきたDV（ドメスティック・バイオレンス）の被害女性や子どもたちへのケアや支援を振り返り，アタッチメント理論による新たな理論的・実践的枠組みを提出したいと考えている。

第9章　ドメスティック・バイオレンス被害者へのアタッチメント理論によるサポート

9-1　女性に対する DV 被害

9-1-1　DV 被害の実態

　DV とは，親密な関係にあるパートナー間で起こる暴力を指すが，わが国で2001年に法制化されたときには，配偶者間の暴力，とりわけ夫から妻への暴力と規定された（2004年の改正 DV 防止法では，元配偶者も含まれる）。そして，DV 被害とは，なぐる・蹴るなどの身体的暴力，言葉や態度によって相手の人格（人権）を侵害する心理的暴力，望まぬ性的行為を強要する性的暴力，金銭でコントロールする経済的暴力などを指す。1997年に東京都が DV 実態調査を行って以来，行政レベルでの実態調査が行われてきたが，多くの調査結果では，およそ3割の女性が今までに男性から上記のような暴力を1回以上受けており，さらに約5％の女性が生命の危険を感じるほどの暴力を受けたと報告している。こうしてみると，DV は特殊な夫婦間に起こる稀な暴力というよりは，一般的で誰にでも起こりうる暴力と言えるだろう。ただし，理不尽にも相手の気持ちや意思を暴力によって踏みにじる DV が年単位で長期間続き，夫から妻への力の支配（パワー・コントロール）が常態化すると，これは一般的なレベルを超えた特殊なものと想定しないと，理解や対処に間違いを起こしかねない。そこで長期化した DV は，被害者に如何なる影響を及ぼすかを次に述べる。

9-1-2　DV が被害女性の心身に及ぼす影響

　Walker (1979) は『バタードウーマン』の中で，「学習された無力感 (learned helpless-ness)」の概念と「暴力のサイクル (cycle of violence)」説を提示しているが，これらは夫の元から逃げずに暴力を受け続ける被害女性の状態を説明するのにたびたび使われる。まず，「学習された無力感」とは，Seligman の実験で電気ショックを与えられ続けた犬が，電気ショックを回避する行動が奏効しないとき，怯えと葛藤のために，受動的・服従的になり全く行動しなくなることを言う。同様なことは，暴力を受け続けたバタード・ウー

マンにも起こり，彼女たちは暴力への恐怖のあまり，冷静に事態を判断し行動することができなくなる。例えば，DVが起こるきっかけは，夫の意に添わない些細なこと（食事の味付けが悪いとか，部屋が散らかっているなど）であるが，妻の方は「夫を怒らせた私が悪い」と事態を歪んで認知し，自責的になる。そして，DVを受けないですむ方法や対処の仕方に思いが至らず，DVを受け続けるのである。

次に，「暴力のサイクル」説も，DVが長期化する根拠になる。夫からの暴力は，四六時中365日起こるわけではなく，通常三相のサイクルをなして起こる。すなわち，第一相：緊張の高まり，第二相：激しい暴力，第三相：悔恨と優しさからなり，特に第三相のいわゆるハネムーン期があることで，妻の方も夫を許してもう一度やり直そうと決心し，同じことが繰り返されDVが長期化するのである。

さらに，Herman (1992) は，長期的DV被害女性や被虐待児童において，人格の深部にまで影響を及ぼす深刻な心身の状態を複雑性PTSDと命名し，次に挙げる7つの特徴によって説明している。

①全体主義的な支配下に長時間（月から年単位）服属した生活史を持つ
②感情制御の変化：持続的不機嫌，自殺への慢性的没頭，自傷，抑止された憤怒など
③意識の変化：健忘または過剰記憶，一過性解離，再体験（フラッシュバック）など
④自己感覚の変化：孤立無援感，恥辱，罪業，自己非難，汚辱感，スティグマ感など
⑤加害者への感覚の変化：加害者への全能感，理想化，逆説的感謝など
⑥他者との関係の変化：孤立とひきこもり，持続的不信，反復的自己防衛の失敗など
⑦意味体系の変化：維持してきた信仰の喪失，希望の喪失と絶望の感覚など

以上のように，DVによって心身に酷いダメージを受けることは，「学習された無力感」「暴力のサイクル」説「複雑性PTSD」などで説明されてきたが，さらに女性に期待される性役割，女性の社会進出や自立の困難，子どもを養育

しながら生活を支える困難，夫のストーカー行為なども，DVを受けながらバタラー（DV加害者）の元を離れられない根拠になっている。それでも，やっと決断して子どもを連れて家を出てきた女性たちには，まず身の安全を保障できるシェルター（避難所）を準備し，そこではじめて，心の安全を保障するセラピストに出会い，心身の健康や健全な人間関係を取り戻し，さらに生活の再建を図るのである。

これをアタッチメント理論で言えば，危機状況にあった被害女性がはじめて，危険から逃れるアタッチメント行動を起こしたのであり，アタッチメント対象であるセラピストや支援者は，心身の危険から被害者を守り，心身の安全が維持されるように援助しなければならない。具体的には，個人療法・グループ療法・自助活動・サポートネットワーク作りなどを通して，自己感覚・自尊感情・自己肯定感などを取り戻し，対等なパートナーシップや人間関係を形成し，将来に向けての生活を再建することになる。

ところが，2001年にいわゆるDV防止法が成立して以来，この法律を活用してバタラーから逃げてくる女性たちが増え，彼女たちの様態が今までとは多少異なってきた印象を受ける。すなわち，法律に後押しされて，若い女性たちが比較的短期間でバタラー（夫）から離れているのである。このように新しい短期のDV被害者が現れてきて，私たち支援者はどのように彼女たちを支援すればよいのか，新しい戦略を求められている。そこで筆者は，DV被害の影響を従前の理論で理解しつつも，彼女たちの親との関係や内的作業モデルを考慮しながら，回復の支援を行う必要があるのではないかと考える。

9-2　DV被害女性へのアタッチメント理論およびその適用

9-2-1　DV被害女性への理論的枠組みとしての内的作業モデルおよびその仮説

DV被害女性への理解や支援にアタッチメント理論を適用する場合，Bowlby (1969) が述べた内的作業モデルを活用して，治療や支援に役立てることが適切であると考え，ここに被害女性を理解し支援する仮説を提示する。

なお，内的作業モデルに関しては，すでに第1章で述べられているので省略するが，内的作業モデルを取り上げる理由を2点だけ挙げておく。第一点は内的作業モデルが，環境や自己に関する過去および現在の情報を蓄積しながら，未来への方向性を規定するということ，第二点はアタッチメント対象への内的作業モデルが，後の対人関係に影響を及ぼすということである。この2点を踏まえて仮説を提示するなら，長期DV被害者と短期DV被害者の内的作業モデルには違いがあり，これを質問紙法で確かめつつ治療に生かせるのではないかと考えた。具体的には以下の2つである。

　仮説1：長期DV被害女性の場合，原家族におけるアタッチメント関係は，なんらかの不健全なタイプ（役割逆転を含んでいたり，懲罰的であったりするなどの混合したタイプ，あるいは，アンビヴァレント型など）であったと考えられる。それがDV男性のような配偶者選択やDVを継続する夫婦関係の形成に影響を与えたであろう。また，原家族でのアタッチメントの問題が，安全を得るためのアタッチメント方略を崩壊・断片化させている。そのため，自分自身の心身安全をどのように得たらよいかがわからず，DVからの避難もなかなか進まず結果として，現在のアタッチメントは未組織型になる可能性が高いであろう。

　仮説2：短期DV被害女性の場合，原家族におけるアタッチメント関係は，安定か不安定であったと考えられる。また，不安定であったとしても組織化されているため，アタッチメント方略はある程度機能しており，恐怖状態のDVから安全確保のための求援行動も早く，現在のアタッチメントは組織化されている可能性が高いであろう。

　これらの仮説を検証するために2種類の質問紙を使用した。詫摩・戸田（1988）の「成人版愛着スタイル尺度」では，アタッチメント・スタイルという形から推定される成人の内的作業モデルを測定した。この質問紙は，安定得点，回避得点，アンビヴァレント得点のそれぞれが得られるが，特に，回避得点とアンビヴァレント得点の両方が高い場合に，「混合したタイプ」と命名し，アタッチメント方略が混乱している不健全なタイプを表すことにした。

　また，久保田（1995）の質問紙を，幼少時代，思春期，青年期のそれぞれに

おいて，母親とどのような関係を形成していたのかを測定するために用いた．

9-2-2　DV被害女性の事例提示

ここに提示する事例は，全てプライバシー保護のために修正を加えて，個人を特定できないようにしてある．

事例1（長期DV被害女性，30歳代半ば）

Aさんは，小学生の次男と幼稚園の長女を連れてシェルターにたどり着いたが，小学校高学年の長男は自分の意思で父親の元に留まった．Aさんに対する夫の言葉の暴力や軽い身体的暴力は，付き合いが始まった10代からあったが，自分への愛情の深さから来る嫉妬のせいか，短気な職人気質のせいかと思って余り気にかけなかった．AさんがDVを受けながら15年近くも夫に連れ添ってきたのは，逃げたり離婚したりすれば夫はストーカーと化し，どこまでも追いかけてきて殺されるに違いないと確信し，恐怖心のために逃げられなかったからだと言う．

筆者はAさんと出会って5年余になるが，面接は不定期で安定せず，困ったときにセラピストを道具的サポーターとして利用する傾向が見られた．この深まらない対人関係パターンは，3歳時に母親が突然家から出て行って，それ以前にも以後にも誰とも安定したアタッチメント関係が結べなかったことに起因すると考えられた．一方，Aさんのアタッチメント・スタイルは，安定得点が低く回避得点とアンビヴァレント得点が高い混合したタイプと判定された．

また，シェルター退所後，Aさんは生活保護を受けながらアルバイトをして，母子3人の生活は一応安定したが，事態を進展させて離婚や親権取得に至らないのは，母親や弟・妹から離れて父親と暮らす長男の寂しさが，Aさん自身の幼少時における母親からの置き去り体験に重なり，決断できないのだと，Aさんはセラピーの中で自覚したのである．そして，離れて暮らす長男の親権を取ることは，Aさんが長男と同じ寂しさを共有して，母親から見捨てられたのではない保障を長男に与えたいという，Aさんの強い思いと繋がっている．しかし，親権をとる決断ができないのは，長男が自分を捨てて父親の元に残ったことから来る長男への不信感と，実母から見捨てられた体験とが輻輳していると

考えられる。このことは，質問紙によるAさんの幼少時・思春期・現在の3期にわたる，母親への気持ちに表れている。すなわち，幼少時には母へのアタッチメントや過剰期待が強く，思春期になると代理母親である叔母などへの敬愛と侮蔑が強くなり，そして現在は，再会できた実母への情緒的依存や気遣いなどが増えている。このように，Aさんの母親への気持ちは，現在表面上は和解しているようだが，思春期の激しいアンビヴァレントな気持ちは怒りやとらわれ，見捨てられ不安という複雑な状態のままにあり，そのことが長男のAさんへの拒否行動と重複し，決断を鈍らせる結果になっていると考えられる。

さらに，Aさんが夫との間の長いデタッチメント状態にも拘わらず，家を離れられず未だに離婚に至っていないのは，ストーカー化するかもしれない夫への恐怖が大きく，その上に10代で一度インプリントされた夫の理想化イメージにとらわれ，しがみついた不健全なアタッチメントの状態を提示している。

これらのことから，Aさんのアタッチメントの経歴は，仮説1のように，幼少期からの不安のつよい組織化されていない不安定なタイプ（Qアンビヴァレント型）で，そのために，一見，自分を守ってくれそうで強そうな印象をもつ夫といっしょになった。そのような夫に対する理想化は今も不健全に続くと同時に，子どもとの関係において，Aさん自身の実母との不安に満ちたアタッチメントが再現されている。AさんはDV被害からうまく逃れることも出来ず，安心を確保することも中途半端で，未だに生活はうまく軌道に乗らない（組織されない）ままだということがいえよう。つまり，仮説1が支持されていると考察できる。

事例2 （長期DV被害女性，30歳代前半）

Bさんは身一つで女性センターに駆け込み，そこのスタッフの勧めで1週間後にシェルターに来所した。Bさんは医療機関で専門技術職として働くベテランで，夫も教職につき2人はキャリア・カップルであった。学校の同窓会で出会ったのがきっかけで，大接近し大恋愛の末にゴールインして10年が経つ。最初は，包み隠さず悩みの全てを打ち明ける夫を，Bさんはかけがえのない人として信頼し，自分の生きがいにしていた。ところが，夫の悩みや愚痴や甘えは，Bさんが一身に受け止めたにも拘わらず，Bさん自身の悩みなどは，夫に全く

聞きいれられなかった。結局，Bさんは夫のケア役割を母親に代わってこなし，夫と自分の2人分の悩みを背負い込んで，10年弱を生きてきたことになる。夜通し話を聞かされ寝かせてもらえないのは序の口で，少しでも気を抜いて聞くとビンタが飛んでくるし，夫の職場での人間関係がこじれてくると，家に帰ってきて死ぬの生きるのと言い出し，なだめて収拾するのは一苦労だった。Bさんは夫から職場の同僚関係，生徒との関係，実母や姉との関係，果てはBさん以外の愛人との関係などまで聞かされ続けた。

　Bさんは幼少時からしっかりした女の子で，母親が夫（Bさんの父親）との関係で隷属的なのを見聞きし，反発を感じながらも母親の愚痴を聞きつづけ，逆転的役割関係を母親と持つことで事態の解決を図ろうと頑張った。Bさんはなぜか父親っ子で，父親はBさんの願いを結局は聞き届けてくれたので，事態はうまく解決していたように感じられた。ところで，Bさんの示すアタッチメント・スタイルは，安定得点が低く回避得点が多少高いQ不安定型であった。そして，母親との関係は，幼少時では母親へのアタッチメント得点が他の3人の被害女性より大幅に低く，思春期には母親への拒否と侮蔑が高まり，情緒的な依存は思春期から現在に至るまで低いという結果であった。Bさんの場合，母親をアタッチメント対象にせず，逆に母親がBさんに依存するという，家族機能の不全を示す役割逆転的なタイプであった。そのため，夫との関係で初めてアタッチメント対象を見つけることができたと思ったのであろう。しかし，このアタッチメント関係は，母親に反発しながらも，愚痴を聞いて精神的に母親を支えてきた役割逆転的で不健全なもので，ただ母親から夫へとシフトしたに過ぎなかった。

　Bさんはシェルターを出てから，住み込みの仕事を探して落ち着いたところで，夫と離婚を成立させている。その後，年老いた一人暮らしの母親を放っておくわけにもいかず，しぶしぶ実家に戻りもとの仕事に復帰したが，相変わらず男性との関係で，対等なパートナーというより世話をする母親的な付き合いで，消耗する生活を続けている。これからも分かるように，養育者との関係で作られた内的作業モデルは容易に変わらず，実は夫を選ぶときにも母親との間で身につけた役割逆転の特徴が強いQアンビヴァレント型から発展した不健全

なアタッチメントが作用して，母親と同じような接し方が容認されるパートナーを選んでいる。

ところで，Bさんとの治療関係は，現実的な課題（住まい・仕事探しなど）を解決する関係で，じっくりと自己に直面するセラピー関係にはなりにくく，そのためBさんは自分自身の内的作業モデルのタイプに気づくことはできても，それを変化させるまでには至らなかった。セラピーではBさんをエンパワーメントしながら，母親との関係をある程度整理して，男性関係において再びDVの被害者にならないような，対等なパートナーシップをアドバイスするだけに留まった。しかし現在，自分の過去の全てをパートナーに話し，今までとは逆にケア役割を取らなくてよい相手を選んで第二の結婚にゴールインしている。

以上の経緯から，Bさんは実母と非常にアンビヴァレントな関係で，さらに，混合したタイプが悪性に組織化したときに見られる1つの典型例である，「役割逆転」を伴ったアタッチメントを形成していたことがわかる。また，一見父親とは良い関係だったようだが，それが安定したアタッチメント関係なのかどうかは定かではない。というのも，もし，父親とのアタッチメントが安定していたなら，配偶者選択にもう少し良い影響が出てもよいからである。元夫との関係は，実母との関係の再現に過ぎないだけでなく，暴力まで招いた。これらのことから，仮説1が支持されていることは明らかだろう。さらに，内的作業モデルの特徴は，自分と相手との関係性全般についての表象であるため，Bさんの場合，世話を受ける"実母"の役割も取りうるということである。現在の新しい相手には，ケア役割を取らずにすんでいるようだが，相手が全面的にケア役割を取っているのであれば，それは必ずしも，Bさんの内的作業モデルが健全化したとは言えないかもしれない。

事例3（短期DV被害女性，30歳代後半）

Cさんは2歳の男児を持つ女性である。大学を卒業して10年近く付き合った男性と別れ，その寂しさを紛らわすためにはじめた趣味がきっかけで知り合った夫と5年近く付き合って，熱烈な恋愛の末に結婚した。結婚して長男ができて，育児のことで夫との諍いが多くなり，直接身体的な暴力はないが，物に当たったり，言葉でCさんや実家の人々を罵倒したり，延々と夜通し言葉で責め

たてたりして精神的な暴力を受け続けてきた。結婚して3年目で，これ以上耐えられないと家を出て実家に戻り，夫婦関係の修復を念頭におきながら，筆者とのセラピーが始まり，2年後に正式に離婚して母子自立の生活が始まった。

　面接の中で，しばしばCさんと夫の諍いの原因になったのが，それぞれの原家族のことであると語られた。夫の実家はワンマンの父親が会社を経営し，体の不調で仕事が長続きしない夫は不定期に実家の会社を手伝い，しばしば母親を心配して実家に泊まることも多かった。というのは，母親は昔から父親の浮気やDVに苦しめられ，長男である夫は小さいときから母親をかばって生きてきたと言う。それに対して，Cさんの実家はサラリーマン家庭で特に問題がなく，母親は社交的で明るく一家を切り盛りしていたが，時に支配的・侵入的でCさんは母親に反発することも多かった。Cさんは夫をマザコンにした義母に反発し，夫はCさんや孫の養育に支配的な義母に反発し，両者とも原家族を巻き込んでの闘争状態が続いていた。

　Cさんのアタッチメント・スタイルは，安定項目得点がそれほど高くないが，アンビヴァレントと回避の項目得点は低く，一応Q安定型と言えるだろう。また，母親との関係は，幼少時および現在において，母へのアタッチメントが強いが不信感も強く，思春期から現在にかけて情緒的な依存が強く，アタッチメント対象からの分離ができていない状態，つまり，Qアンビヴァレント型であると考えられた。一方，筆者とのセラピー関係を見ると，思春期から持ち越してきた母親への強い情緒的依存が，筆者との間で陽性転移という形で展開され，セラピーの中で母親からの精神的な自立ができたと考えられる。また，他所で行われた，夫とのカップル・カウンセリングにもよく反応し，人の見方や人間関係の取り方が改善されたのは，基本的に母親とのアタッチメント関係が最低限安定していたためであろう。そして，それをもとにセラピストとの治療関係でも，アタッチメントの質を高めることができて，母親からの自立が可能になったと考えられる。つまり，仮説2を支持したプロセスとなった。

事例4（短期DV被害女性，40歳代前半）

　Dさんは結婚直後から，夫および先妻の娘（20歳代後半，介護士）によって，「家族員として認めず，奴隷のようにこき使う」という言葉に表わされる，精

神的・身体的暴力を受けてきた。結婚して1年半後に，娘から首を絞められるという生命の危険を感じる暴力事件が起こり，それをきっかけに家を出て実家に戻り，現在離婚裁判と刑事裁判で係争中である。Dさんは大学を卒業してから結婚前まで，2，3か所の会社に勤務し，10年勤めた最後の会社で夫との付き合いが始まり，熱烈な恋愛時代を経てゴールインした。家庭人としての夫は，付き合っていた頃の気配りあるロマンチストとはほど遠く，亭主関白で縦のものを横にしない有様で，先妻の娘たちも我がまま放題で，Dさんを奴隷のようにこき使い，罵倒する言葉を言い続けていたが，夫は娘たちの暴力的な言動に見てみぬ振りを続けた。

　Dさんとは2年近く月2回のペースでセラピーを行ってきたが，10年余の恋人同士の親密な関係から，一転してDVの関係に変わった結婚生活について，Dさんが納得できる説明や意味付けを見つけられるようになるまでには，思いの外長い時間が必要だった。幸いにも，Dさんは両親との関係がよく実家に避難することができ，両親の見守りなどがあったために，時間がかかってもトラウマからの回復に向かうことができたと考えられる。フラッシュバックによって感情がフリーズしたり，夫に騙されたという怒り発作でパニック状態になったり，思い描いていた人生や理想としていたパートナーを結婚と引き換えに失った哀しみに打ちひしがれたり，行きつ戻りつしながらもトラウマからの回復を経て，前向きに歩み出すことができたと考えられる。

　短期型のDさんのアタッチメント・スタイルは，安定項目得点が高いがアンビヴァレント得点もいくらか高く，Q安定－Qアンビヴァレント型とでも言えるだろう。母親との関係では，幼少時と現在において母親へのアタッチメント欲求が強く，さらに母親への情緒的依存が，思春期と現在において，他の3人の被害女性に比べて一番高かった。一方で，幼少時の母への不信や過剰期待がかなわなかったこともあり，現在の母への過剰な気遣いなどもみられ，母親に対するアンビヴァレントな感情を打ち消そうとして，母親をはじめ人間関係を過剰に理想化する傾向も見られた。これは，恋愛時代において，夫への理想化として端的に現れており，さらにはセラピストや弁護士といった専門家との関係においても，相手を絶対視する傾向となっていると考えられる。したがって，

セラピストとの関係で，この理想化傾向に水を差して，対象を等身大に見られるようにすることが重要であった。しかし，仮説2のように，原家族との関係は不安定な傾向があるとしても，そこへ逃げこめることからわかるように，安全基地として機能するものとなっている。

　以上，4事例について概観すると，長期間暴力を受けてシェルターに逃れてきた女性たちのアタッチメント・スタイルは，安定項目得点が低くアンビヴァレントと回避の項目得点が高い混合したタイプ（Aさん），もしくは安定項目得点が低く回避項目得点が比較的高くて，悪性の組織化を伴った役割逆転的なタイプ（Bさん）である。この2人は，母親への不信や拒否が強く，早く親から離れたい気持ちが結婚に結びついているので，夫から逃げて実家に戻るという選択肢はない。実家が確実な避難所として，機能していないのである。そのため，シェルターに逃れてそこでの人間関係や機関の支援を受けて，人生の立て直しを図って自立していくのである。しかしここで重要なことは，長期DV被害女性のアタッチメントが組織化されていないため，安心を得るための方略を持てず，スタッフや体験者とさえ関係が希薄で，これを克服する人間関係の構築には長い時間が必要である。しかし，これができれば，DVからの回復にも大いに役立つであろう。

　一方，比較的短期間で夫のもとを離れたDV被害女性たちは，安定項目得点が高い安定型（Cさん）と，安定項目得点が高いがアンビヴァレント得点も多少高いタイプ（Dさん）であった。2人とも，シェルターには入らず実家に戻ったあと，夫との離婚を決意するまでに2年を要しているが，その間に個人セラピーやカップル・カウンセリングを受けたり，専門家である弁護士や友人の力も利用したりして，じっくり人間関係に取り組み結論を出すことができた。つまり，実家は確実な避難所，そして，安全基地として，機能しているのである。

　このようにして，アタッチメント理論に基づいて，アタッチメント・スタイルや母親との関係を説明概念として用いると，従前には複雑性PTSD概念などで説明されてきたことが，別の視点から見えてくるのである。しかし，さらなる今後の課題としては，アタッチメントの内的作業モデルのタイプの違いに

よって，PTSDへの罹患のしやすさなどに相違があるかどうかを検証する必要がある。

9-2-3　アタッチメント理論に基づくDV被害女性への治療戦略

先の事例提示では，筆者が2年から5年間にわたって治療関係を継続した女性について，長期DV被害女性のAさんとBさん，短期DV被害女性のCさんとDさんとの面接関係および面接内容を，内的作業モデルのタイプと質問紙に見られた母親とのアタッチメント関係から，仮説にそって記述してみた。少ない4例で一般化することはできないが，この中から仮説に基づいた治療戦略を提示して，それにそってもう一度治療関係を整理してみる。とりあえず，治療戦略は次の5点である。

①内的作業モデルのQ不安定型もしくは混合したタイプと判断される場合は，とりあえず物理的にも精神的にも，安心感と安全感を保障することが優先される。

なぜなら，これらのタイプの人は，幼少時にアタッチメント対象との間で安全保障感を体験できていないので，セラピストが早急に関係作りをしようと近づくと，恐怖や不信感を募らせるので危険である。AさんやBさんで起こったように，セラピストが距離感を縮めようとして急ぎすぎると，一時的に来所しなくなったり，治療意欲を失ったりして失敗する。セラピストには歯がゆいぐらいに思っても，相手のとる距離感を尊重しなければならない。

②内的作業モデルのQ不安定型もしくは混合したタイプと判断される場合は，心理的な支援よりも道具的な支援を行うほうが有効である。

すなわち，このタイプの人の多くは，表面的には相手を受け入れているようでも，心を許しているわけではなく，かえって相手を受け入れる心理的態勢は脆弱だと言えるので，まずその人にとって目に見える形の具体的・道具的支援からはじめるのが無難であろう。例えばAさんであれば，ハローワークに同行するとかアパートの保証人になるとか，Bさんであれば，住み込みの職場の上司に挨拶に行くとかである。このようなサポートを行うことで，少しずつ信用してもらえるような関係になる。問題の解決を急いだり内的な直面化を強いた

りしても，かえって結果は悪化することさえ起こる。
　③混合したタイプの内的作業モデルをもつ人は，選択・決断・行動が苦手で
　　なかなか一定の方向性が定まらないが，セラピストの側もある程度強く決
　　断を迫り，その上で待つことが必要である。
　例えば，AさんやBさんのような長期DV被害者においては，バタラーの
もとから離れるという決断をしないままにDVが長期化してきたので，生命
の危険が予測される初期には，セラピストの方から家を出ることを強力に働き
かけなければならないが，その後は相手の決断で機が熟すまで十分に待つ必要
がある。すなわち，離婚ができないのも親権がとれないのも，Aさんのリスク
を負わないそれなりの選択なので，その選択は尊重しなければならない。また
Bさんは，バタラーから離れるまでは，セラピストからの強力な介入が必要で
あったが，一旦離れると一時的な落ち込みはあっても，その後は意外なほどさ
ばさばと行動的になっている。
　④内的作業モデルのQ安定型もしくは不安定が混在した型の人では，安定得
　　点が高いため通常の治療関係を作りやすい。そして，セラピストとの安定
　　した陽性転移関係を基にして，必ずしも良好といえない母親との関係を改
　　善していくのである。
　すなわち，Q安定型のCさんでさえ，支配的・侵入的な母親とは表面上はう
まくやっているが，不信・反抗的・依存的な思春期心性を残しており，さまざ
まな感情的な思いが錯綜している。しかし，この感情的に錯綜した人間関係は，
セラピストとの間で一定の治療的距離の中で語られ落ち着き，最後まで続く陽
性転移関係のなかで自立していくのである。また，Dさんも安定得点は高いが，
アンビヴァレント得点もそこそこに高く，これらは，母親に対する幼少時から
の過剰期待と依存欲求が強かったこと，それを裏切られたときの不信感なども
関係しているであろう。Dさんの母親との関係を整理すべくセラピーを行った
が，直面化するよりも母親の生き方に同一化してしまったが，これもDさんの
選んだ人生なのである。
　⑤内的作業モデルのQ安定型もしくは不安定が混在した型の人の場合，個人
　　セラピーによく適応するがそれに留まらず，セラピストはクライエントを

ミクロの世界からマクロの世界への橋渡しをすべきであろう。

Cさんの場合は，夫からの提案でカップル・セラピーを受けたり，離婚や親権獲得のために紹介した弁護士と相談したり，さまざまな講習会に出かけたりと社会資源を有効に利用しながら，最終的には自分ひとりで事に当たり満足する結果を得ている。DさんはCさんほどではないが，セラピストの勧めで職業訓練校に行ったり就職活動をしたりして，自分の体験をトラウマ化しないように外のマクロの世界に出てもらうようにした。このようにQ安定型もしくは多少の不安定的な部分も混在する内的作業モデルをもつ人は，基本的な対人関係ができているので，なるべく内に留まらず外に活動を求めるように促したほうがよい。

9-3 子どもに対するDV被害

9-3-1 両親間DVの目撃者である子どもの実態

ここで述べる子どもに対するDV被害は，両親間DVの目撃が子どもに及ぼす間接的な被害である。もちろん，母親と同じく父親から直接暴力を受ける子どもも少なくないが，ここでは目撃という間接被害が子どもの心身に及ぼす影響について，アタッチメント理論から焦点を当てる。

さて，DVの目撃について，Hart et al.（1996）は「心理的虐待」と規定し，Sedlak & Broadhurst（1996）は「心理的ネグレクト」と規定している。また，Holden et al.（1998）によれば，両親間DVのある家庭に育った子どもは，「忘れられた」「認識されない」「隠れている」「偶然の」「静かな」被害者と呼ばれてきた。このように，目撃という間接被害は長らく関心をもたれることがなく，子どもに対する虐待あるいは不適切な関わりという認識さえも乏しかった。しかし，DV被害にあった多くの女性や子どもたちが，シェルターに逃れてきて初めて，そこで示す子どもたちの心身の状態や振舞いから，目撃という間接被害が子どもに及ぼす影響に目が向けられるようになった。

さて，両親間DVに晒された子どもの研究には，3つの困難や偏りがある。

すなわち，第一にDVを目撃したからといって，必ずその影響が子どもの心身に現れるとは限らない。したがって，目撃という間接被害の定義が困難である。第二にDVを目撃した子どもの情報は，シェルターに逃れてきた母親からのものが多く，母親自身がDV被害者であるため，認知の歪みによって子どもの状態を正確に把握しているとは限らない。したがって，間接被害の情報に何らかの偏りがあるとする考え方である。第三に夫から逃れてシェルターに来る選択をした母親の子どもの数は，もともと少ない上に，DV家庭に居つづける母子の情報はさらに収集しにくく，またDVがないと考えられる家庭の子どもの情報と比較することが困難である。しかし，以上の3点の困難や偏りにも拘わらず，両親間DVを目撃した子どもは増加し，目撃という間接被害を受けた子どもの実態や影響が徐々に把握されつつある。

次に，回顧的研究による目撃という間接被害について，その代表的な研究を2，3紹介する。アメリカでは，1985年に「全米家庭内暴力調査」が行われ，Straus（1992）は，そのデータをもとに1,000万人以上の子どもが，両親間の身体的な暴力を目撃していると見積もった。この研究では，大人を対象に葛藤戦略尺度を用いて，思春期の頃に一方の親か両親が，暴力を振るっていた記憶をもつか否か尋ねており，回答者の13％が少なくとも1回の両親間暴力を目撃している。しかし，この数字は実際よりかなり低く抑えられており，その理由として，思春期の頃と限定されているため，子ども時代の目撃記憶が抜け落ちていること，両親は子どもの前で身体的暴力を差し控える傾向があることなどが挙げられている。また，Silvern et al.（1995）は，550人の大学生を調査して，37％の大学生が一度は両親間暴力に晒されたと報告している。その他，シェルターに逃げてきた女性を対象にした調査で，Tomkins et al.（1994）は，僅か25％の女性が子どものDV目撃を報告しているが，逆にHolden & Ritchie（1991）やHilton（1992）は，DV被害者への質問から，暴力的な家庭にいる子どもの2/3かそれ以上が，暴力場面やその後の状態を目撃していると述べている。

9-3-2 両親間DVの目撃が子どもに及ぼす影響

両親間暴力を目撃したことが,子どもの心身に及ぼす影響について,さまざまな研究がなされているが,一定の成果を提示するにはサンプル数が少なすぎたり,シェルターに逃れてきた母親の陳述に偏りがあったりして,俄かには結論を出し難いところがある。しかし,限られた研究調査から,目撃という間接被害が子どもに及ぼす影響に関して,①情緒的な問題,②行動上の問題,③知的発達上の問題,④アタッチメントと社会性の問題などを簡単にまとめてみる。

①情緒的な問題 両親間DVを目撃すると,子どもは「もしお母さんが殺されたらどうしよう」,「お父さんは警察に連れて行かれるかもしれない」,「家族はめちゃくちゃになってしまう」など,不安・恐怖感・パニックを体験する。家庭の基盤である安全感や被保護感は,根底から揺らぎ,家庭は「緊張や危険に満ちた場所」(Howe, 2005) になってしまう。また,しばしば子どもたちは,両親間DVが「自分が悪いことをしたせいで起こってしまった」と考え,自分を責めたり自己卑下したり,自信や自尊心を低下させたり (McKay, 1994),自己否定的な感情に圧倒されたりする (Ericksen & Henderson, 1992)。

さらに,Terr (1991) は,睡眠障害・悪夢・記憶障害・フラッシュバック・解離症状などさまざまな情緒的トラウマ反応が,子どもに引き起こされると述べている。また,Henning et al. (1996) は,DVに晒された子どもたちが,両親間の暴力や怒りの表現に非常に敏感であるため,同じような暴力場面で興奮して,情緒的なコントロールができなくなると言う。さらに,両親が自分たちの問題で始終争っているため,子どもたちは無視され適切に養育されないことで,絶望感や無力感をもつようになり,周囲のさまざまなことに関心を示さなくなり,時には抑うつ的にもなると言う。

②行動上の問題 DV家庭に育ったことによる行動上の悪影響は,子どもが日常的に暴力の行使を学習していることであり,親も子どもに暴力の禁止をしつけないため,家庭内で暴力が公然と行われることである。このように,暴力に現れる子どもの攻撃性に関しては,Randolf & Conkle (1993), Sternberg et al. (1993), Copping (1996) などの研究がある。例えば,Coppingは,5か所

のシェルターに入所している75名の子ども（DVの目撃者が4割）の行動観察から，入所1〜3週間で否定的・肯定的行動が急激に増加し，4週間で減少し，その後増減を示しながら，8週間で否定的・肯定的行動は入所時の半分に減少するが，身体的攻撃性，過激な表現，過激な要求，身体的過活動レベルなどの否定的な行動の減少は，遅いと報告している。これを，Coppingは社会的学習理論で説明し，肯定的な役割モデルを提供することや，将来に向けての希望や方向づけによって，変容可能だと述べている。さらに，思春期以降になると，非行（Fagan & Wexler, 1987）やアルコール依存（Fantuzzo & Lindquist, 1989）などに繋がりやすいと述べている。

③**知的発達上の問題** DV家庭に育った子どもたちは，学校でやる気がなく無気力だったり，落ち着きなく集中できなかったり，総じて学業不振児と言われることが多いと報告されている。Wildin et al. (1991) は，バタード・ウーマンの子どもたちには，就学前から39％に発達の遅れが認められ，将来学校で問題を起こすリスクが高いと述べており，学齢期の子どもには，母親が暴力を受けている不安から，家を離れられず学校を休んだり，留年したりする子どもが30％いると言う。その中には，両親間DVの影響で，不眠・食欲不振・腹痛・夜尿などや，アトピーや湿疹，脱毛などの心身症が出現することで，登校できない子どもも含まれている。

④**アタッチメントおよび社会性の問題** Cicchetti & Carlson (1989) は *Child maltreatment* の中で，DV家庭は社会経済的なレベルが低く，養育者との間で安全でない不安定なアタッチメント関係が作られると述べ，Egeland (1991) は回避型アタッチメント関係が多いと言う。また，Owen & Cox (1997) は，両親間の不和や暴力は，子どもの未組織のコントロールを欠いたアタッチメント行動を形成させる要因になる一方で，年長の子どもはどちらかの親（被害者である母親が多い）を保護する役割を取るため，役割の逆転と統制的な行動を促進させることになると言う。そもそもDV家庭では，人間関係が脅威と暴力によって成り立っているため，親子でさえ容易には人を信じがたく，他者との共感性や相互信頼関係を作り上げることが困難であると言えよう。DV家庭に育った子どもたちについて，Hughes (1988) は，内気な性格や社会的ひき

こもり，さらには社会的な不適応などの特徴を挙げており，子どもたちの低い共感能力を挙げる研究者もいる（Hinchey & Gavelek, 1982）。

いずれにしても，他者との良好な人間関係を結び，適切な役割を遂行して社会性を身につけるという点で，両親間 DV の目撃者である子どもは，大きなハンディを抱えていることが容易に推測される。

9-4 両親間 DV の目撃者である子どもへのアタッチメント理論およびその適用

9-4-1 DV 目撃者である子どもへの理論的枠組みとしてのアタッチメント理論

子どもの示すアタッチメント行動は，子どもが痛みや恐れや不安などの不快感情を体験したときに，安全を求めて他者に接近する行動と定義され，この最初の他者のことを「一次的アタッチメント対象」と呼び，一般的にはこの一次的対象が母親であることが多い。そして，Bowlby（1973）は，*Attachment and loss, Vol. 2* で，Freud, S. の「puzzling phobias」（不可解な恐怖症）を引用して，「一人でいること」「暗闇にいること」「未知の人といること」が，子どもを恐怖や不安に陥れると言い，このとき子どもは ①静止状態あるいは freezing（凍結），②ある対象からの距離の増大あるいはひきこもり，③ある対象に対する接近行動，のいずれかの反応を示すことになると言う。そして，不安や恐怖を生起させる刺激を受けたとき，子どもは養育者に安全と保護を求めて接近する③のアタッチメント行動をとるが，同時に不安や恐怖を生起させる対象から距離を取りひきこもる②の選択もする。それによって，養育者から安心や安全や保護を受けることができれば，子どもは身体的・精神的安心感を得て，養育者との間にアタッチメント関係が結ばれるだろう。

翻って，両親間 DV を見て育った子どもたちはどうであろうか。シェルターに逃れてきた女性たちの多くは，事例でも示したように，原家族との葛藤状況のため早期に実家を離れ，熱烈な恋愛の末に結婚して，子どもを儲ける傾向が見られる。そして，結婚当初あるいは長子が出生する頃には，夫の暴力が

始まっており，被害女性たちはもっぱら夫の暴力にどう対応すべきかに悩み，自分の子どもの示すアタッチメント行動に充分に応えられないことも少なくない。したがって，子どもは，両親間 DV を目撃することに加えて，一次的アタッチメント対象である母親が，子どもの安全と保護のニーズに応えられないという，二重のハンディを負うことになる。よしんば，母親をアタッチメント対象として依存できたとしても，それを父親に知られたら母親への暴力がひどくなるばかりか，子ども自身も父親の攻撃対象になるリスクを負うことになり，子どもは一次的対象に接近できず，ひきこもらざるをえないこともある。

9-4-2 アタッチメント理論に基づく子どもへの治療戦略

DV 被害女性の内的作業モデルと，彼女たちが養育した子どもたちのアタッチメント・タイプとの相関関係を調べることは，興味深い研究であるが，ここでは両親間 DV を目撃した子どもたちを，アタッチメント理論でどのように援助するかについて論を進める。

ところで，James（1994）は，虐待を受けたり人質になったりして，ひどいトラウマを受けた子どもたちについて，相手との間で結ばれる関係を，トラウマ・ボンド（心的外傷の絆）と規定した。これと対照的な関係を，アタッチメント・ボンドと規定しており，筆者なりに両者を次のように要約した。

① トラウマ・ボンドは瞬時に結ばれる：これは恐怖によって条件付けられた絆で，間髪をいれずに対応しなければ，すぐに次の恐怖に晒される特徴をもっている。これに反して，アタッチメント・ボンドは，養育者と子どもとの間で交わされる応答性と共感性を基盤にして，長時間かけて形成される絆である。

② トラウマ・ボンドは恐怖と支配によって持続される：養育者と子どもの関係は，恐怖を媒介にして支配と被支配の関係で結ばれる。これは Herman（1992）が複雑性 PTSD の生じる大前提として挙げた，全体主義的な支配下に当たる。このようにトラウマ・ボンドは，相互性とケアを媒介にして結ばれるアタッチメント・ボンドとは対照的である。

③ 接近することは葛藤（警告や麻痺）を引き起こす：例えば，恐怖や不安を

呼び起こす出来事が起こったとき，子どもはトラウマ・ボンドをもつ養育者に接近するが，そのことが以前の恐怖・不安体験を想起させる。すなわち，子どもに身体的・情緒的・認知的警告が生じて，これによって挑発的な行動を起こすか，警告によって生理学的にアヘン物質が排出され，恐怖や不安を麻痺させる行動が起こるかである。これに反して，アタッチメント・ボンドでは，恐怖・不安事態でアタッチメント対象に接近すれば，安心や喜びが得られるので，トラウマ・ボンドのような深刻な葛藤には陥らないのである。

④他人の意思や統制によって従順な関係が作られる：この場合の他人とは，トラウマ・ボンドの源である養育者であり，恐怖や不安によって，子どもは養育者の意思や統制に従順にならざるを得ない。一方，アタッチメント・ボンドでは，子どもの意思が尊重され，自己統制が奨励され，子どもは自律化と個別化へと成長するのである。

ところで，シェルターに連れてこられた子どもにとって，父親は母親に暴力を振るうバタラーであり，母親は暴力を振るわれる被害者であり，また時には両親とも子どもに暴力を振るうバタラーである。いずれにしても，子どもはそれぞれの親と，恐怖や不安を媒介にしたトラウマ・ボンドで結ばれていると言っても過言ではない。

さて，シェルターという生活空間では，母親不在（治療や役所やハローワークに行くなど）の折に，保育ボランティア（以後，単に保育者と略す）が子どもの保育に関わるが，保育者たちは，このトラウマ・ボンドを持つ子どもたちと，どう向き合いどう保育したらよいかが問われている。そこで，筆者は，子どものもつトラウマ・ボンドを，保育者のもつアタッチメント・ボンドにシフトさせるために，次のような子どもへの基本的な関わりを想定している。

①基本的に保育者は，子どもの振舞いや問題行動が，子どもの恐怖心や不安感から生じていると認識して，子どもを責めたり過剰な責任を負わせたりしないように関わる。

②保育者は，子どもの振舞いや問題行動が，養育者とのトラウマ・ボンドに由来しているだろうと認識しながら，子どもが保育者との新しいアタッチ

メント・ボンドを形成して，それに基づく行動に徐々にシフトできるように関わる。

③子どもが困ったときやストレスを感じたとき，身近な大人や保育者にSOSを出して，助けを求めてもよいことを伝えながら関わる。

④他人に合わせるのでなく，自分が考えたり感じたことを表現したりすることが大事で，それによって気まずくなったり，嫌われたり拒否されたりしないことを，子どもが体験できるように関わる。

9-4-3 両親間 DV の目撃者としての子どもの事例提示と対処方法

ここに提示する事例も，DV 被害女性の事例と同様に修正を加えてある。

事例 1 （凍りついた表情を見せる E 男）

シェルターにたどり着いた女性たちは，DV という強いストレス状況で，感情を麻痺させ辛さを感じないような対処方法を身に付けており，子どもたちも母親と同様，生気のない凍りついた表情やぎこちない振舞いを見せる。E 男も入所してしばらくはこれが続き，新しい家族が入所してきたり，知らない人やボランティアが出入りしたりすると，不安が増強して，この凍りついた能面様の表情が復活するのだった。E 男は約 5 年間，両親間の過酷な DV を目撃しており，その恐怖・不安状態の中で Bowlby の言う静止状態，あるいは freezing 状態にあったと考えられる。さらに，恐怖・不安状態の E 男は，常に母親の態度や表情を敏感に読み取り，それをストレス状況で自分自身を守る術にしていたと考えられる。このように，E 男は母親と同じように生き延びる術を無意識に身につけており，これが渡辺（2000）の言う世代間伝達の問題でもある。

そこで，シェルターの保育者が E 男と関わるとき，子どもが母親と無意識に共有しているトラウマ・ボンドや，対処方法を無理やりに修正しようとせず，これが母親から受け取った子ども自身を守る大切な術であることを充分に理解する必要がある。保育者は，子どもたちを脅かさない安全な場と関係性を作り上げることで，保育者のもっているアタッチメント・ボンドが，凍りついた子どもの心を徐々に溶かすことになるだろう。

事例2（すぐ手が出てしまうF男）

　シェルターは，時に入所者が多く過密状態になったり，加害者に見つからないように，入所者が自主的に外出制限したりするため，シェルター内での摩擦やストレスは高く，喧嘩や争いが起こりやすい住居環境といえる。その場で親やボランティアが介入して治まることもあれば，表面化せず陰湿ないじめや暴力に発展することも少なくない。さらに憂慮すべきは，F男のように両親間DVを目撃してきた男の子は，自分の家庭で問題解決のために暴力が行使されるのを見聞きしており，当然のように手が出てしまう。F男は，ある時おもちゃの取り合いから，年下の子どもの顔をつねって泣かせたが，それを見た母親は「顔をつねっちゃだめ。お尻にしなさい」とF男に言い聞かせた。また，母親自身が夫の暴力に感情を麻痺させてきたのと同じように，F男も感情を麻痺させてきたため，自分の痛さや他人の痛さが感じられず，そのため手加減できずに，些細なことから大きな暴力に発展してしまうこともある。

　このような場合，まず保育者は子どもたちが暴力を受けた時に，自分の痛みを痛みとして感じられるように，応答性のあるアタッチメント・ボンドの中で，「痛いからやめて！」と声を出してよいことを伝える。そうすれば，自分の暴力によって他人が痛いことが分かり，自分の痛みも感じられる子どもに成長するであろう。さらに，関わる保育者は，物事の解決に暴力を使ってはいけないこと，手を出す前に言葉で伝えること，手を出したら謝ることなど，最小限の社会的ルールをその場で教えなければならない。

事例3（発育に遅れのみられるG子）

　1歳8か月のG子は，哺乳瓶を両手にしっかり持って，青あざの生々しい母親の背中に負ぶさってシェルターにやってきた。背は高く骨格もがっしりしていて，身体の発育は年齢以上に良好だが，表情やしぐさは幼く，心と身体のちぐはぐさが目立った。相手の言葉はすべて理解しているが，発語が乏しく喃語でしゃべるため，G子のことは理解されにくい。さらに，片時も哺乳瓶を手放さず，ミルク以外は何も口にしないので，年齢相応の食事習慣ができていない。母親は夫の暴力で子どもにまで気が回らず，子どもの成長を促すような関わりができず，扱いやすい赤ちゃん状態で手元に置いてきたと考えられる。

第9章　ドメスティック・バイオレンス被害者へのアタッチメント理論によるサポート

　G子に対して保育者は，3か月のシェルター滞在期間中に，成長促進プログラムを計画して実行した。食事に関しては，保育者やボランティアに暖かく見守られながら，ミルクから一粒のミルクボーロへ，そして離乳食をへて普通食へと進んだ。トイレット・トレーニングも，成功すると皆から祝福のご褒美がもらえるので，それがきっかけで順調に進んだ。G子が赤ちゃんで居つづけたのは，DVを受けて気持ちの余裕を失った母親にとって好都合であり，これこそ「しがみつき」を主としたトラウマ・ボンドの母子関係といえるだろう。そこで，母親と異なる保育者の関わりとしては，大人にとって都合の良いことでなく，子どもの成長にとって良いことを実行することである。子どもは発達促進的な環境にあって，他者との関係の中で伝えたいことがあれば，言葉は自然に発達していき，それによってアタッチメント・ボンドがより強固になっていくのである。

事例4　（解離症状を現す兄・弟と姉・妹）

　ある双子の2歳の兄は，弟と遊んでいて顔を引っ掻かれたり，目に指を突っ込まれたりすると，目がうつろに無反応になり，崩れ落ちるようにして寝てしまう。そして，しばらくすると目がさめ，何もなかったようにもと通りになる。これは状況から判断して，多分解離状態であろう。両親間の激しいDVを見てきたこの双子の兄弟は，まるで動物が恐怖の余り敵の前で死んだふりをするように，無意識に意識を失ったり，奇妙な行動をして両親の関心を自分の方に引き付けたり，なんとも痛々しい。

　また別の6歳の女児は，自分の空想の世界をもっていて，DVや家での状況が厳しくなると，4歳の妹と2人で空想の世界に逃避行し，妹をまるで自分の赤ちゃんのように大事に慈しんできたようである。たぶん，母親から得られなかった大事に慈しまれる願望を，4歳の妹を世話することで満たしてきた可能性がある。ところが，シェルターに来て妹は，現実の友だちやさまざまな人間関係を知って，少しずつ姉から離れていった。姉は大事にしていた赤ちゃんを取り上げられ，喪失感と孤立感とで，ますます空想の世界にひきこもっていった。

　そこでシェルターの保育者としては，成長し自分から離れてゆく妹に対する，

姉の無力感・喪失感・孤独感などを，共感的・受容的に受け止めることが大切である。あるいは，保育者との間で，当たり前で安心できて安全な関係，すなわちアタッチメント・ボンドを結ぶことができれば，姉は癒されていくであろう。しばしば，シェルターの中で，親や年上の役割を取ろうとする子どもたちを見かけるが，彼らは役割を取ることで，自分の身を守ったり，自分の願望を満たしたりしていると考えられる。子どもたちが，早くこの役割から自由になり，空想でなく現実の世界でさまざまな人と繋がり，素の自分で振舞えるように支援することが必要なのであろう。

9-5　おわりに

　以上，DV 被害女性および子どもに関して，まずそれぞれの DV 被害の実態と，DV が被害者の心身に及ぼす影響を述べ，その後に事例を通して，アタッチメント理論から導かれる内的作業モデルの視点と，アタッチメント関係を有効に使う視点で，被害者たちの回復の支援をどのような戦術で行うかを述べた。今，この時点でも，日本のどこかでいや世界中で，女性や子どもたちが残虐な暴力に晒されており，それを支援する人びとが，さまざまなリスクを抱えながら身を粉にして活動している。そして，この拙文が，被害女性や子どもたち，さらに彼女たちを支援する多くの人びとにとって，一助になればと念じつつこの章を終える。

第9章　引用文献・参考文献

Ainsworth, M.D.S., Blehar, M., Waters, E., & Wall, S. (1978) *Patterns of attachment: A psychological study of the strange situation.* Hillsdale, NJ: Erlbaum.

Belsky, J. (1999) Interactional and contextual determinants of attachment security. In J. Cassidy & P.R. Shaver (Eds.), *Handbook of attachment: Theory, research and clinical applications* (pp. 249-264). New York: Guilford Press.

Bowlby, J. (1969/1982) *Attachment and loss, Vol 1: Attachment.* New York: Basic Books. [黒田実郎・大羽蓁・岡田洋子・黒田聖一（訳）(1991) 新版 母子関係の理論 Ⅰ：愛着行動　岩崎学術出版社]

Bowlby, J. (1973) *Attachment and loss, Vol 2: Separation.* New York: Basic Books. [黒田実郎・岡田洋子・吉田恒子（訳）(1991) 新版 母子関係の理論　Ⅱ：分離不安　岩崎学術出版社]

Bowlby, J. (1980) *Attachment and loss, Vol 3: Loss.* New York: Basic Books. [黒田実郎・吉田恒子・横浜恵三子（訳）(1991) 新版 母子関係の理論　Ⅲ：愛情喪失　岩崎学術出版社]

Cicchetti, D., & Carlson, V. (Eds.), (1989) *Child maltreatment: Theory and research on the causes and consequences of child abuse and neglect.* Cambridge, NY: Cambridge University Press.

Copping, V.E. (1996) Beyond over- and under-control: Behavioral observations of shelter children. *Journal of Family Violence,* **11**(1), 41-57.

Cox, M.J., Owen, M.T., Henderson, V.K., & Margand, N.A. (1992) Prediction of infant-father and infant-mother attachment. *Developmental Psychology,* **28**, 474-483.

Datton, D.G., & Susan, K.G. (1995) The batterer: A psychological profile, New York: Basic Books. [中村　正（訳）(2001) なぜ夫は，愛する妻を殴るのか？：バタラーの心理　作品社]

Egeland, B. (1991) From data to definition. *Development and Psychopathology,* **3**, 37-43.

遠藤利彦（1997）乳幼児期における自己と他者，そして心：関係性，自他の理解，および心の理論の関係性を探る　心理学評論, **40**, 57-77.

Ericksen, J.R., & Henderson, A.D. (1992) Witnessing family violence: Children's experience. *Journal of Advanced Nursing,* **17**, 1200-1209.

Fagan, J., & Wexler, S. (1987) Family of violent delinquents. *Criminology,* **25**, 643-669.

Fantuzzo, J.W., & Lindquist, C.U. (1989) The effects of observing conjugal violence on children: A review and analysis of research methodology. *Journal of Family Violence*, **4**, 77-94.

藤森和美（編）(2001) 被害者のトラウマとその支援　誠信書房

波田あい子・平川和子（編）(1998) シェルター：女が暴力から逃れるために　青木書店

Hart, S.N., & Brassard, M.R. (1991) Psychological maltreatment: Progress achieved. *Development and Psychopathology*, **3**, 61-70.

Hart, S.N., Brassard, M.R., & Karlson, H.C. (1996) Psychological maltreatment. In J. Briere, L. Berliner, J.A. Bulkley, C. Jenny & T. Reid (Eds.), *The APSAC handbook on child maltreatment* (pp. 72-89). Thousand Oaks, CA: Sage Publications.

Henning, K., Leitenberg, H., Coffey, P., Turner, T., & Bernet, R.T. (1996) Long-term psychological and social impact of witnessing physical conflict between parents. *Journal of Interpersonal Violence*. **11**, 35-51.

Herman, J. (1992) Trauma and recovery. New York: Basic Books. ［中井久夫（訳）(1996) 心的外傷と回復　みすず書房］

Hilton, Z.N. (1992) Battered Women's concerns about their children witnessing wife assault. *Journal of Interpersonal Violence*, **7**, 77-86.

Hinchey, F.S., & Gavelek, J.R. (1982) Empathic responding in children of battered mothers. *Child Abuse & Neglect*, **6**, 395-401.

平川和子（1996）ラブ・アディクションと暴力被害女性　アルコール依存とアディクション，**13**(4), 290-296.

Holden, G.W., & Ritchie, K.L. (1991) Linking extreme marital discord, child rearing and child behavior problems : Evidence from battered women. *Child Development*, **62**, 311-327.

Holden G.W., Geffner, R., & Jouriles, E.N. (Eds.), (1998) *Children exposed to marital violence*. Washington, D.C.: American Psychological Association.

Howe, D. (2005) *Child abuse and neglect: Attachment, development and intervention*. New York: Palgrave Macmillan.

Hughes, H.M. (1988) Psychology and behavior correlates of family violence in child witnesses and victims. *American Journal of Orthopsychiatry*, **58**, 77-90.

石井妙子・相原佳子（編）(2004) セクハラ・DVの法律相談　青林書院

Jaffe, P.G., Hastings, H., & Reutzel, D. (1992) Child witnesses of women abuse: How can schools respond? *Response*, **79**(2), 12-15.

James, B. (1994) *Handbook for treatment of attachment-trauma in children.* New York: Free Press. ［三輪田明美・髙畠克子・加藤節子（訳）心的外傷を受けた子どもの治療：アタッチメントを巡って　誠信書房］

Johnson-Laird, P.N. (1983) *Mental models: Towards a cognitive science of language, inference, and consciousness.* Cambridge, MA: Cambrige University Press.

戒能民江（2002）ドメスティック・バイオレンス　不磨書房

数井みゆき・遠藤利彦（編著）（2005）アタッチメント：生涯にわたる絆　ミネルヴァ書房

小西聖子（2001）ドメスティック・バイオレンス　白水社

久保田まり（1995）アタッチメントの研究：内的ワーキングモデルの形成と発達　川島書店

Main, D., Kaplan, N., & Cassidy, J. (1985) Security in infancy, childhood, adulthood: A move to the level of representation. In L. Brethernton & E. Waters (Eds.), Growing points of attachment theory and research. *Monographs of the Society for Research in Child Development*, **50**, 66-104.

McKay, M.M. (1994) The link between domestic violence and child abuse: Assessment and treatment considerations. *Child Welfare*, **73**, 29-39.

Miller-Perrin, C., & Perrin, R. (1999) *Child Maltreatment: An Introduction.* Thousand Oaks, Calif: Sage Publications. ［伊藤友里（訳）（2003）子ども虐待問題の理論と研究　明石書店］

沼崎一郎（2002）なぜ男は暴力を選ぶのか　かもがわ出版

Owen, M.T., & Cox, M.J. (1997) Marital conflict and the development of infant-parent attachment relationships. *Journal of Family Psychology.* **11**, 152-164.

Pizzey, E. (1974) *Scream quietly or the neighbours will hear.* Harmondsworth: Penguin. ［久保紘章・幸ひとみ（訳）（1982）現代のかけこみ寺：イギリスの場合　ルガール社］

Randolf, M.K., & Conkle, L.K. (1993) Behavioral and emotional characteristics of children who witness parental violence. *Family Violence and Sexual Assault Bulletin,* **9**(2), 23-27.

Rosenberg, M.S. (1987) Children of battered women: The effects of witnessing violence on their social problem-solving abilities. *Behavior Therapies*, **10**, 85-89.

斉藤　学（1994）子どものトラウマとしての夫婦間暴力　アルコール依存とアディクション，**11**(3), 193-200.

Sedlak, A.J., & Broadhurst, D.D. (1996) *Third national incidence study on child abuse and neglect.* Washington, D.C.: US Department of Health and Human Services.

Silvern, L., Karyl, J., Waelde, L., Hodges, W.F., Starek, J., Heidt, E., & Min, K.(1995) Retrospective reports of parental partner abuse: Relationships to depression, trauma symptoms and self-esteem among college students. *Journal of Family Violence,* **10**, 177-202.

Sternberg, K.J., Lamb, M.E., Greenbaum, C., Cicchetti, D., Dawud, S., Cortes, R.M., Crispin, O., & Lorey, F. (1993) Effects of domestic violence on children's behavior problems and depression. *Developmental Psychology,* **29**, 44-52.

Straus, M.A. (1992): Children as witnesses to marital violence: A risk factor for life-long problems among a nationally representative sample of American men and women. In *Children and violence: A report of the twenty-third ross roundtable on initial approaches to common pediatric problems.* Columbus, OH: Ross Laboratories.

高畠克子（1999）ドメスティック・バイオレンス被害者のための"シェルター活動"：予防・危機介入・アフターケアからみた実践報告　コミュニティ心理学研究, **3**(1), 1-13.

高畠克子（2001）夫婦間暴力と子どもたちの精神保健　病院・地域精神医学, **44**(4), 455-461.

高畠克子（2004）女性が癒すフェミニスト・セラピー　誠信書房

詫摩武俊・戸田弘二（1988）愛着理論から見た青年の対人態度：成人版愛着スタイル尺度作成の試み　東京都立大学人文学報, **196**, 1-16.

Terr, L. (1991) Child traumas: An outlines and overview. *American Journal of Psychiatry,* **50**, 15-19.

Tomkins, A.J., Mohamed, S., Steinman, M., Macolini, R.M., Kenning, M.K., & Afrank, J. (1994) The plight of children who witness woman battering: Psychological knowledge and policy implications. *Law and Psychology Review,* **18**, 137-187.

Walker, L.E. (1979) *The Battered Woman.* New York: Harper & Row. ［斉藤　学（監訳）（1997）バタードウーマン：虐待される妻たち　金剛出版］

渡辺久子（2000）母子臨床と世代間伝達　金剛出版

Wildin, S.R., Williamson, W., & Wilson, G.S. (1991) Children of battered women: Developmental and learning profile. *Clinical Pediatrics,* **30**, 299-302.

第10章　臨床心理学にとってのアタッチメント研究

齋藤久美子

　人生の初期体験，とりわけ人とのかかわり合いの早期体験を重視する動向は，発達心理学や臨床心理学をはじめ，すでに広範囲に及んでいる。アタッチメント研究はまさにその流れの中に位置しながら，「関係性」基質にアプローチするための重要な視座を提供して来た。

　母子という原初的二者のかかわり合いを丹念に吟味することには，いわば「はじまり」に学ぶことへの大きな期待，そこに本質をうかがおうとする暗黙の志向が含まれているのであろうか。「生命体のはじまり」，「宇宙のはじまり」など他の領域でも，同様に「ほんもと」への関心は旺盛である。

　臨床心理学でも，原初的二者関係は理論と実践にわたる重要なテーマであり，アタッチメントの問題につながる関連概念はすでにいくつか存在する。確かにアタッチメント研究の創始者である精神分析的「臨床－研究」者（clinician-researcher）の Bowlby のように広く総合的視座のもの，とりわけ養育欠如（privation）・剥奪そして分離という負の側と，肯定的・生産的な心の結びつきの側とを合わせて心身の生存条件を包括的に掘り下げ，問い進めるものは他に類を見ない。しかし，早期二者性関係に鋭く光を当て，その関係性が人にとって心理的にどのような意味で必要なのか，また人格機構の発達にそれがどのような影響をもたらすのかを，それぞれ鍵概念によって照し出そうとする研究は他にも数々存在する。

　まず人が何よりも心の交流が可能な対象を求める根本動機を備えた存在であるという「対象希求性」を前提に，それ故にその対象との関係性がもたらして

しまう数々の傷つきや人格形成の歪みに臨床的な目を凝らす研究が，Fairbairn (1952) 以来，Winnicott (1965)，更に近年の Stern (1985), Emde ら (Emde & Sorce, 1983) 他多く見られる。この点を本章では「関係性」実現と「個」の実現の問題としてとり上げている。

また最早期の子どもに欠かせない心的体験を説く，有名な Sullivan の「基本的安全感」やそれ以前の Freud, S. による「大洋感情 (oceanic feeling)」をはじめ，Erikson の「基本的信頼 (basic trust)」という重要な鍵概念などがある。「調和混然体」(Balint, 1968) や「二者一体性 (dual unity)」(Mahler et al., 1975) などの関係性概念も同じ系列のものである。これらはアタッチメント研究において個体の主観体験としての「安全感 (felt security)」(Sander, 1977) への注目があることにもつながるであろう。

しかし臨床心理学では，陽性の肯定的な観点よりも，まず「負」の側からの観点が先行するのが一般的なので，「基底欠損 (basic fault)」(Balint, 1968) や「ブラックホール」(Tustin, 1972)，「早期関係性障害」(Sameroff & Emde, 1989)，また本稿でも検討する「早期分離外傷」をめぐる視点などに注意が向けられて来た。

このようにアタッチメントの問題にかかわる臨床的関連概念はすでにいくつか存在しているが，一般的対象児によるアタッチメント研究の成果と，これら臨床対象を通してとらえられた「負」の側からの知見とが，どのように生産的に合流しうるかは，これからの課題であろう。

アタッチメント研究については，たとえば数井・遠藤ら (2005) の充実した展望があるが，アタッチメント研究の詳細に関する筆者の熟知度はまだまだ低い。とは言え，臨床フィールドでは，すでにいろいろな形で現実に存在してしまっているアタッチメントテーマだけに，この機会に改めて検討を加えたいと思う。

アタッチメントの問題について，ここでは結局，臨床的立場からの経験的見解をとり上げさせていただくことになった。

第10章　臨床心理学にとってのアタッチメント研究

10-1　アタッチメント研究に含まれる「関係性」視点と「個」の視点

　アタッチメントはもともと人の間に形成される絆（bonding），とりわけ養育者－被養育者間の原初的つながりを問う「関係性」概念である。子どもにとってこの関係性基盤は，まさに心身両面にわたる生存・成育にとっての，不可欠な"寄る辺"であり，そのあり方が子どもに与える影響は測り知れない。

　それは，子どもがこれからどのように人とかかわっていくかという関係様式の基型を定めてしまうほどのものではないかとの問題意識へとつながって，数々の研究を生み出した。

　しかし注意を惹かれるのは，類別されるアタッチメント・スタイルの個人差とその規定因，スタイルの不変性と可変性など「関係」様式にかかわる研究が，実はかなり個人の心的機能様式それ自体をとり上げるものになっている点である。Bowlby, Ainsworth 他，精神分析的背景を備えた研究者達が主な役割を果たして来たこともあるであろう。たとえば，"回避"や"両価性"などのアタッチメントの名称そのものも，観察される顕在行動の特徴以上に，暗黙のうちに心的体験様式あるいは心的メカニズムを指し示す名称になっている。

　アタッチメント研究では，いつのまにか「関係性」の中に居る個人の心的機能の問題，自律的な心のはたらき・仕組みを内側に備えた「個」としての人格組成の問題をとり上げて来たのである。心の防衛や適応のメカニズム，感情反応，心的体験の調節機能などの視点を含み込んで，アタッチメント・スタイルが説明されるのもそれである。また内在化されて作用し続ける関係性表象（内的作業モデル: internal working model）が鍵概念として随所で取り上げられるなど，「個」人の内側の心的過程の問題もそこここに登場する。

　近年の動向として，人格形成に重要な影響を与える，対人的関係性への関心の高まりがある。中でも発達最早期の母子間交流の機微には殊の外関心が寄せられて，リアルタイムでの観察研究が方法論的にも充実して来た（Call et al, 1983）。アタッチメント研究もそれらと軌を一にしている。何より客観的な行動データに基づく研究スタイルをとりながら，そこに「臨床的な目」が常にあって，観察情報を解読する仕事が行われて来た。それはまた，内側の心的活

動・メカニズムと，顕在化した行動など外側に現われ出た徴候との間を行き来しながら理解を進めるアプローチでもあった。

　方法的には違うものの，たとえば Mahler のいわゆる「分離－個体化」過程の縦断的観察研究も，まさに外側に現われ出た対人的「関係」行動と子どもの内側で生起する心的過程との対応性を考えながら行動の意味を問い進めるものであった（齋藤，1992, 1993a, 1993b, 1998）。年齢が3歳までの幼児だけに，たとえば心の"葛藤"が，そのまま"母親への接近と遠ざかり"の反復行動になるなど，内面と外面の同時平行的な動きが生じることなどに注目しながら，対人的顕在行動とそこに潜在する子ども個人の精神活動の両方について統合的な理解を深めるべく，理論化が進められた。すべてが観察を通した新しい発見的な作業なのであった。この共同研究者の1人に「臨床－発達」研究で我国でも著名な Pine（1985）が居て，何度か来日講演して知られている。

　また周知の Stern（1985）は，乳児が生得的に備えている，認知的な刺激弁別能力や，「無様式知覚」により，知識なしに有効な対人情報処理を行う心的能力を詳細に実証した。そしてそのような「個」の能力が「他者と共に在る（self being with other）」関係性実現のために，対人刺激への感受性や対人反応・表現としてどのように発揮されるかについて，興味深いミクロ分析結果を提示した。そうした関係性の営みが子どもの心にどのように残り，独自の心的機能様式がそこからどう組成されていくのか。それを問う Stern の考え方の基軸は次の2つである。「自己感覚（sense of self）」つまり，発動性・自己感情・連続性・まとまり・歴史性などの要素を備えた主体としての「個」の機能がその1つ。他方「自己調節を支える他者（self-regulating other）」や「情動調律」の機能を介した自他間の関係性がもう1つの軸である。望ましい関係性は，真正の通い合いが適切な調律を伴って生じて行く中で実現されるが，必ずしもそう行かないのが現実である。これはそのままアタッチメントの成立過程におけるミクロの現実であり，Stern の研究は期せずしてそこをデリケートに照し出しているとも言えるであろう。

　Stern の言う子どもの「自己発動性」や「自己感情」を受けとめる母親の側の感受性と情緒的応答性のあり方次第で，子どもは，支えや自己充実感・確実

感を得ることにも，また逆に自己存在実感の不確実化・空虚化に陥ることにもなってしまう。「情動調律」の過不足や偏り・歪みなどを伴う関係調節の不全や障害がある場合，その関係性は，子どもの心の発達をいろいろな形で歪め，内発的で自然な精神活動を損うことになって行く。不安定アタッチメントとしてとり出されたものは，いろいろな姿を呈するこの不全なミクロ過程の累積結果とも見ることができそうである。

このように原初的二者の「関係性」と「個」の心的機構との相互連関的な形成過程を精緻に問う研究は，アタッチメント理解を進める上で示唆深いと思われる。

ここではその代表的なものである Stern の研究の中の1つの事例を紹介しながら，もう少し具体的に考えて見ることにする。Stern の観察は，臨床的省察の奥行きと絡んでかなり複合的だが，いかにも Stern らしい機微を穿つ観察（Stern, 1985, pp. 211-212）の概略を以下に示す。

生後10か月の男児サム（S）と母親（M）の調律関係は次のようであった。──Mはもともと活気に満ちた人なのに，Sが顔を輝かせ腕をパタパタさせてMを見た時，ただ堅固な調子で"はい，坊や"というのがMの応答だった。Mにその対応について質問すると，MはSの調子にはマッチしていないと思うが，それくらいが良いのだ。何故ならSに調子を合わせるとSの関心がMの動きの方に移り，その後S自身が主導権をとることをMに譲り渡しそうに思えるので低めの調子の反応の方がよいのだとの答えだった。

SへのこのMの反応は，非常に受動的で主導性に欠ける彼女の夫のようにはSになってほしくないとの思いに由来する一つの方略であった。しかしこのように歪んだ調律は，素直に同じ調子を共にするときのような共体験的感覚が生じないため，結果として子どもの方が母親の調子をとり入れる"情緒的な盗み（emotional theft）"を余儀なくさせられてしまう。これはSが結局受動的に合わせることであり，Mの意図に反するまさに皮肉な結果であった。そして重要なことは，子ども自身の自然なはつらつさが排除されて，ほんものの S 自身ではない"偽りの自己（false self）"に変えさせられてしまったSがそこに居る結果になったことだ──と考察を加えている。

子どもは，早期の緊密な交流の中で，一次対象としての相手から実にさまざまな影響を受けるが，同じくSternは，このような意図的方略の他に無意識の自動的過程として生じる，二者交流の中の多様なズレを詳細に吟味し，むしろそれらを不可避な現実としてとらえている。専らこの現実に曝される一方で，それを拒絶も告発もできない子どもの立場では，自分自身の本当の体験に即するより，結局はやみくもに相手に合わせる行動様式を身につけて行く。

　親の側が素直で自然な感受性と応答性を示さないことは，子どもの側が"期待に適った反応性（appropriate responsiveness）"を得られないことであり，関係性の質が損なわれて行ってしまう。不安定型アタッチメントが子どもの側の自己保存的防衛スタイルとしてとらえられるのも，上記のような期待が裏切られる体験に照すと，子どもにはやむにやまれないギリギリの対応であり，むしろ暗黙に強いられた親への過剰適応スタイルでもあろう。

　これに照すと安定型アタッチメントにおいて，実際には容易でない筈の自然さ・本心のまま（authenticity）のかかわり合いが損なわれないでいることが不思議になるくらいである。とは言え60％以上が安定型に相当するとの大方の報告によると，従来からの一定の研究法に即する限りは，これが多数派，一般傾向という，まずは"安心"な結果であろう。

　いずれにしろ，臨床状況で，最初から安定型アタッチメントをうかがわせる相手に出会うことはまずない。また単純に，特定化されたアタッチメント・タイプによって相手を見ることが臨床の仕事になじむわけでもない。むしろ相手の関係性世界の現実の様相を，複雑なままに抱えるのが臨床的仕事であろう。

　上記のSternの観察研究の仕方にも見られるように，単純ではない関係性について，潜在層や背景の広がりを含め，心的現実世界全体をできるだけ受けとめるアプローチが何より求められることになる。

　心と心との間に生じる作用には，原初の二者関係にはじまり決して予断を許さないものがあり，大小のリスクやクライシスも，あまりよく見えない形で含まれて行く。

　臨床家と対象者という二者においても，それは同じであり，両者はその時点での新たな二者として作用し合うと同時に，精神内界に蓄積された過去からの

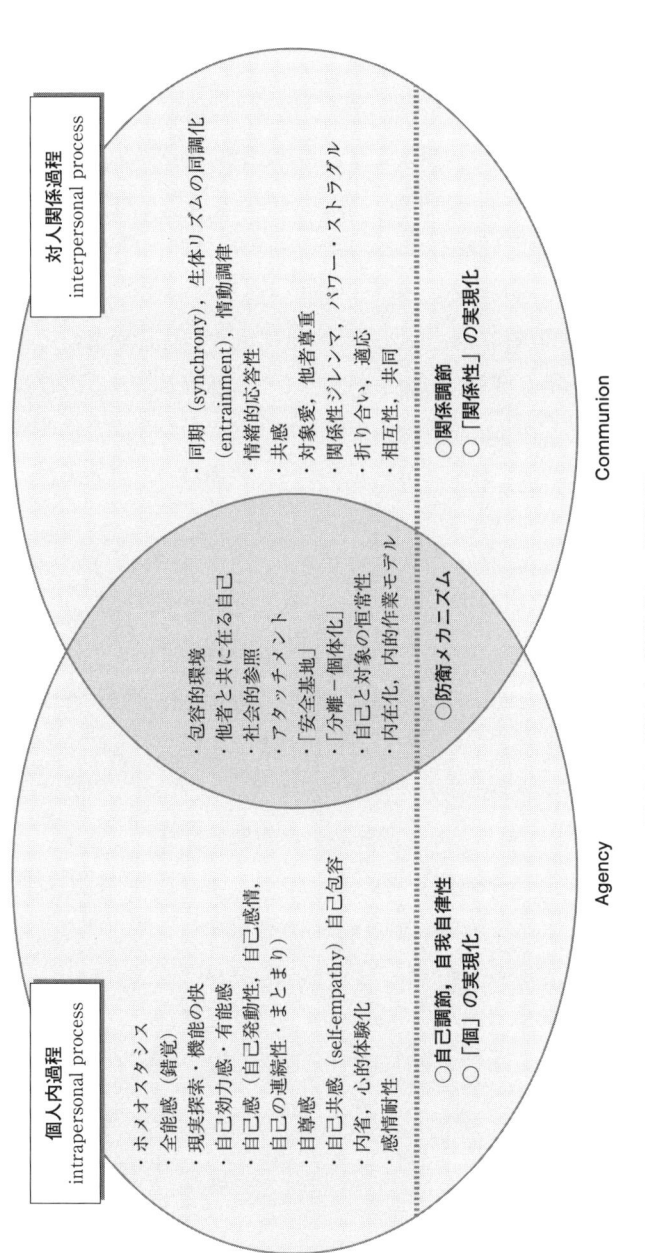

第10章　臨床心理学にとってのアタッチメント研究

個人内過程
intrapersonal process
・ホメオスタシス
・全能感（錯覚）
・現実探索・機能の快
・自己効力感・有能感
・自己感（自己発動性、自己感情、自己の連続性・まとまり）
・自尊感
・自己共感（self-empathy）自己包容
・内省、心的体験化
・感情耐性

○自己調節，自我自律性
○「個」の実現化

対人関係過程
interpersonal process
・同期（synchrony），生体リズムの同調化（entrainment），情動調律
・情緒的応答性
・共感
・対象愛，他者尊重
・関係性ジレンマ，パワー・ストラグル
・折り合い，適応
・相互性，共同

○関係調節
○「関係性」の実現化

中央部（重なり）：
・包容的環境
・他者と共に在る自己
・社会的参照
・アタッチメント
・「安全基地」
・「分離－個体化」
・自己と対象の恒常性
・内在化、内的作業モデル

○防衛メカニズム

Agency　　Communion

図10-1　「個」と「関係性」の相互過程

269

対人関係基盤がそこに顔を出して，新版と旧版が錯綜したなだらかでない道をたどるのが常である。

アタッチメント研究におけるタイプ分類が示す，各種の全体的関係様式と，関係様式生成のミクロ過程の両方を視界に入れることが臨床的二者のコンタクト・交流の質の検討に必要かも知れない。

さて「関係性」と「個」の両機能を合わせて見る諸研究に関して，臨床的にも見落せない次の点があると思われる。

それは両者が悪しき循環関係にある場合，関係の微修正や再調節が大へん利きにくいこと，そのため，調節関係が好ましい質のものに変容しにくく，むしろ固定化が起き易くなる点である。心理臨床の仕事は，このかなり固定化された関係様式と「心のはたらき」に徐々に介入しながら，再調節のための手がかりを発見していくことでもある。

この点に関しては，後にも再度触れる安定スタイルのアタッチメントにおいては，関係に呪縛性（bondage）が少なく，もし双方の調節関係にきしみやズレが生じてもそれを修正し微調節し直していく余地を含み持っている。関係がいくつもの要素を含み持つことが，自由さや修復性につながるかも知れない。そしてそのような関係性は子どもを自然な自己発動性や探索活動へと解放することから，子ども自身の自律的個の能力の発達が促進されるというふうにゆとりある正の循環，「関係」と「個」との生産的な相乗効果を生むとも考えられる。このように安定スタイルの場合には，狭く限定され，また不自由に囚われた他のスタイルに比して，次元の異なる豊かな展開が想定されるが，この点をめぐっては，次の節でも検討している。

図10-1は，「関係性」機能と「個」の機能の相互連関的展開について要点を全体的に示したものである。1つ1つ説明を加える余裕はないが，すでに近年の早期発達研究（齋藤，1995）などで，共通認識されて来ている，主な概念や観点をとり上げている。

10-2 「分離」の理解と「アタッチメント」理解

10-2-1 さまざまな「分離」外傷とアタッチメント

 Bowlbyのアタッチメント研究が,当時の時代背景がかかわって生じた多くの母性剝奪（maternal deprivation）の問題への注目に端を発していたように,アタッチメントは,外傷的「分離」,それもかなり極端な心的外傷（トラウマ）を伴う「分離」への関心と表裏をなす形でとり上げられて来た。「分離」がそれほど人に深手を負わせるだけに,もとの結びつきが子どもにとりいかにかけがえのないものかを問う方向へと,問題意識が本格化したと思われる。臨床領域ではアプローチが全般に心的障害や病理など「負」の側からということもあり,筆者もアタッチメントに関して,まず「分離」の問題に注意惹かれることになったのかと思われる。実際,Ainsworthに代表される観察実験SSPでも「分離抵抗」,「分離中の行動」,「分離解消後の行動」が鍵指標となっているが,「分離」を介さなければアタッチメントはとらえられないという暗黙の考え方,両者の不可分な関係の想定があったかに見える。

 日本人には,"別々"や"分け隔て"を嫌い,もともと人と人とが一体的に結び合う連続性・融合性を好む傾向があるとも言われる。だとすれば,「分離」はまさに痛ましい限りの,愛着こそが求めてやまない,必要不可欠なものという根底的な感覚が強いことになりそうである。日本語の「愛着」は心地よい語感を伴っていて,その言葉を発する人,そして聞く側の人も,ふと幸せな気分に包まれるところがないであろうか。

 ところで,それとは真反対の「分離」にまず目を向けるにあたり,一足跳びながら「分離」の破壊的影響,たとえばTustin（1972）が「自閉」として示す極点的問題に注目してみたい。

 精神分析的な児童心理療法家のTustinは小児精神病水準の重篤な「自閉状態」への治療的関心から,原初の外傷的「分離」を問題にした。無力な状態にある子どもは,養育者や周囲の世界との一体的連続性という全能の錯覚（Winnicott, 1965）の中で心理的生存を続ける。それだけに早すぎてまだ備え

や耐性がないまま突然その一体的連続性が破断に見舞われ崩れ去る体験は，想像を絶するものであろう。養育的保護膜の外傷的剥奪，それまであった「絆」感覚それ自体も一挙に混乱に陥る言い知れない恐怖・破局的苦痛，また行き場を失った怒りの噴出などと共に，自己存在そのものが崩壊の危機に瀕することとなる。その結果，ギリギリの原始的防衛としての「自閉状態」（カプセル化など）に至る。というふうに深刻な「分離」の病理をとらえ，分離を衝撃的に体験することによる自己存在の中核的傷つきと，圧倒的無力感（「原初的抑うつ」）が問題にされるのである。

「自閉状態」は，こうした悲惨な分離エピソードの特異的産物などに限られるものではない。「起こりうる分離」へのおそれと合わさった自己崩壊不安を湛えて，人々の心の最深部に普遍的に存在する，「易傷性（vulnerability）」とも言うべきものなのだ。というふうにKierkegaardの「死に至る病」にも照した考察が進められ，臨床家の側は，この深刻な心的現実世界にかかわる時には，同じく自分自身の内奥に存在するこの原初的易傷性を通してこそ「関係性」への通路を開きうるのだとの見解を提示している。

この点は重篤な病理水準の対象には尚のこと，まさにその通りだと筆者にも思える。いわば分離・自己孤絶化の根源的危機感覚の層をくぐることでやっと，つながりへの道が開かれて行くという，基底水準でこその交流可能性は，想像可能であり，納得の行くものである。

この種の，人を根底から揺さぶり自己存在を存亡の危機に追い込むような「分離」は，たとえば虐待における「養育者」の突然の「消失」（James, 1994）の問題などいろいろな形で生じ，誰にどのような形のものが降りかかるかわからない現実がある。人との近しい近接関係への心の姿勢や執着のあり方，つまりアタッチメントのあり方は，そうした「分離」の危機感を背負っているのであろう。

分離の外傷性は上記のような極端なもの以外にもいろいろな形をとって現われる（West & Sheldon-Keller, 1994）。たとえばアタッチメントの不安定タイプにおいても，「調律不全」（Stern, 1985）は想定される。日常的な情緒的"行き違い"にとどまらず，「応答的存在」が「不在化」する体験に曝され続けると，「相手と共に在る」自己存在の実感も危うくなるなど，輪郭の定まらない「分

離」の累積による外傷的関係性が生み出される。近しくかかわり合うことが，安らぎや充実感の代りに，緊張，混乱，疎外のリスクに満ちたものであれば，うちとけた真正のつながりとはおよそ異質の，"ズレ"や"ヒビ割れ"を含むつながりの不連続化が生じてしまう。このような瞬間的「分離」の侵入の外傷的効果，「緊張持続性外傷（strain trauma）」(Pine, 1985) など日常的に軽視できない問題が存在する。深刻なものとしては以前から指摘されていた「他者を狂気に駆り立てる」発信の仕方，つまり同一の話題提示の中で情緒的波長を一方的に切りかえる，あるいは同じ情緒的波長の下で話題を一方的に切りかえる問題，また刺激・挑発と他方欲求阻止・拒絶とがめまぐるしく交替する問題などがある (Bateson et al., 1956; Searles, 1960; Laing, 1961)。これらは Stern が感情の調子（活性）の面をとり上げたのにくらべて感情情報の内容面をとり上げたものであるが，相互交流の一方的分断が情報処理を麻痺させて，自発的に去る（分離）ことも，近接しつながることもできない，宙吊りの孤絶化に人を追いやる問題を生み，重篤な精神病水準の人格解体的病理をもたらす一因ともなる。日常の何気ない交流の中に潜む，特殊な歪み方・侵襲性が，心理的関係性を全破壊してしまうほどの作用を持ちかねないことを伝える見解である。

　アタッチメント関係にとり破壊的な影響力を持つ「分離」外傷は，養育的対象とのつながりの破断，アタッチメント関係の剝奪・喪失，アタッチメント対象の極端な非恒常化，対象像の混乱，アタッチメント関係の調節麻痺などを伴う，さまざまな形の外発的分離体験の中で生じて行く。そこで重要なのは，そうした分離体験の中で言いようのない苦痛に苛まれている心の状態，そしてそれを「抱える」他者の心が差し出されるかどうかであると思われる。

10-2-2　アタッチメントと分離の相互関係——「分離」とひそかに格闘する心

　ごく一般的に「分離（separation）」は，ひとまずアタッチメントの対極にある心的体験，「接」に対する「離」の体験というふうに，アタッチメントと相反的に見られるであろう。けれどもアタッチメント体験の中には常に「離」の要素があり，またその「離」の要素がむしろアタッチメント形成を促したり強化したりするという，逆説的な現実も存在する。

たとえば，アタッチメントと関連が深いと思われる「基本的信頼（basic trust）」（Erikson, 1950）を考えてみよう。そこには「基本的不信（basic mistrust）」と言う次のような問題がある。最早期の乳児の多くが体験する母親の「不在」は，一時的にしろ乳児に母親とのつながりを見失わせ，安心感は一転して「足場を失う不安（自己破滅不安）」，「基本的不信」へと急転する。これは「絶対的依存」（Winnicott, 1965）状態にある乳児の立場としては当然のことである。ただし通常は，やがてこの母親「不在」が母親「在」へと再転し，子どもは心身の平衡を回復しながら大きな安堵に至る。生活の中で不可避なこの両極の行き来は，子どもにとり厳しい現実でありながらも，むしろ"雨降って地固まる"のように「基本的信頼」の感覚はより確実化し定着の方向に向かう。また子どもが母親の「不在」を再び「在」に転じさせるべく，泣き声を上げて呼ぶなど，能動的にはたらきかけることを学んで行くことも重要であり，「基本的不信」から抜け出す行動の活発化が対処機能の獲得につながって行く。
　実際にはこうした「分離」のあり方も多様であり，さまざまな質のものを考えねばならない。
　「分離」の多様性は少なくとも次のような観点からとらえられるのではないだろうか。それらは，①外発性・受動性（－内発性・能動性）②予測可能性③準備性，分離耐性④持続時間（期間），回復性⑤外傷的深刻さ（修復可能性）⑥「分離」体験を「抱える」条件⑦"発達的挑戦"（Tyson & Tyson, 1990）・発達の必然性⑧顕在性・明示性（－潜在性・暗示・象徴性）⑨外的現実（客観的水準）－内的現実（主観体験水準）⑩「分離」効果（生産性－破壊性）。
　このようにある程度「分離」を分化させてみると，その源に位置するアタッチメントのさまざまなあり方が，逆に照し出されるかと思われる。たとえば「発達的挑戦」に相当する，能動的な「分離」の動きが子どもの中から内発する様子については，表10-1にも示したようにMahler et al.（1975）が詳細に観察したが，子どもが母親との密着を解きつつ，母親を対象化してチェックしたり母親に背中を見せて外界の探索に向かう行動像が，もともとの母子間情緒交流のあり方により異なるのを見出している。表10-1に示した「練習期」あたりの個々の子どもの動きと母親側の反応が，その考察の重要な手がかりにな

表10-1 Mahlerによる「分離－個体化（separation-individuation）」

発達期・下位段階	大体の年齢	発達的特徴
未分化期 （nondifferentiation）		
正常な自閉期	1〜2か月	・胎生期の名残り　・幻覚的全能感 ・一時的覚醒不活動 　（alert inactivity）
正常な共生期	3〜4か月	・最初の愛着　・共生圏 　　　　　　　　　（symbiotic orbit） ・二者単一体　・生理的心理的平衡 ・「個」と「関係」の発達的土壌
分離－個体化期		
分化期	5〜8か月	・見比べ（comparative scanning） ・税関検査（customs inspection） ・人見知り（stranger anxiety） ・心理的孵化
練習期	9〜14か月	・外界への好奇心・意気高揚 　（"世界との浮気"） ・母親不在への過敏反応・混乱 ・気分低下状態　・空間移動　・事物探索能力 ・他児との遊び　・移行対象　・情緒的エネルギー補給
再接近期	15〜24か月	・分離意識 ・両価傾向（"飛び出し"と"しがみつき"） ・欲求不満の高まり・不機嫌 ・「自己調節」・「関係調節」の困難 ・自己価値の傷つき ・強要（coercion）　・退行と前進 ・能動的「イナイイナイバー」 ・象徴的遊び・言語 ・父親とのプレイフルな関係 ・「悲しむこと」と「心から渇望すること」
個体化期	24か月〜36か月	・現実吟味　・長時間遊べる能力 ・母親不在への耐性 ・対象表象の内在化
情緒的対象恒常性確立期	36か月〜	・自己と対象の恒常性 ・情緒的に必要な表象の内的保存 ・同一人物の"良い"面と"悪い"面の統合的体験 ・自律的自我能力

齋藤（1995）によるまとめ。

っている。前節でとり上げたように，二者間のアタッチメントの質が，子ども自身の自由探索など「個」の自律的機能の発現を拘束しない，ゆるやかな包容性（containing）という好条件を備えたものか，もしくは別の質のものかが，子ども個人の自発的な「分離」を左右し，分離の心的体験および実際の行動像が多様化する。それは同時に探索活動の個人差ともなり，不安定型アタッチメントとして集約された複数のタイプはそれぞれ自由な探索活動を余念なく繰り

広げるよりは，それが制限されたあり方を示しやすい。たとえば「アンビヴァレント」型を想わせる子どもはいつも相手の反応が気になって相手から解き放たれ得ず，情緒的に拘束された一種の"視野狭窄"の中で，ヒトやモノを広く観察したり探索したりする自由さを発揮しにくい様子である。プレイ面接場面においても，遊具や空間の探索に身を入れるより，セラピストの反応を過敏にうかがい，なれなれしさと邪剣さ両方の態度を示すなどする。また「回避」型を思わせるものとして，セラピストとの発見的な共同注視や共同探索に入ることを予め避けるかのように，いわば自己完結的に自作のシナリオ通りを演じ，それをセラピストにも強要するプレイに終始する子どもが居たりする。両方とも，外界に起きる偶発的なできごとや，偶然目に入ったものを新鮮にとり入れていく開放性，"可能性とたわむれる"自由な探索性とは異質である。情緒的距離が，もつれて感情過多な「近」の範囲から「遠」の方向に振れにくい前者と，逆に一定の距離を隔てたまま「近」方向に移動しにくい後者であり，共に広い対象世界に自由に接近し，交流を広げて行きにくいあり方がある。自発的能動的な大小さまざまの自由探索抜きに本来の発達促進的な「分離」が展開することはないであろう。また，重要なことは，「探索活動」そのものがすでに「分離」の要素を含むことである。子どもははじめ受動的に生じる母親「不在」におののいていたが，その後気ままな探索によりその「不在」状態を自らが作り出して行く。この場合，Mahlerらの観察にもある通り，子どもは「不在」耐性に応じて母親の「在」を確認し，「情緒的エネルギーの補給」を得て，再び探索的"独り歩き"に戻る。これは情緒的な「遠」と「近」との間の往復でもあり，この情緒的行きつ戻りつを心の趣くままに実行しうるのは，"ほどよく抱える母親"という環境基盤，安全基地（Ainsworth & Witting, 1969）あってのことである。

　実際の母親像は，子どもの行動像の多様性に劣らず多様だが，母親の側がいろいろな形の唐突な「母親不在」化や，一方的な「引き戻し」や「見離し（情緒的関与の撤収，あるいは拒絶）」の行動をどの程度とってしまうかなどが，子どもの発達的探索（"「分離」練習"）の阻害条件となって行く。幼児期に限らず思春期・青年期に至ってもこれと同型の関係性が認められている（Masterson, 1972）。

このように「分離」をめぐるただならぬ情緒反応は，実は親の側にも，いろいろな程度と質で，また理くつ抜きに生じてしまう。そして子どもには親のその反応にもう一段再反応することで，更に緊張の持続と不安定化が生じるのである。

既述の分離外傷に照しても，子どもが親の「不在」に極めて敏感なのは当然であり，それだけにその不安や苦痛に耐えるためのさまざまな方略を繰り出しながら，ひそかに「不在化」の不安と格闘を続けることになる。大人は案外，子どもの内心の苦闘には鈍感なのかも知れない。子どもが，なぜ「イナイイナイバー」を，まずは受動的に，そしてやがて自分の方から能動的に反復実演するのかを思ってみても，「不在」体験の重さとそれへの孤独なとり組み，自己調整努力がうかがえるというものである。「カクレンボ」もその1つの変形である。更に挙げるならばたとえば，Freud, S. の甥の独創的な「糸まき遊び（"ない！""あった！"遊び）」（糸まきをベッド下の奥に投げ込み，掴んだ糸の先端をたぐって糸まきを手元に引き寄せる行動の反復）(Freud, 1920) をはじめ，「不在」を内心「在」に置き換える空想的で魔術的なまでの方略をいろいろ編み出すのである。

周知の「過渡対象」(Winnicott, 1965) も母親との近接に代る，子ども独自の近接対象物であり，「不在」を埋めるまさに自然発生的知恵・創造を思わせるものである。

これらすでに広く知られる精神分析的理解は，科学的観察によってとらえられたアタッチメント行動の知見を，子どもの内側に潜む心的体験の現実によって補足するものであろう。

いずれにしろこのように内側に起きる「分離」の波紋，そしてそれと格闘する対処努力は，それ自体が極めて健康で前進的な反応であろう。SSP (Ainsworth & Witting, 1969) において「分離抵抗」と再会時の気分回復までにわたる，言わばメリハリのある安定型アタッチメントの特徴があったことが思い出される。それは最もストレートな"「在」→「不在」→「在」"反応と言えよう。

臨床の側からすると，安定型アタッチメントには感心する他ないのだが，基

本的に自然さ素直さが印象的である。ただしそれは，決して動揺しないことや，感情の起伏がないことではなく，状況に素直に反応する開かれた心性を思わせるものである。親の側でも同様の自然さが多分応答性の特徴に現れて，感度のよい素直なかかわり方により，子どもをほどよく（good-enough）抱える，安全基地（→探索基地→分離基地）環境を提供し得ているのであろう。Belsky & Cassidy（1994）がアタッチメントの下位タイプを示したように，親子の実像には言うまでもなくこのような純型・理想型とは異なるさまざまなヴァリエーションがあり，また状況による変動も見られるのが現実である。

　何度か触れて来た Mahler et al.（1975）の一般母子ペアの継続観察研究は，全体として安定アタッチメント関係の範囲に入ると思われる対象に関するものである。母子二者の一般的関係性の変動の実際とその意味を，「分離」への微妙な動きに注目しながら発見的にとらえていく，1つのモデル的研究として影響力が大きく，これまで我国を含め世界的に広く関心を集めて来た。

　表10-1に示した内容に全部触れることはできないが，10年計画で結局20数組にしぼられた0歳児母子ペア（「平均性」が周到にチェックされた）の3〜4年にわたる週1〜2回ペースの準自然観察の縦断的連続記録（ビデオ）を整理・分析した結果からごく要点だけをとり出したのが表10-1である（齋藤，1995）。「分離－個体化」は最初から想定された理論的概念ではなく，全員同時に観察を進める対象児たちが，認知・感情・身体活動・対人関係にわたる多元活動を展開していくリアルタイムの動きをとらえる直接観察資料からの，発見的産物としての発達的展開である。対象児達個々人の動きを縫って見出される継時的展開の「節目」と，一括りにできそうな時期的徴候を探り進めて行きながら，発達経過が表10-1のようにいくつかに区分（「下位段階」）されることになった。それらの区分を通して全体的に浮かび上がったのが，「分離－個体化」と概念化される発達的方向なのであった。その筋道をなすのは，子どもが「二者一体性（dual unity）」の最近接状態（「融合（fusion）」が Mahler らの概念である）から離脱していく営みである。母親を「対象」化し分化してとらえはじめ，まわりの世界に関心を広げ探索に乗り出して行くという1つの移行，そして「分離意識」が芽生えた心の状態の中で分離方向と母親への回帰・再融合の方

第10章　臨床心理学にとってのアタッチメント研究

向との両方向に激しく振れるもがきの体験への移行，そしてその双極的振れを通過しながら，「恒常的な対象存在」の内在化と，自己存在（特に自己価値）の再調節・修復・恒常化へと，何とか抜け出る移行である。本格的な自他分立（分離）と「個」としての自律能力の獲得へと向かう数年がかりの苦労の多い子どもの歩みを近々と追う，この研究自体がまさに探索的な営為であった。予測を超えて子どもが次々と展開して行く新しい動きは，研究当事者にとって最も発見の驚きに満ちたものではなかっただろうか。

　筆者も殊に表10-1の「再接近期」段階での子どもの展開が印象深く，「分離」がいかに子どもにとり孤独な心理的苦闘であるか，Mahlerにおけるような一般健常児のしかも「発達的挑戦」としてのまさに子どもの側からの自発的「分離」でさえこうなのかと，新たに目を開かせられる思いがした。2歳前後のこの特徴はアタッチメントとしては，不安定な「アンビヴァレント」型アタッチメントと近似しており，ビデオ記録でも，強情な反抗・かんしゃくと他方後追いしがみつきの両方にわたる強烈な感情のほと走りを見せている。「離」の方向は「見捨てられる」不安を，また「近接」の方向は「相手に呑み込まれ」て自己存在があやふやになる不安を引き起こす抜き差しならない心地に陥っている状態と解釈されているが，この2つの質の不安はアタッチメント関係の中にそもそも潜在する不安だとも言えよう。1つ前の時期に自由奔放な探索行動に意気高揚していたことにも，すでに「分離」指向は含み込まれていたのだが，次には「分離」に向けて両価的に煩悶する心そのものが中心的な問題になるこの時期が到来したわけである。子どもの心は，再び全能的な心地良さに満ちた融合的密着への回帰と，それへの内心のレジスタンスとの間で揺れながら，ある種の深刻さ，謹厳さ，孤独性を湛えた微妙な雰囲気（aura）を漂わせるとMahlerの共同研究者Pine（1985）がとらえていて興味深い。「分離」に向うことで相手の心が自分に向かなくなるかも知れない不安に抗するこの内的レジスタンスは，まさに「成長動機」を思わせるもので，思わず深い感銘を受ける。ビデオ映像にも確かにどこか悲痛な，"やるせなさ"を浮かべる子どもの表情があった。表10-1にも記した「心から悲しみ，渇望する」まさに人間らしい性質を備えた心のはたらきそのものができて行くのも，この時期特有の，

心が激しく揺れる体験の渦中にあって，それが人には肩代わりしてはもらいようのない自分の内側での体験であることを，苦労しながら感じとって行くことを通してであると思われる。

　この時期のもがきは，「関係性」の上での「分離」のもがきであると同時に，他者の心とは必ずしも連続し一体化しえない自分自身の「心」があるということの感得，"独り立ち"に向かう自律的な心を備えた「個」になって行くことへのもがきなのであろう。「分離－個体化」という主題は，直接観察的に発見した，「関係性」と「個」との相互連関的実現を指し示しながら，アタッチメントが本来含み持つ課題と密接にかかわっていると考えられる。

　以上，Mahler の研究の紹介に紙幅をさいてしまったが，筆者の問題意識としては，大半が安定型のアタッチメントを示す一般対象児の，一見不思議なくらいに自然でまともな「関係性」と子ども個人の心的活動のあり方は，実は「負」の方向にも十分振れる心のはたらきを含み持ち，苦痛を伴う否定的な関係性感情や自己感情を，状況に即してむしろ生々しく体験する可能性を潜在させているのではないかということがあった。Mahler らは，発達的に前進しようとする子どもは，世界に開かれて探索に挑戦する積極果敢な心と，内側で「分離」と「再密着」に向けて両価的に振れ，もがき苦しむ心との持ち主であることを如実に示した。そして，そうした心の動きの振幅こそが，広がりと厚みのある心的世界を形造ることにつながることを示唆した。それは不安定アタッチメント型に特徴的な心性をも要素的に含み持つ心のあり方でもあることから，他者及び自分自身のいろいろな心の状態について思いをめぐらすことができる，mentalizing 機能（Fonagy, 2001）あるいは mind-mindedness（Meins, 1997）の発達をも可能にさせて行くと思われる。特定の固まり方をしたあり方や，また過剰反応一方で中身が定まらなかったりするあり方とは異質の，心の内側が豊かにダイナミックに充実して行く展開を Mahler らは示唆したようである。

　以上，「分離」体験，換言すればいろいろな形をとるアタッチメント対象の「在」と「不在化」の振れ体験，そこでの外傷性の深刻さなどが，心のはたら

きそのものの発達と，人との近しい関係性実現とにどうかかわっていくかについて，「分離」とアタッチメントとの関連の多様な現実に照した検討を試みた。

10-3 臨床心理学にとってのアタッチメント知見

10-3-1 セラピスト (Th) -クライエント (Cl) 関係とアタッチメント

　臨床空間での Th と Cl は，特殊な二者関係の中に居る。人為的に設定された空間・時間の枠組に制約されながら一定の契約の下に，心の共同作業を進めようとする関係である。これは実生活における生存と生育のために不可欠な保護の供給を与える側と受けとる側というアタッチメント理論における原初的関係，二者の絆とは，はじまりからかなり異質なあり方であろう。
　臨床的二者関係の基本的特徴をひとまず先に見直しておくと以下のようである。
　① Th - Cl 関係は，個別の課題ととり組む心の仕事の「作業同盟 (working alliance)」を基本としている。これは一種対等な双方向性の関係でもあり，単向的とされるアタッチメントのつながり方とは異なる。
　②その心の作業は，両者の緊密な交流の中で展開するため，二者間には心の触れ合い (contact) をはじめ，一種の友好性 (friendlyness) (Lichtenberg et al., 1996) など独特の近しさ (closeness) が実現されて行くが，本質的に重要なのはコミュニケーションの深まり (communicative intimacy) である。
　何よりもコミュニケーションが自由に展開するだけの至適な距離（ゆるみ）が二者間には必要なので，いろいろな意味での二者密着・融合や二者間境界の後退には注意深い専門的対処がはかられる。
　③ Cl の側は，たとえ非常識・非合理な自己表出であれ，ありのままの自分に即し得るこの非日常空間では，さまざまな退行が起き易い。その中で，発達早期のアタッチメント基型が顕在化し，アタッチメント対象像さながらに Th を見，Th を Cl の原初的関係様式にまき込む，などが生じる。これは，Cl 理解のための大切な情報を得る機会でもあるが，関係性の再調節により治療的

に有効な距離の修復がはかられる。「よく調節された臨床関係（well-regulated clinical relationship）」（Fonagy, 2001）の維持は，アタッチメント関係とは別種のものであろう。つまり，Th は，アタッチメント対象像を投げかけられて，どのような情緒的交絡に見舞われようと，原初的なアタッチメントの世界には入らない在り方を貫くことで，本来の機能を発揮して行く。

　Th − Cl 関係の中で現実に起きていることと，それによる情緒的波紋が Th の内側にいろいろな形で惹き起こされていること，それらに向き合う自己観察と自己理解の作業を，自律的に進めることが Th に求められる。

　④そのようにアタッチメント関係をまさに生きつつある母子モデルの中にはおさまらない特徴が Th − Cl 関係にはある。それはコミュニケーションそのものの緊密化・深化という「近づき」と，枠組設定に基づく「距離」維持という両義的方向性を含み持つ関係でもある。それにより，近くに位置しすぎることのリスクなどから自由な，新しいかかわり合い体験を Cl は持つのではないか，そのことに基づいてこそ，Cl 自身の内に潜む生々しいアタッチメント体験そのものが心おきなくその空間の中で再演され，臨床的にそれをとらえ直すことが可能になって行くのではないか，というふうに考えられるのである。

　したがって，臨床現場での Cl のさまざまな自己表出の素材から，それを起点としたアタッチメント研究というある種逆方向のやり方がありうるかも知れない。たとえばどのような近しい関係性のパターンがそこで見出され，それらは既存の研究結果と大筋で合流するに至るのか。大半が安定型アタッチメントとして分類される一般対象のアタッチメント研究とは対象そのものが違うだけに，むしろ，アタッチメント体験に含まれる下位「要素」や「様態」について，単に臨床的特殊性においてではなく，より一般に及ぶ分節したとらえ方が見出されたり，"病気"が"健康"を逆照射するように，アタッチメントの実態がより詳しく理解されることにはならないか，などである。

10-3-2　臨床場面における「心の仕事」とアタッチメント・分離

　①二者共同の心的探索　Th − Cl の間の「心的作業同盟」関係は，換言すると，Cl の心の自由探索（意識的，無意識的な）のための「安全基地」というフ

ィールド効果と，同時に Th の適切な感受性・応答性の下に問題状況の「共同探索」(Lichtenberg et al., 1996) を進める両者のやりとりの効果とを合わせ持っている。そのような同盟関係を通して自他の再体験・再理解が発見的に進められることで，心的構造と機能のあり方，また重要な他者との関係性をめぐる変化が見られ，それらが Cl によって新しく意味づけ直されて行く。アタッチメントに関する個人的な問題もその作業に含まれるが，たとえばアタッチメント・タイプが安定アタッチメントに変ることが起きるより，自分自身のアタッチメント関係につきいろいろと思いめぐらしたり，感情体験し直したりしながら，アタッチメント関係にある双方の心の状態を探索・吟味し直すことの方が実際の作業となる。それを通してアタッチメント感情の再調節や修正が見られて行くことも稀ではない。

　子どものプレイ面接では，言葉よりは主にプレイ化によって自分自身のアタッチメントの問題を何度も繰り返しとり上げ直して行きながら，大人と基本的には同じ臨床的作業過程をたどって行く。当然子どもの場合の方が，生々しい"臨場感"に富む，旺盛な全身的作業を展開し，むしろ子どもの方が本題からブレることのない心の作業ぶりを示すのが印象的である。

②セラピスト (Th) の心的基本姿勢

　共同作業を進める Th の心の姿勢として一般に求められるのは，①侵入（襲）的でないこと (nonintrusiveness) ②過剰刺激にならない中庸な刺激の出し方 (moderate stimulation)，たとえば何らかの意味で"背中を押す"ような状況においても，基本的にさり気ないおだやかな押し方 (gentle push) ③感度のよい適切な応答性，共感的理解④相手の起伏に富む心的体験と臨床的作業全体を受けかかえる包容機能 (containing) (Bion, 1962) ⑤アタッチメント関係の外に居ての臨床判断，専門的「関与観察」の維持，などである。

　上記⑤以外は，アタッチメント関係における発達促進的なほどよい親の機能と重なり，殊に安定型アタッチメントにおける親のかかわり方の潜在特徴と共通するものがあるかも知れない。また，既述の「情動調律」的折り合いや，矛盾を孕んで双極的に振れる心の動き，そして殊にさまざまな形をとる「分離」方向への振れを理解し包容的にかかわり続けるなどの，よりミクロの機能を基

盤にした心の姿勢も，母子モデルに通じるかと思われる。

③臨床の場における「分離」要素

　前節で「分離」の問題はすでに検討したが，臨床の場が「分離」の要素を多重に含むことも注目される。いわば最初から分離（終結）を前提とした限りある関係に入るわけであり，また1つのセッションにも開始と終了のとりきめ，つまり，タイムアップによる分離の現実がある。1つのセッション終了への反応は多様であり，驚きや傷つきを一瞬の表情に見せたり，終了困難や抗議・拒否の反応，また逆に機械的に何ら感情を伴わずに切り上げる反応，茫然と立ちつくす反応などが種々見られる。年齢によらないこれらの反応には問題状況や病理水準（Gabbard, 1994）もかかわっているが，生活史を通しての重要な関係性体験，アタッチメント関係の内実や内的作業モデルのあり方の反映がそこにうかがえる。「開始」と「終了」は，臨床期間全体にも，1回1回のセッションにもあり，また双方の事情による休回や更にはセッション内での制限・枠づけが，Clの側に関係の連続性感覚が途切れる一時的"破断"体験を引き起こすなど，微妙な「分離」性の体験が何通りか含まれる。ThとClは「会う」と「別れる」を繰り返し，また親同伴の子どもは別室で面接する親とも新しい形の「分離」と「再会」を繰り返す。「分離」を介して，確実に待機し子どもを受けとめる，「恒常的対象」（Mahler et al., 1975）としての親の存在が実感し直され再発見されることの重要さもある。アタッチメント体験の情緒的修正や再認識・明確化に，このような臨床的枠組も一役買っていると言える。

　「分離」と「再会」の往復は，日常性と非日常性の間の行き来，あるいは外側の現実と内側の心的現実との間の行き来であり，アタッチメントに関しても日常化した二者関係の現実と，内界に潜在する「心的現実」としてのアタッチメント体験との間の往復でもある。これは時に混乱を引き起こし，来室への抵抗が強まるなどする。日常化した既存の平衡関係と内側で生成する心の新しい動きとのぶつかり合いは，アタッチメント関係に限らず，新たにストレスに満ちた負荷の高い心的状況であり，「変化」への強い抵抗も生じる。いずれにしろ臨床場面にアタッチメントのテーマが何らかの形で登場する時は，葛藤や苦闘がそこに潜在し続け，情緒的矛盾やジレンマに満ちた心的現実についての

「共同探索」は，紆余曲折する長期的プロセスをたどる。また，意識・言語の水準以前の，行動化や身体化水準での格闘もそこに含まれて行く。

「分離」の視点に戻ると，臨床的作業は最初から「分離」に向かう作業なのであった。この点は実生活におけるアタッチメント関係よりもより明確な形を成していて，逆に言うと実際のアタッチメント関係の中にできるだけ輪郭を顕わにすることを避けるかのように潜み続けている「分離」の要素，その単純ではない作用が，臨床場面にはいくつかの形をとりつつ，集約的に組み込まれている。それが，Mahler et al. (1975) における「分離・個体化 (separation-individuation)」が意味するような，Cl の内発的進展を微妙に促すための重要な契機を，そこここで生み出しているように思える。

④心の仕事の「基地」としての臨床空間

全体として臨床空間は，アタッチメント研究が教えることに照すと，心の仕事を自由に繰り広げるための「安全基地」，また心がかかえる問題をめぐる「探索基地」，そして新しい可能性実現に向けての「個」の「分離基地」であろう。そしてそれらの「基地」効果は，Cl の動き全体を受け抱える Th の「包容」機能 (Bion, 1962) を通して，また常に両者の本ものの (authentic) 交互作用を通して生み出されて行く。その中で Cl は他者および自分自身の心の状態への関心を深め，「思（想）う」・「感じる」心の体験を大切にする心的体験化 (mentalizing) の機能を充実させる方向に，また自律的個としての他者の心の世界に真摯に触れ交流することに積極的な意味を見出す方向に，自己展開して行くと考えられる。

安定したアタッチメント関係形成の日常においても，本質的には，これと重なるプロセスが展開しているのではないかと想像される。

以上本節では，臨床の場の機能を，主に Cl の「個」としての心のはたらきの再調整・再組織化・成長と関連づけて見て来た。

そのため，どちらかと言えば Th の"触媒"的役割の方をとり上げることになったが，Cl の側の動機には，自分自身の問題の軽減や解消あるいは人格変化など「個」としての問題意識だけではなく，新しい対象に出会い密度高くかかわり合うことへの期待も含まれているとされる (Shane et al., 1997)。したが

って，Th が「アタッチメント関係には入らない」との基本姿勢をとっていても，Cl の側はアタッチメント関係に Th をまき込みかねないのが現実である。そこでの二者の反応の交錯は「転移－逆転移」論で詳細に吟味される通りでもあるが，本書の性質からそうした情緒的交絡には踏み込まないでおいた。ただ Cl が Th という新しい対象をどう体験するかはアタッチメント論からも関心事かと思われるので，少しだけその点に触れてみる。Cl がアタッチメント対象像やその対象との関係様式を Th との間に持ち込み重ねるとき，アタッチメント研究も示すように，欲求に適切に応じない "悪しき対象（bad object）" との間ですでに成立しているアタッチメント関係を転移する Cl が，Th や Th との関係に内心強い不満を抱きながら，「心的作業同盟」に入るにあたっても対抗的な攻撃や，あいまいな尻込みを見せるなどする。あるいはまた Th との緊密なコミュニケーションという「近しさ」に対して過剰なまでの歓迎・理想化と逆に不安・恐怖という矛盾した反応（たとえば，面接回数を増やす要求と突然欠回を続ける反応の交替）を示すこともある。というふうに従来のアタッチメント関係に囚われたままで居る Cl が，既述のような基本姿勢で一貫した臨み方をする Th を，Cl 自身の呪縛的アタッチメント関係の外に居る，異次元の新しい対象として発見的にとらえることは容易ではないが，そのときはやがて訪れる。その間には Th にかなりの耐性が求められるが，そうした「新しい対象」の発見を転機として，心の共同作業という新しい可能性の世界を Cl 自身が感じとり，そちらに向けて踏み出して行くことになる。

　Cl のかかわり方には，特定の不安定アタッチメント様式を一貫して示すというより，いくつかの関係様式が混在していて，時には安定アタッチメントを思わせる自然でゆとりある情緒的かかわり方を見せる局面さえある。たとえば実生活の中で職場の或る上司とだけは相手の大きく行き届いた配慮の下に安定した情緒的つながりを持てるようになって来たという場合などがそうである。Th は Cl の中に潜在する多様なアタッチメント様式に開かれていることが求められるのであろう。仮に安定アタッチメントの範囲にあった人でも，外傷的な対人関係が生じて，人とうちとけることを避ける表面だけの無難なかかわり方しかできなくなる場合もある。他方 Th がアタッチメント関係にまき込まれ

てしまうことが，Cl にとっては外傷体験になってしまうこともあり，その場合は Th の基本姿勢が問い直される。Cl がそれまでのアタッチメント関係の外に居る安全で自由な「新しい対象」として，Th をとらえられるようになることで，これまでとは異質の「近しさ」の中での共同作業そのものの本格化が可能になって行くと言えよう。それは，人との「近しい」関係性に意味深いものがあることを感じとり，「近しさ」への耐性を新たに身につけて行くことでもある。実生活におけるアタッチメント感情の修正体験やアタッチメント関係の再調節にも，それはつながって行くと考えられる。

　以上臨床場面において，いろいろな意味を担う「アタッチメント」と「分離」の要素，またそれらの作用を，臨床の現実に照して検討した。

10-4　おわりに

　以上，3節にわたって，臨床心理学にとってのアタッチメント研究の意味の再理解を試みて来たが，やはり臨床領域に居る者の常として「負」の側から見るスタンスや，個人の「心のはたらき」そのものを，殊に感情体験を主にして問う姿勢が前面に出たのではないかと思われる。アタッチメント研究が個体保存に加えて種族保存の次元にまで広がった視野の下に，また顕在行動を中心に進められて来た経緯に照すと，アタッチメント研究全体の中に，「どういう心が育つか」という主題を見，また，更に「心のはたらき」としても「心の状態に思いをめぐらす心性 mind-mindedness」や，生き生きした真正の心的体験，その心的能力というふうにどんどん関心が内向きに展開する筆者自身を見出すことになった。これもアタッチメント研究の触発力の1つかも知れない。

第10章 引用文献・参考文献

Ainsworth, M.D.S., & Witting, B. (1969) Attachment and exploratory behavior of one-year-olds in a strange situation. In B.M. Foss, (Ed.), *Determinants of Infant Behaviour IV.* London: Methuen.

Balint, M. (1968) *The Basic fault: Therapeutic aspects of regression.* London: Tavistock.［中井久夫（訳）1978 治療論からみた退行：基底欠損の精神分析 金剛出版］

Bateson, G. (1972) *Steps to an Ecology of Mind.* New York: Ballantine Books.［佐伯泰樹・佐藤良明・高橋和久（訳）1986・1987 精神の生態学 上・下 思索社］

Bateson, G., Jackson, D., Haley, J., & Wakland, J. (1956) Toward a theory of schizophrenia. *Behavioral Science,* **1**, 251-264.

Belsky, J., & Cassidy, J. (1994) Attachment: Theory and evidence. In M. Rutter & D.F. Hay (Eds.), *Development through life: A handbook for clinicians.* Oxford: Blackwell.

Bion, W.R. (1962) *Learning from experience.* London: Heinemann.

Cassidy, J., & Shaver, P.R. (1999) *Handbook of attachment: Theory, research, and clinical applications.* New York: Guilford.

Call, J.D., Galenson, E., & Tyson, R.L. (Eds.) (1983) *Frontiers of infant psychiatry.* New York: Basic Books.

Emde, R.N., & Sorce, J.E. (1983) The Rewards of infancy: Emotional availability and maternal referencing. In J.D. Call et al. (Eds.), *Frontiers of infant psychiatry.* New York: Basic Books.

Erikson, E.H. (1950) *Childhood and society.* New York: Norton.

Fairbairn, W.R.D. (1952) *Psychoanalytic studies of the personality.* London: Tavistock.

Fonagy, P. (2001) *Attachment theory and psychoanalysis.* New York: Other Press.

Freud, S. (1920) 小此木啓吾（訳）(1970) 快感原則の彼岸 フロイト著作集6 人文書院

Gabbard, G.O. (1994) *Psychodynamic psychiatry in clinical practice: The DSM-IV Edition.* Washington D.C.: American Psychiatric Press.［大野裕・舘哲朗（監訳）(1997) 精神力動的精神医学：その臨床実践〔DSM-IV版〕②臨床編：Ⅰ軸障害・③臨床編：Ⅱ軸障害 岩崎学術出版社］

James, B. (Ed.) (1994) *Handbook for treatment of attachment: Trauma problems in children.* New York: Maxwell Macmillan International.［三輪田明美・高畠克子・加藤節子（訳）(2003) 心的外傷を受けた子どもの治療——愛着を巡って 誠信

書房]
数井みゆき・遠藤利彦（編著）(2005) アタッチメント：生涯にわたる絆 ミネルヴァ書房
Laing, R.D. (1961) *Self and Others.* London: Tavistock. [志貴春彦・笠原嘉（訳）(1975) 自己と他者 みすず書房]
Lebovici, S. (1988) Fantasmatic interaction and intergenerational transmission. *Infant Mental Health Journal,* **9** (1), 10-19.
Lichtenberg, J.D., Lachmann, F.M., & Fosshage, J.L. (1996) *The clinical excahnge: Techniques derived from self and motivational systems.* Hillsdale: Analytic Press. [角田豊（監訳）(2006) 自己心理学の臨床と技法 金剛出版]
Mahler, M.S., Pine, F., & Bergman, A. (1975) *The psychological birth of the human infant.* New York: Basic Books. [高橋雅士・織田正美・浜畑紀（訳）(1981) 乳幼児の心理的誕生：母子共生と個体化 黎明書房]
Masterson, J.F. (1972) *Treatment of the borderline adolescent: A developmental approach.* New York: Wiley Interscience. [成田善弘・笠原嘉（訳）(1979) 青年期境界例の治療 金剛出版]
Meins, E. (1997) *Security of attachment and the social development of cognition.* East Sussex, UK: Psychology Press.
Pine, F. (1985) *Developmental theory and clinical process.* New Haven & London: Yale University Press. [齋藤久美子・水田一郎（監訳）(1993) 臨床過程と発達：精神分析的考え方・かかわり方の実際①・② 岩崎学術出版社]
齋藤久美子（1992） セルフレギュレーションの発達と母子関係 精神分析研究 **36** (5), 478-484.
齋藤久美子（1993a） ジェンダー・アイデンティティの初期形成と「再接近期危機」性差 精神分析研究, **37** (1), 41-51.
齋藤久美子（1993b） 子ども理解の方法と理論：継続的観察研究を通して 岡本夏木（編） 子ども理解の視点と方法（新・児童心理学講座17）(pp. 23-66) 金子書房
齋藤久美子（1995） 精神分析と早期発達研究 精神分析の現在 (pp. 26-38)（現代のエスプリ別冊）
齋藤久美子（1998） 「かかわり合う」能力：心理力動的検討 長崎勤・本郷一夫（編） 能力という謎 (pp. 147-171) ミネルヴァ書房
Sameroff, A.J., & Emde, R.N. (Eds.) (1989) *Relationship disturbances in early childhood: A developmental Approach.* New York: Basic Books. [小此木啓吾（監

修)(2003) 早期関係性障害:乳幼児期の成り立ちとその変遷を探る 岩崎学術出版社]

Sander. L.W. (1977) Regulation of Exchange in the infant-caretaker system: A viewpoint on the autogeny of "structures." In N. Freedman & S. Grand (Eds.), *Communicative structures and psychic structures: A psychoanalytic interpretation of communication.* New York: Plenum Press.

Searles, H.F. (1960) *The nonhuman environment: In normal development and in schizophrenia.* New York: International University Press. [殿村忠彦・笠原嘉(訳)(1988) ノンヒューマン環境論:分裂病者の場合 みすず書房]

Shane, M., Shane, E., & Gales, M. (1997) *Intimate attachments: Toward a new self psychology.* New York: Guilford.

Stern, D.N. (1985) *The interpersonal world of the infant: A view from psychoanalysis and developmental psychology.* New York: Basic Books.

Tustin, F. (1972) *Autism and childhood psychosis.* London: Karnac Books. [齋藤久美子(監修)平井正三(監訳)(2005) 自閉症と小児精神病 創元社]

Tyson, P., & Tyson, R.L. (1990) *Psychoanalytic theories of development: An integration.* New Haven: Yale University Press.

West, M.L. & Sheldon-Keller, A.E. (1994) *Patterns of relating: An adult attachment perspective.* New York: Guilford.

Winnicott, D.W. (1965) *The maturational processes and the facilitating environment.* London: The Hogarth. [牛島定信(訳)(1977) 情緒発達の精神分析理論 岩崎学術出版社]

人名さくいん

A

Ainsworth, M.D.S.   *14, 21, 23, 24, 265, 271*
Alexander, P.   *151*
Anisfeld, E.   *132*

B

Bakermans-Kranenburg, M.J.   *143, 145*
Belsky, J.   *278*
別府哲   *69, 71*
Bion, W.R.   *154*
Biringen, Z.   *155*
Blacher, J.   *63*
Blatt, S.J.   *109, 113, 152, 155*
Blizard, R.A.   *151*
Bowlby, J.   *2-7, 15, 16, 18, 21, 32, 34, 38, 39, 41, 44, 79, 102, 108, 115, 116, 139, 146-148, 150, 153, 154, 156, 157, 186, 197, 234, 237, 251, 254, 263, 265, 271*
Bronfenbrenner, U.   *73, 135*
Byng-Hall, J.   *150*

C

Capps, L.   *66*
Cassidy, J.   *40*
Craik, K.   *15*
Crowell, J.A.   *33, 35*

D

Diamond, D.   *150, 152*
Dissanayake, C.   *67*

E

Eagle, M.   *152, 153*
Egeland, B.   *142, 143, 191*
Emde, R.N.   *264*
遠藤利彦   *16, 31, 74*
Erikson, E.H.   *264*

F

Fairbairn, W.R.D.   *15, 264*
Fonagy, P.   *105, 109, 110, 117, 152-154, 198*
Fraiberg, S.   *133, 136-139, 141*
Fraley, R.C.   *32*
Freud, S.   *1, 15, 17, 264, 277*

G

Gold, S.N.   *151*
Gould, J.   *64*
Greenberg, M.   *61, 62*
Grossmann, K.   *32*
Gullestad, S.E.   *153*

H

Hamilton, C.E.   *31*
Harlow, H.F.   *7*
Harman, J.L.   *150*
Hazan, C.   *35, 36, 106, 123*
Holmes, J.   *116, 152, 155*
Hrdy, S.B.   *11, 12*

I

伊藤英夫   *67, 70*

J

Johnson, S.M.   *149, 150*

K

Kanner, L.   *64*
Kierkegaard, S.   *272*
Kirkpatrick, L.A.   *36*
小林隆児   *73*

L

Levy, K.N.   *109, 155*
Lieberman, A.F.   *135, 136, 199*
Liotti, G.   *121, 122, 151, 152*
Lorenz, K.Z.   *6*

Lyons-Ruth, K.   27, 122, 146

M

MacDonald, K.   4
Mahler, M.S.   266, 274, 276, 278-280, 285
Main, M.   25, 26, 29, 85, 104, 198
Marvin, R.S.   61, 62
Meyers, C.E.   63

O

O'Connor, T.G.   41, 43, 86

P

Pederson, D.R.   38
Pine, F.   266, 279
Pistole, C.M.   155

R

Rogers, S.J.   66, 67
Roisman, G.I.   33, 112
Rutgers, A.H.   67
Rutter, M.   43, 188

S

Sable, P.   155
Shaver, P.R.   35, 36, 106, 119, 123
Shilkret, C.J.   155
Sigman, M.   64, 67

Silberg, J.L.   150
Slade, A.   152, 154
Steele, K.   151
Stern, D.   199, 264, 266-268, 273
Sullivan, H.S.   155, 264

T

Thomas, P.M.   150
Tinbergen, J.   6
Tustin, F.   271

U

Ungerer, J.   64

V

van den Boom, D.C.   132
van IJzendoorn, M.H.   37, 38, 122, 142, 143, 145, 146

W

Wasserman, G.A.   61, 62
Waters, E.   31, 32
Weinfield, N.S.   32
Wing, L.   64
Winnicott, D.W.   15, 264

Z

Zeanah, C.H.   42, 43, 191

事項さくいん

あ

愛情（affection） 3, 271
愛着障害 86
相手に呑み込まれてしまう不安 279
アイデンティティの確立 143
アカゲザルの実験 7
赤ちゃん部屋のおばけ（ghosts in the nursery） 137, 139
赤ちゃんらしさ（babysheness） 12
悪しき対象（bad object） 286
足場を失う不安（自己破滅不安） 274
温かさ（warmth） 4
アタッチメント 106
── Qセット法 24, 38
──軽視（拒絶）型（detached / dismissing） 30, 31, 37, 149
──行動 13, 21, 24, 39, 65, 69, 70
──・シグナル 23, 24
──・システム 29
──障害 41, 42, 44, 85, 142
──・スタイル 21, 214, 265
──・スタイル質問紙 106
──・スタイル面接 215
──対象 70-72, 74, 140
──・タイプ 29, 31, 36
──とトラウマ 17
──と内的作業モデル 14
──と認知発達の関連 67
──の安定性 154
──の個人差 21
──の個人差と養育者の敏感性 21
──の個人差を測定する質問紙 106
──の生物学的基盤 6
──の世代間伝達 37-39
──の定義 3-5
──のヒトにおける特異性 8, 14
──の不連続性 33
──の連続性 32
──の連続性と不連続性 28

──・パターン 149, 150, 152, 154, 156, 167, 171, 174, 178
──・プロトタイプ 107
──未成立型 191
──未成立障害（disorders of nonattachment） 43, 85, 86
──欲求 8, 14
──理論 3
──理論における時間の流れ 1
──理論を応用した治療・介入モデル 131-133
アダルト・アタッチメント・インタビュー（Adult Attachment Interview: AAI） 29-33, 35-38, 40, 149, 218
圧倒的無力感 272
後追い 6, 13, 66, 171, 178
誤った信念（false belief） 62
アルコール症（アルコール依存） 123, 147
安全家族基地 149
安全基地（secure base） 5, 26, 42, 61, 66, 71, 131, 134, 136, 138, 139, 148-157, 276, 278, 282, 285
──としての治療者 155
──の歪曲（secure base distortions） 42, 87
──の歪曲型 191, 200
──モデルとしての治療者 146
安全性 148
安全の感覚（安心感）（安全感）（felt security） 4, 5, 14, 15, 20, 21, 23, 40, 69, 70, 139, 151, 152, 154, 180, 264, 274
安定型（secure）（Bタイプ） 22-25, 27, 30-32, 37, 65-67, 132, 268, 277, 280, 282, 283, 286
安定自律型（secure autonomous） 30-33, 37, 38
安定性 171
アンビヴァレンス 178-183, 265
アンビヴァレント型（ambivalent）（Cタイプ） 22-25, 27, 30, 31, 32, 37, 65, 66, 276,

278
威圧的な方略　93
怒り　216
　――の抗議　24
　――の表出　149
遺棄　12
　――児　43
生き残り　8, 11
移行対象（過渡対象）　194, 276
意識変容状態（没頭）　122
易傷性（vulnerability）　272
依存　4
　――性人格障害　118, 121
一卵性双生児　39
一貫安定型（continuous secure）　33
一貫不安定型（continuous insecure）　33
一雌一雄　11
一者の情動状態の崩れを二者の関係性によって制御するシステム（dyadic regulation system）　4
一般化された記憶表象　16
偽りの自己（false self）　267
遺伝　38, 39
　――子　39
　――的な危険因子　188
意味記憶　30
いらだちやすい（irritable）気質　132
Wingの三つ組　63
うつ　113, 147, 149
HPA（視床下部-下垂体-副腎皮質）システム　20
栄養摂取　7
　――能力　8
　――欲求　7
エコラリア（echolalia）　64
エピソード記憶　30
援助目標　199
エントレインメント　13
応答性（responsibility）　62, 63, 73, 74, 139, 266, 268
オウム返し　174, 175, 178
オキシトシン　10
恐れの喚起　79

おびえ／おびえさせる（frightened/frightening）ふるまい　26
おびえ・無力型の親　27
おびえ・無力型養育　28
親ガイダンス　220
親機能回復　228
親子関係　35
親子の関係性障害　133
（親の）養育負担　9, 11-12
オルタナティブな学び舎　220
おんぶひも　132

か

解決不可能なパラドクス　27
外向化問題　94
外向性次元の障害　105
回顧的定義の獲得安定自律型　112
階層的組織化の仮定　41
外的要因で問題となっている状態　85
介入計画　199
介入プログラム　197
回避（avoidant）　25, 107, 118, 179, 200, 265
　――アンビヴァレント型（A/Cタイプ）　84
　――型（avoidant）（Aタイプ）　22-25, 27, 30-32, 37, 65, 66, 174, 178, 276
　――次元　119
　――性人格　117
　――性人格障害　119, 121
　――的行動　179
快／不快の未分化な情動表出　182
解離　152
　――性障害　27, 190
　――性同一性障害　121
　――反応　122
抱える環境　153
「抱える」他者　273
過覚醒　200
加虐的-被虐的な　227
学業不振　251
確実な避難所（safe haven）　5
学習された無力感　235
獲得安定型（earned secure）　33

獲得安定自律型　111
隠れた制御機構（hidden regulator）　20
隠れたトラウマ（hidden trauma）　20, 21
過去と現在をつなぐこと　138
家族
　　――・カップル療法　147
　　――機能不全　79, 123
　　――システム　149, 150, 156
　　――療法　148-150, 156
可塑性　34
語りの構造　29, 35
学校システム　212
カップル　33
　　――療法　149
家庭内不和　32
寡夫・寡婦　147
関係
　　――の悪循環　180
　　――発達支援　183, 184
　　――欲求　178-180, 182, 183
関係性
　　「――」機能　270
　　「――」実現と「個」の実現　264
　　「――」視点　265
　　「――」と「個」　267
　　「――」と「個」との相互連関　280
　　――の障害　137
観察された乳児（observed infant）　2
感情
　　――障害　110, 118
　　――調節　83
　　――的投資　195
間接被害　248
鑑別　192
記憶構造　16
記憶表象　30, 35
奇怪な行動　85
気質（temperament）　38
器質的な障碍　182
基礎障碍　182, 183
期待に適う反応性（appropriale responsibeners）　268
基底欠損（basic fault）　264

機能不全　83
気分
　　――回復　277
　　――変調性障害　109, 116
　　――誘導　112
基本的安全感　264
基本的信頼（basic trust）　264, 274
基本的不信（basic mistrust）　274
虐待（abuse）　26, 32, 37, 80, 141, 142, 151, 272
　　――行動　199
　　――サバイバー　147, 150, 151
　　――者　151
　　――の世代間伝達　133
逆転移　155
嗅覚刺激　61
Q拒絶回避型　114
Q対人恐怖的回避型　114
境界性人格障害（境界例）　105, 116, 117, 119, 121, 154, 155
共感性　135, 139
強制された関係性　34
共同子育て　11
共同探索　276, 283, 285
共同注意（ジョイント・アテンション）　13, 66
共同注視　276
強迫性人格障害　118
強迫的服従（compulsive compliance）　89
共鳴動作　13
近接　25
緊張　224
　　――持続性外傷（strain trauma）　273
クライエント（Cl）　1, 2, 281, 282, 284-286
クライン（Klein）理論　2
警戒　42
　　――的な構え　180, 181
経済的暴力　235
経済的要因　34
軽度発達障害　213
痙攣様運動　178
結婚　33
　　――生活の質　40

結実因子　1
言語による符号化　18
原初的関係様式　281
原初的二者関係　263
原初的抑うつ　272
見聞した情報　18
恋人　35
行為障害　110
高機能広汎性発達障碍　168
高機能自閉症（高機能自閉性障害）　68, 74, 213
攻撃性　216, 225
高次の制御機構（higher-order regulator）　20
恒常的対象　284
恒常的な対象存在　279
行動遺伝学　39
行動制御システム　4, 13
広汎性発達障害　192
口話法　62
声のチック　176
心の理論（theory of mind）　13, 62
心を気遣う傾向（mind-mindedness）　287
個人内過程　269
個人療法　147
個体化　155
　　――期　275
骨盤の変形　9
「個」と「関係性」の相互過程　269
子どもの心を気遣う傾向（mind-mindedness）　39
子どものプレイ面接　283
「個」の機能　270
「個」の視点　265
個別的（individual）　21, 44
コミュニカティヴな存在　13
コミュニケーション
　　――の質的障害　64
　　――の深まり（communicative intimacy）　281
　　――不全　63
コミュニティ　219
　　――・アプローチ　147

孤立型（aloof type）　64
ゴリラ　9
混沌と恐怖　68
混乱性アタッチメント障害（disrupted attachment disorder）　42, 190, 191

さ

再会　23, 24, 60, 66, 69, 167, 170, 173, 176, 177, 179, 277, 284
採集　9
最小化方略　120
再接近期　275, 279
最大化方略　121
再密着　280
作業記憶　16
作業同盟（working alliance）　138, 141, 281, 282, 286
里親　43, 141, 188
　　――制度　141, 142
里子　43
産後うつ病　136
産道の狭小化　9
参与（参加）観察　283
　　――者　137
視覚障害（visual impairment）　59, 60, 61, 68
自我心理学　2
しがみつき　13
自己
　　――愛性人格　117
　　――愛性人格障害　120
　　――感覚（sense of self）　266
　　――感情　266
　　――中心的な因果思考　18
　　――調律を支える他者（self-regulating other）　266
　　――発動性　266, 270
　　――モデル　107
支持的療法　138
システムとしての家族　148
施設職員　189
施設入所児童　186
視線　64, 132, 168-171, 174, 176

――回避　174
自然の実験（natural experiment）　43
シゾイド人格障害　118, 121
持続因子　1
疾患　85
失敗事例　214
疾病概念　86
質問紙法　36
自伝的記憶　18
児童養護施設　189
死に至る病　272
自発的行為　181
自閉　271
　――症（autism）　63-74, 166-168, 171, 174, 179, 181, 182
　――状態　271, 272
シミュレーション　16
　――・モデル　15, 16
社会
　――経済的地位　132
　――資源　248
　――人格心理学　35
　――性（sociability）　63, 64
　――的サポート→ソーシャル・サポート
　――的参照　13
　――的刺激　60, 61, 68, 72, 74
　――的注視　13
　――的同調　13
　――的発信　13
　――文脈的要因　40
社交性　42
修正アタッチメント体験（corrective attachment experiences）　133, 140
修正的変容　124
集団療法　147
主観的安全　25
主観的信頼感　215
主観的な安心感　140
授乳　171
狩猟　9
手話　62
準備因子　1
情愛の絆（affectional bond）　3

障害　59
　――を持つ子どものアタッチメント　59, 60
生涯発達　2, 28, 29, 34, 35, 42
情緒
　――的エネルギーの補給　276
　――的虐待　147
　――的サポート　135
　――的対象恒常性確立期　275
　――的な盗み（emotional theft）　267
　――的雰囲気（emotional climate）　40
　――的利用可能性（emotional availability）　19, 39, 133
情動
　――共有　68, 74
　――制御　20, 26, 149
　――知覚の障害　68
　――調律　266, 267, 283
　――的特性　39
　――的に引きこもり誰にもアタッチメントを示さないタイプ（nonattachment with emotional withdrawal）　43
　――の分化　182
　――表出　13
常動行動　64
情報処理　35
　――プロセス　15, 17, 29
食餌　10
自律神経　20
自律性　4, 8, 155
ジレンマ　179, 180
神経生理学的発達　88
神経内分泌　20
信号行動　82
新生児模倣　13
身体
　――移動能力　8, 12
　――障害　61
　――的虐待　80
　――的接触　61
心的体験化（mentalizing）機能　280, 285
心理
　――社会的問題　188

――的安全基地（psychological secure base） 69, 70
――的虐待 82
――療法 131, 136
親和性 35
ストレンジ・シチュエーション法（Strange Situation Procedure: SSP） 21-23, 25, 29-33, 35, 37, 38, 40, 60, 63, 65-67, 69, 70, 166, 168, 169, 172, 178, 184, 271, 277
――の特徴 175
ストレンジャー 169, 170
スリーパー効果 146
刷り込み 6, 10
性化した行動 82
生活年齢（CA） 66
正常な共生期 275
正常な自閉期 275
精神 152
――科入院 106
――科入院患者 105
――年齢（MA） 66
――病理 26, 181
――分析 1-3, 15, 17, 37, 138, 139, 147, 155, 263, 265, 277
――分析的心理療法 152-154, 156
成長 8
――動機 279
性的虐待 82
性的暴力 235
生得的解発機構 6, 10, 12
青年期・成人期のアタッチメント 35
生理的早産 9
セクシャリティ 34
世代間伝達 10, 37, 38, 40, 139, 154
積極奇異型（active but odd type） 64
接近－維持行動 65, 69, 70, 71
摂食障害 105, 111, 147, 149, 155
絶対的依存 274
セラピスト 1, 281-286
――クライエント関係 281, 282
セルフヘルプ・グループ 219
世話型 28

戦災孤児 6
選択した関係性 34
先天的奇形 62
全米家庭内暴力調査 249
早期介入 212
早期関係性障害 264
早期発見 75
早期分離外傷 264
双極性障害 109
早期療育 74, 75
相互主観性（intersubjectivity） 13, 14
相互主観的経験 69, 72, 74
相互主観的制御システム 13
相互主観的な（intersubjective）経験 68
相互同期性 13
喪失 196
相談機関 214
ソーシャル・サポート 11, 40, 135, 136, 143, 144, 146
――・ネットワーク 136
ソーシャル・ワーカー 138
阻害されたアタッチメント 85
組織化されていない（disorganized） 25, 27
組織化されている（organized） 25, 26
即興的な語り 31

た

大うつ病性障害 109
体温維持能力 8
退行 281
胎児 9
対象関係論 2, 15, 16
対象希求性 7, 263
対人葛藤 35
対人関係 15
――学派 155
――過程 269
――障碍 166-168, 178, 179
――療法 155
対人恐怖の回避型 120
対人緊張 225
対人的情報処理 16

事項さくいん

対人的相互作用の質的障害 63
対人魅力 35
タイムスリップ現象 72
大洋感情(oceanic feeling) 264
ダウン症 63
他者と共に在る(self being with other)
　関係性 266
他者モデル 107
「他者を狂気に駆り立てる」発信 273
多動 172
短期危機介入 138
探索
　——活動 270, 276
　——基地 278, 285
　——行動 42, 93, 279
小さな大人 19
知覚
　——過敏 180
　——－情動過敏 179-181
　——的バイアス 68
　——的バイアスの障害 68
力の支配(パワー・コントロール) 235
チック様発声 178
知的障害(mental retardation) 60, 63, 67
知的発達 251
　——水準 168, 171, 174
チャウシェスク独裁政権 43
聴覚障害(hearing impairment) 61, 62
長期化した不登校 212
長期記憶 16
長期縦断研究 2, 29, 40
懲罰型 28
懲罰的 94
調律不全 272
調和混然体 264
直立二足歩行 9
治療
　——意欲 246
　——・介入の効果 142
　——関係 155, 195
　——構造 152
　——者－クライエント関係 133
　——者の安全基地機能 153, 156

　——的言語(therapeutic language) 139
　——同盟 138
　——様式 138
チンパンジー 11
津守式精神発達検査 168, 171, 174
D安定型 27, 28
D不安定型 27, 28
定型発達 166
適応度(fitness) 5, 12
敵対・自己中心型の親 27
敵対・自己中心型養育 28
転移 138, 154
　——－逆転移 286
　——対象 138
てんかん 61
伝統的家族 31
伝聞した情報 18
動因的葛藤 178, 180
道具的安全基地(instrumental secure base) 69, 70, 71
道具的サポート 135
登校拒否 211
統制
　——型のアタッチメント 88
　——懲罰型(controlling-punitive) 92
　——的な行動 28, 88
　——養育型(強迫的養育型)
　　(controlling-caregiving) 92
同類選択 33
ドードー鳥の裁定 143
ドーパミン 28
独語 174
特に身近な他者(Very Close Others: VCO) 216
ドメスティック・バイオレンス(DV)
　79, 141, 142, 147, 200, 234, 235
　——被害 81
　——防止法 237
トラウマ(心的外傷) 2, 17-19, 37, 141, 149, 150, 152, 156
　——体験 88
　——反応 192

299

――・ボンド（心的外傷の絆） *253*
とらわれ（纏綿）型（preoccupied/enmeshed type） *30, 31, 37, 149*

な

内向化問題 *94*
内向性次元の障害 *105*
内省機能（reflective function） *39, 153, 154, 156*
内省的自己（reflective self） *117, 137, 153*
内的作業モデル（internal working model） *3, 15, 16, 17, 21, 23, 31, 33-35, 37, 41, 44, 67, 68, 71, 91, 131, 133-135, 139, 141, 143, 148, 150-152, 157, 194, 237, 265, 284*
内的対象 *15, 16*
仲間関係 *93*
泣き *13*
喃語 *171*
二次元構造 *107*
二次の動因説 *7*
二者一体性（dual unity） *264, 278*
二重拘束的な状況 *84*
二重のトラウマ *20*
日本人サンプル *38*
乳幼児－親心理療法（Infant-Parent Psychotherapy） *133, 135-141*
二卵性双生児 *39*
認知
　――科学 *2, 15*
　――機能の歪曲 *83*
　――行動療法 *155*
　――的制約 *18*
　――能力 *27*
　――発達とアタッチメント *63*
ネガティヴな情動 *4*
ネグレクト *12, 26, 37, 81, 141*
ノルエピネフリン *20*

は

パーソナリティ *2, 15, 17, 21, 28, 29, 45*
配偶（mating） *8, 10, 11, 36*
　――者 *35*
ハイリスク *32*
　――・サンプル *25, 27, 32, 141, 143*
剥奪 *263*
　――的環境 *44*
バタード・ウーマン *235*
バタラー（DV加害者） *237*
発育不全（failure to thrive） *26*
発達
　――ガイダンス *138*
　――指数 *168, 171, 174*
　――障碍 *166, 182, 183*
　――早期における関係性の剥奪 *41*
　――的形成 *125*
　――的挑戦 *279*
発動的挑戦 *274*
ハネムーン期 *236*
母親不在 *254*
半構造化面接法 *215*
反抗的行為障害（opositional defiant disorder） *28*
反社会性人格 *117*
　――障害 *105, 118, 120*
繁殖（reproduction） *8, 11, 36*
反応性アタッチメント障害 *141, 186, 191*
比較行動学 *2, 6, 10*
被虐待児 *26, 141*
非言語的なコミュニケーション・ツール *12*
非侵害性 *39*
ヒツジ *10*
非伝統的家族 *31*
人の顔刺激 *60*
ヒトの乳児の重さ *9*
ヒトの養育行動の非生物学的性質 *10, 12*
独り言 *176*
被養育経験 *10, 37, 41*
標準的（normative） *21, 44*
　――な発達ライン *41*
表象 *15, 16, 140, 142-144, 146*
　――的近接 *14, 31*
　――レベルの近接 *5*
非抑制的で無差別友好的なアタッチメントの障害（disinhibited/indiscriminate attachment disorder） *42, 43*

事項さくいん

敏感性（感受性）（sensitivity） 14, 21, 37-41, 62, 63, 73, 74, 132, 133, 135, 141-145, 266, 268
不安（anxiety） 107, 118, 136, 224
　　――感情 79
　　――次元 119
　　――障害 105, 118
不安定型（insecure） 23, 24, 33, 65, 66, 133, 135, 139, 145, 267, 268, 275, 280, 286
不安定他型（強迫的服従型, A/C型）（insecure-other） 92
夫婦関係 40
　　――の葛藤 213
不可解な恐怖症 252
不規則な不随意運動 176
服従行動 93
複数の一貫性のないモデル（multiple inconsistent models） 18
不在化 272, 280
不随意運動 176, 178, 179
物理的近接 14, 15, 31
物理的利用可能性 133
不適切な養育（maltreatment） 12, 41
不登校 211
　　――の長期化 214
ブラインディズム（blindism） 60
ブラックホール 264
プロラクチン 10
分化期 275
文化的学習 10
分離 23, 24, 39, 60, 63, 66, 167, 170, 173, 176, 177, 196, 263, 271, 272, 274-280, 283, 284, 287
　　――意識 278
　　――外傷 271, 277
　　――基地 278, 285
　　―――個体化（separation-individuation） 266, 275, 278, 280, 285
　　―――個体化期 275
　　――抵抗 277
　　「――」と「再会」の往復 284
　　――不安 171, 222, 225
　　――不安テスト 32
辺縁系 74

弁証法的行動療法 155
扁桃体 74
保育ボランティア 254
防衛的な方略 93
防衛なく整合的な語り 30
包括適応度 11
防御者 151
方向性を持たない（disoriented） 25
包容（containing） 153, 154, 275, 283
暴力のサイクル 235
保護してもらえるということに対する信頼感（confidence in protection） 5
保護要因 125
母子
　　――関係 4
　　――自立 243
　　――自立支援施設 195
　　――相互作用 23, 61, 63
　　――同室 137
ポジティヴな情動 4
補償的な認知方略（compensatory cognitive strategy） 67
補助的な安全基地 152
母性的養育の剥奪（maternal deprivation） 6, 7, 41
母性剥奪（maternal deprivation） 271
ほどよく抱える母親 276
ホメオスタシス 5, 20

ま

マイクロシステム 135
魔術的万能感 18
未解決型（unresolved） 30, 31, 37, 38
未熟児 61
（自ら）脅え／（相手を）脅かす行動（frightened/frightening） 145
見捨てられ不安 139, 279
ミドルクラス 31
身振り 62, 64
無意識を驚かす 29
無差別的なアタッチメント 86
無秩序・無方向型（disorganized/disoriented）（Dタイプ） 22, 23, 25-28,

301

30, 31, 37, 83, 146, 187
　　――アタッチメントが予示するもの　24
無様式知覚　266
無力感（helplessness）　27
メゾ・システム　73, 135
メタ分析　32, 37, 67, 143-146
免疫　20
メンタル・モデル　15
目標修正的パートナーシップ　61, 91, 135
喪（mourning）の過程　30
モノトロピーの仮定　41
モンテッソーリ教育　175

や

薬物使用　118
薬物乱用　147
役割逆転　28, 191, 242, 251
融合（fusion）　278
友人　35
誘惑的　94
揺すぶられっ子症候群　80
指さしの理解　66
養育（caregiving）　36
　　――環境の資源　10
　　――欠如（privation）　263
　　――行動　10
　　――者の内的作業モデル　198
　　――スキル　197
　　――的投資　11
養護性　59, 60, 68
幼児図式（baby schema）　12
幼児性トラウマ（infantial trauma）　17
抑うつ　25, 32, 136, 155
抑制　42
よく調節された臨床関係（well-regulated clinical relationship）　282
予測可能な対人世界　34
予測的定義の獲得安定自律型　112

ら

ラット　10
リスク要因　125
理想化　244

両親間ＤＶ　248
　　――の目撃　248
臨床的に仮構された乳児（clinical infant）　2, 17
累積的性質　19
ルーマニアの孤児　43
恋愛　35
練習期　274, 275

A to Z

ABFT　147
AC　123
ACONA（アルコール以外の家族機能不全）　123
A Relationship-Based Intervention for Maltreated Infants and Toddlers: The New Orleans Program　141
A Secure Base　146
Attachment and loss　4
Attachment Based Family Therapy (ABFT)　150
Attachment Style Interview　215
Attachment Theory and a Transactional Approach to Intervention: The Rochester Program　141
CTRP, The Child Trauma Research Project:A San Francisco Innovation　141
disorder　85
disordered attachment with inhibition　42
disordered attachment with role reversal　42
disordered attachment with self-endangerment　42
disordered attachment with vigilance/hypercompliance　42
disturbance　85, 191
DSM-IV　44
Emotion Focused Family Therapy (EFFT)　147, 149
Emotion Focused (Marriage) Therapy (EFT あるいは EFMT)　147, 149
ICD-10　44

Identified Patient（IP）　*148*
IPP, The Infant-Parent Program: The Ann Arbor/San Francisco Model　*141*
Mother-Infant Unit（MIU）　*166, 168, 172*
passive type　*64*
PTSD　*121, 122*
　——への脆弱性　*190*

複雑性——　*236*
serial care　*189*
ST　*172, 173, 176, 177*
STEEP, Steps Towards Effective, Enjoyable Parenting: The Minnesota Program　*141*

《執筆者紹介》（＊は編者）

＊遠藤利彦（えんどう　としひこ）
東京大学大学院教育学研究科　教授
東京大学大学院教育学研究科博士課程（教育心理学専攻）単位取得退学
親子関係・家族関係と子どもの社会情緒的発達との関連性に関心を有している。また，人の情動あるいは感情の仕組みや機能などについて，進化論的視点および文化論的視点から理論的考究を行っている。保育所の巡回相談活動や保育士・幼稚園教諭の研修などにも携わっている。
著書：『喜怒哀楽の起源：情動の進化論・文化論』（単著，岩波書店），『アタッチメント：生涯にわたる絆』（共編著，ミネルヴァ書房）

＊数井みゆき（かずい　みゆき）
茨城大学教育学部　教授
メリーランド大学大学院応用発達心理学専攻　Ph.D.（1991年）
乳幼児のアタッチメントと親のアタッチメント表象の関連を夫婦関係，家族関係，ストレス等との関係で検討してきた。現在は，乳児院に入所している乳児のアタッチメントの問題とトラウマ反応に関して研究を行っている。子ども虐待防止活動にも取り組んでいる。
著書：『アタッチメント：生涯にわたる絆』（共著，ミネルヴァ書房），『発達心理学の新しいかたち』（共著，誠信書房）

北川　恵（きたがわ　めぐみ）
甲南大学文学部　准教授
京都大学大学院教育学研究科臨床教育学専攻
京都大学博士（教育学）　臨床心理士
対人場面での受け止め方の個人差を，アタッチメントに基づく内的ワーキングモデルとの関連で検討してきた。現在は，アタッチメントの投影法的研究に従事している。また，アタッチメント研究と臨床実践との橋渡しにも関心がある。
著書：『情緒的対人情報処理と内的ワーキングモデル』（単著，風間書房），『アタッチメント：生涯にわたる絆』（共著，ミネルヴァ書房）

工藤晋平（くどう　しんぺい）
広島国際大学心理科学部　専任講師
九州大学人間環境学府博士後期課程満期退学
精神分析的心理療法におけるアタッチメント理論の適用を目指し，攻撃性とそれに関連する表象という観点から研究を行い，アタッチメントパターンごとの対象関係の特徴を描き，先行研究の知見とあわせて「見立て」への応用を模索している。
著書：『コ・メディカルのための専門基礎分野テキスト　臨床心理学』（共著，中外医薬出版社）

小林隆児（こばやし　りゅうじ）
西南学院大学大学院臨床心理学専攻　教授
九州大学医学部　医学博士（1985年）
母子ユニット（Mother-Infant Unit）での臨床研究を通して，乳幼児期早期の母子関係の病理に「甘え」のアンビヴァレンスを発見。それをもとに，幼児期に出現する発達障碍の成因論，並びに多様な精神病理に対する精神療法に関する論考を発表し続けている。現在，発達障碍の症状論と治療論に本格的に取り組んでいる。

著書：『「関係」からみる乳幼児期の自閉症スペクトラム』（単著，ミネルヴァ書房），『あまのじゃくと精神療法』（単著，弘文堂）

齋藤久美子（さいとう　くみこ）
　京都大学名誉教授
　京都大学教育学研究科教育方法学（臨床心理学）専攻，博士課程修了（1967年）　教育学博士
　臨床心理士
　臨床心理学の理論と方法につき，人格発達の観点を加えて実践的に研究。
　著書：『臨床的知の探求　上・下』（共編著，創元社），『能力という謎』（共著，ミネルヴァ書房）

高畠克子（たかばたけ　かつこ）
　東京女子大学文理学部／大学院人間科学研究科　教授
　米国ハーヴァード大学教育学修士課程修了
　都立病院・精神保健センターにおいて精神障害者へのコミュニティ・アプローチおよびFICシェルターにおいてDV被害者（母子）へのフェミニスト・アプローチを実践・研究してきた。
　著書：『女性を癒すフェミニスト・セラピー』（単著，誠信書房），『よくわかるコミュニティ心理学』（共著，ミネルヴァ書房）

中尾達馬（なかお　たつま）
　琉球大学教育学部　准教授
　九州大学大学院人間環境学府行動システム専攻　博士（心理学）（2007年）
　人格・社会心理学系のアダルト・アタッチメント研究に従事してきた。そこでは，正統的愛着研究では捉えられないアダルト・アタッチメント研究の独自性とは何かを追求してきた。現在は，保育・育児支援，児童期のアタッチメント，ニート・ひきこもりなどについて研究している。

林　もも子（はやし　ももこ）
　立教大学現代心理学部　教授
　東京大学大学院　教育学研究科　博士課程単位取得後退学　教育学修士（1986年）
　エンカウンター・グループのスタッフ関係のあり方の問題に取り組んだ後，不登校が長期化した思春期の子供を持つ親の対人関係の特徴を検討してきた。成人のアタッチメント・スタイルを，アタッチメント・スタイル面接（ASI）を用いて研究している。
　著書：『思春期臨床の考え方・すすめ方』（共著，金剛出版）

別府　哲（べっぷ　さとし）
　岐阜大学教育学部　教授
　京都大学教育学研究科博士後期課程中退　教育学博士（京都大学）（1999年）
　自閉症児の自己認識，共同注意，アタッチメントなどについて，その機能連関との関係で検討してきた。現在は，高機能自閉症児における自他理解について研究している。
　著書：『自閉症幼児の他者理解』（単著，ナカニシヤ出版），『障害児の内面世界をさぐる』（単著，全国障害者問題研究会）

森田展彰（もりた　のぶあき）
　筑波大学医学医療系　准教授
　筑波大学大学院博士課程医学研究科（1993年）　医学博士
　子ども虐待，DV，犯罪，非行の加害者・被害者のケアおよびアルコール・薬物依存症の治療プログラムの開発に取り組んでいる。
　著書：『司法精神医学・犯罪と犯罪者の精神医学』（共著，中山書店），『児童虐待と現代の家族』（共著，信山社）

アタッチメントと臨床領域

| 2007年10月20日 | 初版第1刷発行 |
| 2016年2月25日 | 初版第4刷発行 |

〈検印省略〉

定価はカバーに
表示しています

編著者	数井 みゆき
	遠藤 利彦
発行者	杉田 啓三
印刷者	中村 勝弘

発行所 株式会社 ミネルヴァ書房
607-8494 京都市山科区日ノ岡堤谷町1
電話代表 (075)581-5191番
振替口座 01020-0-8076番

©数井みゆき・遠藤利彦ほか, 2007　　中村印刷・兼文堂

ISBN978-4-623-04920-2

Printed in Japan

書名	著者	判型・頁数・価格
アタッチメント	数井みゆき／遠藤利彦 編著	A5判288頁 本体3500円
アタッチメントを応用した養育者と子どもの臨床	ダビッド・オッペンハイム／ドグラス・F・ゴールドスミス 編 数井みゆき／北川恵／工藤晋平／青木豊 訳	A5判340頁 本体4000円
愛着臨床と子ども虐待	藤岡孝志 著	A5判456頁 本体5000円
愛着障害と修復的愛着療法 ——児童虐待への対応	T.M.リヴィー／M.オーランズ 著 藤岡孝志／ATH研究会 訳	A5判490頁 本体6400円
よくわかる情動発達	遠藤利彦／石井佑可子／佐久間路子 編著	B5判228頁 本体2500円
発達支援 発達援助 ——療育現場からの報告	古田直樹 著	A5判208頁 本体2200円
発達相談と援助 ——新版K式発達検査2001を用いた心理臨床	川畑 隆ほか 著	A5判216頁 本体2400円
〈わたし〉の発達 ——乳幼児が語る〈わたし〉の世界	岩田純一 著	A5判236頁 本体2400円
ひとがひとをわかるということ ——間主観性と相互主体性	鯨岡 峻 著	A5判312頁 本体3000円
アイデンティティ生涯発達論の展開 ——中年期の危機と心の深化	岡本祐子 著	A5判216頁 本体2700円
人生を物語る ——生成のライフストーリー	やまだようこ 編著	A5判298頁 本体3000円

―― ミネルヴァ書房刊 ――